中国工程院咨询研究项目(2019-XZ-14)

我国煤炭行业高质量发展战略研究

康红普 王国法 王双明 任世华 秦容军 等 编著

科 学 出 版 社

北 京

内 容 简 介

我国经济转向高质量发展阶段，要求建立健全绿色低碳循环发展的经济体系。煤炭作为我国主体能源，煤炭行业必须按照经济社会发展的新形势新要求，实现高质量发展。本书系统分析煤炭行业当前面临的效率、技术、市场、安全、环境、人才等发展不平衡、不充分问题；借鉴发达国家煤炭行业和国内相关行业高质量发展经验，界定煤炭行业高质量发展内涵，明确煤炭行业高质量发展的主要特征；构建煤炭行业高质量发展评价指标体系、方法及模型，量化评价煤炭行业、代表性煤炭企业、典型煤矿高质量发展水平；绘制煤炭行业高质量发展战略蓝图，提出高质量发展战略路径；分析煤炭行业高质量发展的支撑技术现状，提出面向 2035 年的关键技术需求；研判煤炭行业高质量发展的人才需求，提出人才战略构想和人才队伍建设举措；并提出推进煤炭行业高质量发展的政策建议。

本书可为煤炭及能源相关管理部门、研究机构及企事业单位提供参考，也可供能源战略、煤炭开发利用等相关专业的本科生、研究生阅读参考。

图书在版编目（CIP）数据

我国煤炭行业高质量发展战略研究 / 康红普等编著. —北京：科学出版社，2022.7

ISBN 978-7-03-072590-5

Ⅰ．①我… Ⅱ．①康… Ⅲ．①煤炭工业-工业发展-研究-中国 Ⅳ．①F426.21

中国版本图书馆CIP数据核字（2022）第102580号

责任编辑：李 雪 / 责任校对：王萌萌
责任印制：吴兆东 / 封面设计：无极书装

科 学 出 版 社 出版
北京东黄城根北街 16 号
邮政编码：100717
http://www.sciencep.com

北京建宏印刷有限公司 印刷
科学出版社发行 各地新华书店经销

*

2022 年 7 月第 一 版　开本：720 × 1000 1/16
2022 年 8 月第二次印刷　印张：14 1/4
字数：290 000
定价：198.00 元
（如有印装质量问题，我社负责调换）

前　言

　　2017 年中国共产党第十九次全国代表大会首次提出我国经济由高速增长阶段转向高质量发展阶段。党的十九大报告中提出的"建立健全绿色低碳循环发展的经济体系"为新时代高质量发展指明了方向，同时也提出了一个极为重要的时代课题。党的十九届五中全会提出"经济、社会、文化、生态等各领域都要体现高质量发展的要求""'十四五'乃至今后更长时期，以推动高质量发展为主题要体现在国家发展的各领域和全过程"。"到 2035 年广泛形成绿色生产生活方式，碳排放达峰后稳中有降，生态环境根本好转，美丽中国建设目标基本实现"[①]。习近平总书记在党的十九届五中全会等重要讲话中指出，推动高质量发展，是当前和今后一个时期确定发展思路、制定经济政策、实施宏观调控的根本要求。

　　过去几十年，经济社会发展对煤炭的需求持续增长，煤炭行业快速发展，煤炭生产能力由改革开放初期的 6 亿 t/年增长到超过 40 亿 t/年，基本解决了产能不足的问题。面向新时代，人民对美好生活的向往，社会公众对环境风险认知和防范意识增强，使人民对环境安全、环境质量改善诉求更加强烈，既需要煤炭行业提供强大物质原动力，又对煤炭发展提出了要求更严、标准更高的约束，人民群众从"用上能"到"用好能""好用能""用绿能"的梯级需求成为新时代煤炭行业服务民生的重要方向。煤炭行业面临的主要问题也由之前的"满足人民群众用上煤炭"转变为"高质量的开发利用煤炭，满足人民群众对美好生活的需要"。同时，煤炭行业 300 多万从业人员长期工作条件恶劣，生活艰辛，也同样有日益增长的美好生活需要，要求煤矿由机械化、自动化向智能化升级，促使煤炭开采成为具有高科技特点的新产业、新业态、新模式。特别是在全球应对气候变化力度不断加强，碳达峰、碳中和已成为国家战略的新形势下，煤炭供给和消费发展不平衡、不充分的问题逐步凸显。

　　煤炭的主体能源地位是我国能源资源禀赋、经济发展阶段等因素所决定的，在未来相当长时期内煤炭在发电、供暖、转化等方面的全生命周期技术经济性依然具有竞争力。虽然煤炭在能源结构中的比重会不断下降，但煤炭消费绝对量短期内很难大幅度下降，同时新能源的发展对煤炭的调峰需求更加强烈，煤炭在能

---

　　① 《中共中央　国务院关于深入打好污染防治攻坚战的意见》中华人民共和国中央人民政府网. 2021 年 11 月 7 日. http://www.gov.cn/zhengce/2021-11/07/content_5649656.htm.

源体系中的稳定器和压舱石作用将逐步突显。未来我国的经济社会发展依然离不开煤炭，煤炭行业必须按照新时代高质量发展的要求，找准定位，探讨面向未来的发展方式，实现既向社会供应高品质绿色能源、又能带动行业自身从业人员生活水平提高的高质量发展。然而，对于什么是煤炭行业高质量发展、如何达到高质量发展缺乏明确的界定和统一认识。清晰界定煤炭行业高质量发展内涵，提出煤炭行业高质量发展战略，是科学谋划煤炭未来发展的重要基础，不仅关系到煤炭工业的持续发展，也关系到国家能源战略选择和能源安全。

本书以中国工程院咨询研究项目成果为基础，在深入剖析煤炭行业发展面临问题的基础上，界定煤炭行业高质量发展内涵，建立煤炭行业高质量发展评价指标体系和方法，提出煤炭行业高质量发展的战略蓝图和路径，进一步提出推进战略实施的政策措施建议，以期为我国煤炭行业高质量发展提供借鉴。全书共分 9 章。第一章从经济、能源和煤炭三方面分析了煤炭行业高质量发展面临的形势和要求，阐述了煤炭行业高质量发展的重要性、必要性、紧迫性和现实性；从煤炭市场化改革、企业改革、安全生产变革等方面回顾了中华人民共和国成立以来煤炭行业发展演进过程，总结出煤炭行业存在"四个不平衡、六个不充分"的问题。第二章从开采工艺技术与装备、行业集中度及准入标准、从业人员素质、生态治理与职业健康防护、清洁高效利用、国际化发展等方面梳理了美国、澳大利亚等国家煤炭行业的发展经验；分析了石油、电力、钢铁、制造业及服务业等 5 个行业高质量发展的实践；提出了我国煤炭行业高质量发展可借鉴的"六提升"启示。第三章结合新时代我国对能源和煤炭行业发展的要求，提出了煤炭行业高质量发展的内涵及主要特征，构建了煤炭行业高质量发展评价指标体系、方法及模型。第四章基于煤炭行业高质量发展评价模型，评价了 2011~2019 年煤炭行业高质量发展水平，分析了当前煤炭行业高质量发展存在的短板。第五章选择国家能源集团、陕煤集团、同煤集团塔山煤矿、阳煤集团新元煤矿、中煤新集口孜东煤矿等代表性煤炭企业、煤矿开展案例研究，总结了其高质量发展的举措和经验，评价了高质量发展水平，分析了支撑发展质量提升的核心因素。第六章提出煤炭行业高质量发展的"两步走"战略蓝图，明确建设"创新驱动的智慧煤矿体系、环境友好的绿色发展体系、清洁高效的利用体系、煤与其他能源协同融合的低碳发展体系、产需协同的供应体系、合作共赢的全面开放体系、高素质的人才队伍体系"等战略路径。第七章分基础研究、智能开采、绿色开采、安全保障、清洁利用、碳减排碳中和、职业健康等七类阐述了煤炭行业高质量发展的相关技术现状，提出了面向 2035 年的关键技术需求。第八章从经营管理人才、专业技术人才、专业技能人才三个方面分析了煤炭行业高质量发展的关键人才需求；从年龄结构、学历层次、职称结构、薪酬水平等方面分析了人才战略的思路及构想，进而提出战略任务以及人才队伍建设措施。第九章从煤炭行业碳减排碳中和、煤炭产需平衡能力、煤炭与其他能源融合、人才培养等方面，提出推进煤炭行业高质量发展的相关政策建议。

各章节编写人员具体如下：前言：康红普、任世华、陈佩佩、秦容军。第一章：康红普、王国法、王双明、刘见中、任世华；第二章：陈茜、任世华、秦容军；第三章：秦容军、任世华、郑德志；第四章：秦容军、陈茜、郑德志；第五章：康红普、司林坡、陈佩佩、姜鹏飞、庞义辉、范明建；第六章：康红普、任世华、秦容军、司林坡、陈佩佩；第七章：任世华、秦容军、陈佩佩、姜鹏飞、任怀伟、庞义辉、张玉军、潘俊锋；第八章：宋梅、秦容军、陈佩佩；第九章：康红普、王国法、王双明、刘见中、任世华、秦容军。全书由康红普、任世华、陈佩佩、秦容军统稿，康红普审定。

本书得到了中国工程院咨询研究项目"我国煤炭行业高质量绿色智能发展战略研究(编号：2019-XZ-14)"的资助。本书的出版得到了中国工程院、中国煤炭科工集团、中国矿业大学(北京)、深圳大学等单位的大力支持；在资料收集和现场考察过程中，得到了国家能源集团、陕煤集团、同煤集团塔山煤矿、阳煤集团新元煤矿、中煤新集口孜东煤矿等单位支持；洪伯潜院士、谢和平院士、张铁岗院士、彭苏萍院士、袁亮院士、刘炯天院士、蔡美峰院士、凌文院士、顾大钊院士、武强院士、金智新院士、陈湘生院士、葛世荣院士等；吴吟、孙耀唯、郑行周、魏青山、刘峰、张宏、杨仁树、卞正富、王佟、周伏秋、郭焦锋、贺佑国、李全生、刘虹、朱彤、李继峰、高明涛、何强、侯恩科、马宏伟、谭克龙、王虹、董书宁、白原平、刘志强、雷毅、王生全、刘志学、王安建、耿建业、祝琨等专家在项目研究过程中给予了无私帮助与指导，在此一并表示衷心的感谢！

作　者

2022 年 5 月

目　　录

煤炭行业高质量发展的基础条件 第一章

高质量发展是党的十九大首次提出的新表述，表明我国经济由高速增长阶段转向高质量发展阶段。党的十九届五中全会提出，要"加快构建以国内大循环为主体、国内国际双循环相互促进的新发展格局"。面对新形势、新要求，煤炭行业要转变开发利用方式，积极适应我国发展环境面临的深刻复杂变化，实现高质量发展。本章从"经济—能源—煤炭"方面分析煤炭行业高质量发展面临的形势和要求，揭示煤炭行业高质量发展的重要性、必要性、紧迫性和现实性。同时，从煤炭市场、煤炭企业改革、安全生产变革 3 个方面回顾中华人民共和国成立以来煤炭行业的发展阶段演进过程，提出目前行业存在的"四个不平衡、六个不充分"问题。

第一节　煤炭行业转向高质量发展的背景

当前我国经济已从高速增长阶段进入高质量发展阶段，高质量发展就是质量和效益替代规模和增速成为经济发展的首要问题。可以预见，推动高质量发展将是当前和今后一段时期我国经济发展的主脉络、主基调、主方向。

一、经济高质量发展的形势和要求

"十四五"时期，我国将进入新发展阶段。为全面建设社会主义现代化国家开好局、起好步，必须深入贯彻新发展理念，加快构建新发展格局，以推动高质量发展为主题，把发展质量问题摆在更为突出的位置，着力提高发展质量和效益。

1. 经济高质量发展的必要性与紧迫性

一是依靠劳动力、土地、资源低成本优势的传统发展模式已经走到尽头，如果不能更新比较优势，再造发展动力，发展进程会受阻。而创新比较优势，再造发展动力的关键就是要通过创新发展，优化经济结构，提高发展质量和效益。

二是转向高质量发展是适应社会主要矛盾的迫切要求。经过四十多年改革开放，我们已经彻底摆脱过去的短缺状态，解决了有没有的问题，今后的主要任务就是要解决好不好的问题。也就是通过进一步提高发展的质量，解决发展不平衡、不充分的问题，以更好满足人民对美好生活的需要。

三是转向高质量发展是实现社会主义现代化的必然要求。我国已经实现了由低收入向中等收入转变，下一个目标是进入高收入社会并且基本实现现代化。与处在现代化前沿的国家相比，收入水平差距只是一个表面现象，本质差距体现在产品、服务、技术、质量、生态环境、社会文明程度上，这些方面的水平提高才能真正促进现代化进程。从高速增长转向高质量发展，是所有后发追赶型国家实现现代化的必经之路，能否实现高质量发展对实现现代化至关重要。

四是新型冠状病毒性肺炎疫情倒逼经济高质量发展。突如其来的新冠肺炎疫情对全球经济运行秩序带来巨大冲击，在新冠肺炎疫情造成全球供应链受阻严峻形势下，必须加快构建以国内大循环为主体、国内国际双循环相互促进的新发展格局。新格局下，要立足国内，强调自主创新、加强创新链和产业链对接，释放内需潜力、建设可持续的超大规模国内市场，打造强大的国内经济循环体系和稳固的基本盘；要塑造我国参与国际合作和竞争新优势，以国际循环提升国内大循环效率和水平，推动我国产业转型升级，从而推动经济高质量发展。

2. 经济高质量发展的内涵

高质量发展的本质是以满足人民日益增长的美好生活需要为目标的高效率、公平和绿色可持续的发展。高质量发展是经济建设、政治建设、文化建设、社会建设、生态文明建设五位一体的协调发展。提高发展质量，最基本的要求是提高产品和服务的质量和标准。但更重要的是促进经济、政治、社会和生态环境全方位的、协调的发展。以其他方面的停滞为代价换取某一个或某一些方面的高质量，并不可持续。例如，忽视生态环境而追求经济增长是不可持续的，而且也有悖于满足人民群众对美好生活的要求。同样，一味强调保护生态环境而抑制经济增长，也是不可取的。再比如，一味追求经济增速而忽视社会建设，导致收入差距严重拉大、社会阶层固化，那么经济增长本身也不可持续；同理，一味强调缩小收入差距，搞平均主义，最终的结局也只能是共同贫穷而不是共同富裕。

3. 经济高质量发展的特征

高质量发展是绝对和相对的统一、质量与数量的统一，主要体现为如下几个方面。

一是资源配置效率高，经济运行平稳。要素配置和利用效率高，要素配置扭曲程度较小。宏观供求关系动态、持续地相对平衡，国民经济主导产业产品的供给和需求大体平衡，经济运行没有大起大落，没有严重的产能过剩和短缺。

二是工农业产品和服务的质量不断提高。产品和服务安全可靠，质量不断提高，符合国内外主流市场的要求。当然，产品和服务并非质量越高越好，还要与市场标准可接受的程度相适应。

三是技术水平不断升级。国民经济主导产业的技术要达到同期世界主流水平。有相当一批产业能够达到价值链高端和世界技术水平的前沿，形成参与国际竞争的持久优势。产业升级对技术的需求基本能够得到满足。

四是制约人民群众生活质量的突出短板得以补齐。对于那些现行技术水平、产业供给能力之下本来可以解决，但因为政策和体制不合理而长期未解决的群众反映强烈的短板问题，通过深化改革和调整政策，尽快加以补齐。

五是现代化诸方面的均衡发展。即经济建设、政治建设、文化建设、社会建设、生态文明建设协调推进，现代化建设五大领域内部亦没有明显的不足。

六是国土空间上的均衡发展。城乡、区域之间形成合理的分工格局，生产要素、人口、经济活动和产业在城乡和区域之间的配置格局符合效率原则。城乡和区域之间的生活水平和基本公共服务水平大体上实现均等化。各地国土空间开发程度与其资源环境承载能力相匹配。

七是更加公平的成果分享。收入和财富差距保持在合理范围之内，社会阶层流动性较高，全体人民都能够通过公平参与国家的现代化进程而实现自我发展。

八是绿色低碳可持续的发展。形成更加和谐的人与自然关系，形成绿色低碳的生产方式和生活方式，维持并提高生态自我修复更新能力，城乡人居环境优良。（张军扩等，2019）。

二、能源高质量发展的形势和要求

习近平主席在第七十五届联合国大会一般性辩论上的讲话提出："中国将提高国家自主贡献力度，采取更加有力的政策和措施，二氧化碳排放力争于 2030 年前达到峰值，努力争取 2060 年前实现碳中和。"[1]新时代中国化石能源消费总量受到控制，消费增速将加速下降。

1. 能源高质量发展的迫切性

能源被称为"工业的血液"，是经济社会发展的基础原料和基础产业，能源还是影响生态环境的关键因素，要实现经济和社会高质量发展，离不开能源的高质量发展。

自第一次工业革命以来，以煤炭、石油为代表的化石燃料的使用，已经成为经济增长的基础。化石燃料一经燃烧，以二氧化碳、二氧化硫和其他气体形式发散的能量就不能再做功。而且二氧化碳、二氧化硫等气体会导致区域性生态破坏。化石燃料燃烧造成的环境、生态问题已经极大地影响了各个产业。长久以来，经

---

① 习近平在第七十五届联合国大会一般性辩论会上的讲话. 中华人民共和国中央人民政府. http://www.gov.cn/xinwen/2020-09/22/content_5546169.htm.

济活动在环境中所累积的污染物已经大大超过了环境循环处理废弃物和补充能量的速度,最终将会导致任何过度攫取自然资源的经济体制走向衰落。

我国改革开放以来,经济建设取得巨大成就。但是经济增长奇迹是建立在消耗了大量能源与原材料,排放了环境已经难以承受的污染物的基础上。在我国环境承载能力已达到上限的情况下,必须实现经济与环境的协调发展,推动从化石燃料支持的工业文明向生态文明转变。

2. 能源高质量发展的内涵

国务院发展研究中心相关研究提出:以满足人民美好生活对高品质能源的需求为根本目标,推动能源生产更加经济、高效,能源品质更加清洁、低碳,能源供应更加安全、可靠,让人民共享能源高质量发展带来的红利。[①]

3. 能源高质量发展的特征

一是清洁低碳。清洁是指能源的生产、转化、传输和消费的全生命周期都是低污染的,要尽可能减少由能源生产和消费引起的各种污染物排放。低碳是指能源系统的碳排放要保持较低水平并持续下降。虽然二氧化碳本身不属于污染气体,但对气候变化有重要的影响,立足碳达峰目标和碳中和愿景,能源系统作为碳排放的主要部分,低碳应该成为高质量能源系统的重要特征。

二是经济高效。经济是指能源价格应具有国际竞争力。当前中国正处于建设制造强国的关键时期,能源成本是实体经济成本的重要组成部分,高质量能源系统应能提供具有价格竞争性的能源产品。高效是指能源的生产、转化、传输和消费等各环节均能够充分吸收现代科学技术和管理成果,做到集约、节约、高效、协同发展。

三是安全可靠。安全是指能源保障的高水平和供应来源多样化,并能有效应对各种自然灾害或地缘政治等内外部条件的变化。可靠是指在当前可再生能源占比不断提高的情况下,能源系统具有足够的灵活、适应和调节能力,为国民经济提供有质量保证的能源供应(李伟,2018)。

三、煤炭行业高质量发展的形势和要求

煤炭资源是一种耗竭性的不可再生资源,是世界上储量最丰富、最经济的化石能源之一。我国既是煤炭资源大国,又是煤炭生产和消费大国。在我国能源资源探明储量中,煤炭占94%,石油占5.4%,天然气占0.6%,具有"富煤贫油少气"的能源资源结构特点,煤炭工业是关系国家经济命脉和能源安全的重要基础产业(中国煤炭工业协会,2010)。2019年,我国一次能源生产总量为39.7亿t标

---

① 李伟. 探索清洁能源的高质量发展, 2018 年能源大转型高层论坛. 北京, 2018.

准煤，其中原煤产量 38.5 亿 t，同比增长 4%；能源消费总量为 48.6 亿 t 标准煤，其中煤炭消费占比为 57.7%，在今后较长时期内煤炭仍将是我国的主要能源，其在能源结构中的地位将是稳定和长期的。但从供给侧看我国煤炭产能结构不合理，区域供需矛盾加大煤炭运输压力；从需求侧看，煤炭需求总量依然较大，但气候因素、煤炭转运能力及市场预期的影响越来越大。高质量发展是新时代我国经济发展的新方向，也为煤炭行业发展提出了新的要求。面对众多不利因素，原有粗放式的发展模式已不能适应新形势下高质量发展的要求，煤炭行业只有坚持质量第一、效益优先的理念，才能使整个行业发展焕发新的活力。煤炭行业的高质量发展，无疑成为新形势、新环境、新要求下，需要认真思考与探究的重大问题。

1. 传统的煤炭开发利用方式不可持续

过去几十年，经济社会发展对煤炭的需求持续增长，煤炭行业快速发展，单井最大生产能力由改革开放初期的 300 万 t/年增加到 2020 年的 2800 万 t/年，煤炭生产能力由 6 亿 t/年增长到超过 38 亿 t/年，基本解决了产能不足的问题。随着经济发展对煤炭依赖减弱，煤炭需求进入平台期，产能快速增加引发的发展不平衡、不充分问题日益突出。中东部矿井经过长期高强度开发，采深增加或逐步枯竭；西部地区开采规模逐步加大，区域间不平衡愈发明显。最先进的矿井实现了"有人巡视、无人值守"的现代智能化开采，而技术落后的矿井仍为放炮采煤、水力采煤，技术不平衡日益加大。一些矿区建成绿色矿山，而仍有大量矿区，地表塌陷随处可见，生态环境保护刚刚起步，矿区人民生活依然艰难，发展不充分的问题更加凸显。

2. 新形势要求煤炭迈向高质量发展

新时代人民对美好生活的向往，社会公众对环境风险认知和防范意识增强，使人民对环境安全、环境质量改善诉求更加强烈，既需要煤炭行业提供强大物质原动力，又对煤炭发展提出了要求更严、标准更高的约束，人民群众从"用上能"到"用好能""好用能""用绿能"的梯级需求成为新时代煤炭行业服务民生的重要方向。煤炭行业面临的问题也由之前的"扩能保供，满足人民群众用上煤炭"转变为"绿色开发利用煤炭，满足人民群众对美好生活的需要"。同时，煤炭行业 300 多万从业人员长期工作条件恶劣，生活艰辛，特别是资源枯竭矿区从业人员，技能水平总体不高，转型、转产困难，也同样有日益增长的美好生活需要。因此，要求煤矿由机械化、自动化向智能化升级，建设绿色智能化煤矿，促使煤炭开发与利用成为具有高科技特点的新产业、新业态、新模式。面对新时代的新要求，煤炭行业必须找准定位、探讨面向未来的发展方式，实现既向社会供应高品质绿色能源、又能带动行业自身从业人员生活水平提高的高质量发展。

3. "碳达峰、碳中和"目标改变煤炭既有发展趋势

据测算，2020 年我国由化石能源消费产生的碳排放总量为 100 亿 t 左右。其中，煤炭消费产生的二氧化碳排放量占 75%左右，其次为石油和天然气，占比分别为 14%和 7%。在今后较长时期内，煤炭作为我国兜底保障能源的地位和作用难以改变，煤炭作为高碳能源，控制煤炭消费总量、降低煤炭消费强度，是碳减排的重中之重。构建煤炭产业链、供应链发展新格局，从煤炭全生命周期研究碳排放总量、排放结构和减排实施路径尤为关键，是保障碳达峰的重要基础。未来煤炭生产、利用方式乃至供给体系将发生重大变革，倒逼煤炭行业必须高质量发展。

第二节 中华人民共和国成立以来煤炭行业发展演进

一、第一阶段(1949～1954 年)：煤炭行业开拓创业阶段

这一阶段，我国在接管和改造煤矿的基础上，迅速全面开展了煤炭工业的建设和发展。

1. 煤炭市场

中华人民共和国成立后，据不完全统计，各地人民政府共接收了约 40 个煤矿企业、200 多处矿井和少数露天矿，这些煤矿大多处于停产或半停产状态。经过接收改造，大部分国营煤矿恢复了正常生产，全国煤炭生产能力迅速扩大到 7000万 t，创造历史上的最高水平。煤炭价格沿用旧的定价模式，煤炭出厂价以距销区远近而定，由各大行政区因地制宜，自行定价。

2. 煤炭企业

1949 年中华人民共和国成立初期，煤炭工业存在着几种经济成分并存的状况。国营煤矿(包括中央国营和地方国营，主要是没收帝国主义和官僚资本主义煤矿而改造成的全民所有制企业)、私人开办的小煤矿以及公私合营煤矿。国营、地方国营和公私合营煤矿是全国煤炭行业的主要力量。煤炭企业实行以中央人民政府领导下的大行政区为主的集中统一管理。

3. 安全生产

中华人民共和国成立后，我国对旧式的采煤方法进行改革，把落后的穿硐式、高落式、残柱式、刀柱式等采煤方法改为长壁式采煤方法，提高了煤炭资源回收

率，改善了工人的劳动环境和生产条件。原煤产量由 3200 万 t 上升到了 8400 万 t，百万吨死亡率由 22.28 下降到了 9.45。如图 1-1 所示。

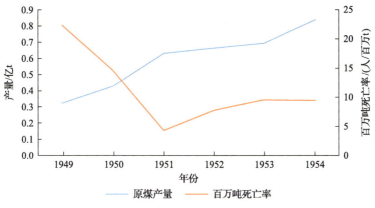

图 1-1　1949～1954 年原煤生产及安全情况

二、第二阶段（1955～1965 年）：煤炭行业曲折发展阶段

这一阶段，我国煤炭工业经历了曲折的发展。"大跃进"打乱了煤炭工业"二五"计划的进程，经过几年的调整，煤炭工业逐渐恢复了元气，重回正常发展轨道。

1. 煤炭市场

该阶段煤炭市场执行按煤种、品种、规格和煤质统一作价的办法。结合各地工业品普遍涨价的实际，各地相应调整了煤价，上调幅度在 20% 以上，地方国营煤矿的价格上调幅度大于中央直管煤矿，使之逐步纳入全国统一价格体系之中。为平衡需求，确保分布各省区的中央企业对煤炭的需求，兼顾供应地方工业及民用煤炭，国家对统一管理分配的统配煤炭，根据合理流向进一步调整省际的调出调入。

2. 煤炭企业

至 1956 年，经过社会主义改造，私营煤矿已全部改造成全民所有制和集体所有制的煤炭企业。根据中共八大要求，按照统一领导，分级管理，因地制宜，因事制宜的方针，进一步划分了中央和地方的行政管理职权，改进了国家的行政体制。煤炭工业管理体制进行了改进，将所产煤炭在全国范围内进行调配的大矿作为部属重点煤矿，另一些则作为地方国营煤矿分别进行管理。

3. 安全生产

此阶段，煤矿回采工作面以炮采为主，爆破落煤、人工装煤，刮板输送机运煤，木支柱或金属摩擦支柱支护顶板，垮落法控制顶板。煤炭科学研究总院引领了我国煤矿回采工作面采用金属支护取代木支护的全面改革，研制了多种型号的金属摩擦支柱和金属铰接顶梁，逐步淘汰了落后的房柱式或刀柱式采煤法，确立了壁式采煤法在煤矿开采中的主体地位。

同时，该阶段经历了"大跃进"运动，国家各行各业片面追求高效、高产，这也导致了该阶段我国煤矿安全生产事故的多发。1958～1961 年间，我国煤矿企业年平均事故死亡率比"一五"时期增长了近 4 倍，后期由于生产技术及采煤方法的改进，安全水平有所提升。原煤产量由 1955 年的 9800 万 t 提升到 1965 年的 2.32 亿 t；百万吨死亡率由 1955 年的 6.91 下降到 1965 年的 4.42。如图 1-2 所示。

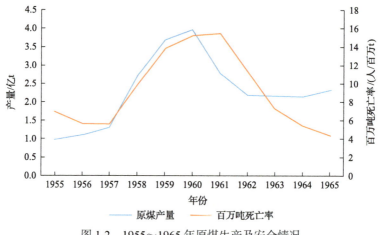

图 1-2　1955～1965 年原煤生产及安全情况

三、第三阶段（1966～1977 年）：煤炭在动乱中艰难前进阶段

这一阶段，我国开始了"无产阶级文化大革命"（以下简称"文革"）运动，国家各项事业经历了一场浩劫，煤炭工业遭到严重破坏。"文革"十年间，广大煤炭行业职工在动乱中艰难前进，克服重重困难，使多数煤矿恢复了生产，建设工程相继复工，生产建设取得了较大发展，为支撑艰难的国民经济起到了重要作用。

1. 煤炭市场

"文革"期间，煤炭市场建设受到严重破坏。1966 年，煤炭工业部根据国务院《关于物价管理试行规定》和全国物价委员会的有关规定，出台了《煤炭产品出厂价格管理办法》，于 1966 年 6 月 1 日起在全国执行，这是中华人民共和国建立后第一次出台的全国统一的煤炭价格标准。1974 年，燃料化学工业部修订了《煤炭产品出厂价格管理办法》，调整了煤炭出厂价格，从 1975 年 1 月 1 日起执行。这次修订调整，在 1966 年的定价办法基础上，提高了部分煤种等级的定价。其中弱黏结煤原有等级及定价不变；无烟煤价提高 4%左右；肥煤价提高 1%～3.7%；贫煤价提高幅度较大，五级原煤提高 26.8%。

2. 煤炭企业

“文革”时期，煤炭工业部属的 72 个矿务局及其他企业、事业单位又统统下放。对下放的企业，有些省层层下放给所在地、市管理，或搞“政企合一”。同时，原部属设计、科研、大专院校事业单位，也都下放给地方领导和管理。随着企业隶属关系的改变，物资供应、劳动工资等管理权限也统统下放。

3. 安全生产

20 世纪六七十年代，随着滚筒采煤机的问世，以采煤机、单体支柱、金属顶梁和刮板输送机为配套的普通机械化采煤开始在我国推广运用。70 年代后期，单体液压支柱研发成功并大规模推广，普采进一步发展为高档普采。

此阶段由于“文革”，我国的煤矿安全管理制度几乎形同虚设，导致煤矿安全事故频发，百万吨死亡率由 5.87 上升到 9.95，总体持续上升，年平均百万吨死亡率为 8.35。产量由 2.51 亿 t 提升到 5.51 亿 t。具体如图 1-3。

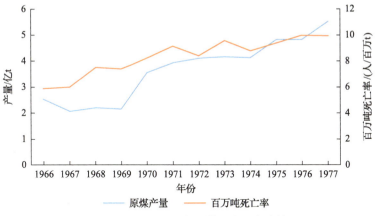

图 1-3　1966～1977 年原煤生产及安全情况

四、第四阶段（1978～1992 年）：煤炭行业逐步改革、转换经营机制阶段

这一阶段，基本完成了煤炭工业调整和整顿任务，改革由单项、局部推进转入全面推行企业承包经营责任制，开始了新的改革探索，为提高煤炭生产力，全面改革发展奠定了基础。

1. 煤炭市场

此阶段，煤炭市场改革进入了“引入市场机制阶段”，国家开始逐步有条件的放开煤炭价格管制。1978 年，我国开始积极审慎地探索煤炭市场化改革，在坚持国家计划分配为主的前提下，增加了市场调节成分，初期以价格调整为主，后期以价格有条件放开为主。1992 年，国家放开统配新投产矿井达产期内生产煤炭的出厂价格，实行市场调节，自产自销。同时放开了国家控制的定向煤价格，取消了计划外煤炭最高限价。煤炭价格改革进入正式实施阶段，实行了多种煤炭价格形式，即国家指令性计划价格、国家指导性的超产加价和地区差价价格、不纳入国家计划的自销煤炭市场协议价格。

2. 煤炭企业

此阶段的煤炭企业改革主要是针对高度集中的计划经济弊端，实行让利、经营承包等为主要内容的改革措施，产权制度改革仍处于酝酿和探索阶段。从 1985 年开始，原中央财政煤炭企业实施投入产出总承包，主要是对企业承包煤炭产量、盈亏和工资，开始改善企业内部经营机制。

3. 安全生产

20 世纪 70～80 年代是我国综采技术的起步和发展阶段。国内煤炭行业掀起了采煤工艺的新一轮革新，我国煤矿长壁工作面开始大规模配备单体液压支柱，普采或高档普采在全国大面积推广。70 年代初，在大同、开滦、徐州等地引进、开发了适应不同地质条件的综采成套装备。1977 年，我国引进了 100 套综采成套设备，开启了煤矿机械化生产的时代。80 年代，我国又引进和开发了放顶煤开采技术。

在经济快速发展和市场需求拉动下，行业发展仍然是以提高产量、保障供应为重点，实施"国家、集体、个体一齐上，大中小煤矿一起搞"的方针，全国煤矿数量由 1982 年的 1.8 万处增加到 1992 年的 8.2 万处。原煤产量由 6.18 亿 t 增长到 11.1 亿 t。同时通过提高机械化程度、加强煤矿安全管理力度等措施，使百万吨死亡率降至 4.65。具体如图 1-4 所示。

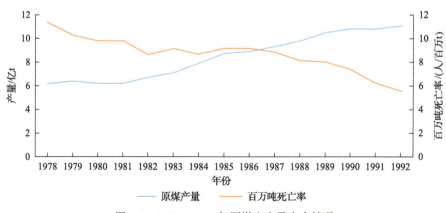

图 1-4　1978～1992 年原煤生产及安全情况

五、第五阶段（1993～2001 年）：煤炭行业政企分开、走向市场阶段

这一阶段，煤炭工业的重点是注重制度创新、机制转换，解决结构性矛盾等深层次问题，推进煤炭工业走向市场，同时受金融危机的影响，煤炭市场供大于求，煤炭产量、安全水平等方面呈现出波动振荡的态势。

1. 煤炭市场

此阶段，煤炭市场改革取得突破性进展，国家放开煤炭价格，由市场自主决定，但由于电价未放开，电煤价格实行双轨制。

1993 年，国家决定逐步放开煤价，首先是电煤和炼焦煤，一年之后，冶金煤等进入市场，随行就市。其间由于部分电力企业不同意电煤价格上涨，为缓解煤电双方矛盾，国家对电煤价格先放后收。

1994 年，国家取消了统一的煤炭计划价格，除电煤实行政府指导价外，其他煤炭全部放开，由企业根据市场需要自主定价。煤炭价格的进一步开放，使得煤炭企业参与市场的程度更为深入，价格的调节作用进一步增强，对激励煤炭企业生产积极性起到重要作用。

1996 年，国家对重点电煤实行政府指导价，超量部分由供需双方协商定价，形成以政府指导价为主的重点电煤价格和市场交易主体协商确定的市场电煤价格的两套价格体系，即所谓的电煤价格"双轨制"。

2. 煤炭企业

此阶段的国有企业改革以建立产权多元化的现代企业制度为特征，通过改革推进释放企业活力。从 1993 年开始对国有煤炭企业逐步放开煤炭价格，促进企业成为市场主体。推行了煤炭生产、多种经营、后勤服务分线管理，进一步改善企业内部经营机制，逐步实施企业公司制改革。

1995 年，煤炭工业开始企业化改制试点。兖州、邢台、郑州、盘江、平顶山矿务局以及平朔煤矿等列入 100 个试点单位。我国煤炭企业开始了建立现代化企业制度的探索，为现代化煤炭企业的建立、为煤炭企业更好地参与市场化创造了条件。

3. 安全生产

从 20 世纪 90 年代开始，是我国煤炭行业综采技术与装备的成熟与大发展的阶段。综采和综放逐渐成为我国煤炭最主要的采煤方法，技术日臻成熟，可以适应绝大多数煤层的地质条件。国内学术界对放顶煤开采现状进行了全面的总结，从顶煤的冒放性、开采设备、生产系统、防灭火、防瓦斯、防尘和工作面管理等

7 个方面的相互适应性进行了深入的研究，提出了我国放顶煤开采的适应条件及其参数的确定方法。

经市场化改革和技术发展。1992 年以来，国家相继颁发了一系列法律法规，召开了开展安全高效矿井建设座谈会等一系列重要会议，确定了一系列的方针政策。在煤炭市场化改革的背景下，安全高效矿井由 1993 年的 12 处增加至 2001 年的 100 多处。在建设安全高效矿井的同时，通过关井压产等措施，优化了煤炭产业结构，整体提升了行业机械化水平。2001 年百万吨死亡率降至 5.07，产量提升到 13.1 亿 t。此阶段期间受金融危机（1997 年）的影响下，煤炭供大于求，安全生产投入不足，造成安全事故多发，且产量也出现了波动。具体如图 1-5 所示。

图 1-5　1993～2001 年原煤生产及安全情况

六、第六阶段（2002～2011 年）：煤炭行业经济快速增长阶段

这一阶段，是煤炭工业发展的黄金十年，在高速发展过程中，传统煤炭工业逐渐向现代煤炭工业转变，煤炭工业实现了产量、开采机械化的飞跃。

1. 煤炭市场

此阶段，煤炭市场改革进入"市场发现价格机制初步建立阶段"，国家明确了煤炭资源要有偿使用；同时实施电煤价格联动机制，改革了煤炭订货方式，加强产运需衔接。

由于我国经济社会快速发展，煤炭需求快速增加，煤、电、油运全面紧张，煤炭价格大幅上涨，重点电煤和市场电煤之间的价格差距大，煤电价格"双轨制"矛盾日益突出。2004 年实施煤电价格联动机制。国家规定，以不少于 6 个月为一个煤电价格联动周期，若周期内平均煤价较前一个周期变化幅度达到或超过 5%，便将相应调整电价。2006 年 12 月 27 日，国家发展改革委（发改委）

组织召开了煤炭产运需视频会议，取代了延续 50 多年由政府主导的煤炭订货方式。并提出要逐渐建立反映资源稀缺程度、市场供需关系、环境保护和煤矿安全的煤炭价格形成机制。

2007 年，国家发改委下发了《关于做好 2007 年跨省区煤炭产运需衔接工作的通知》，进一步确定了坚持煤炭价格市场改革方向，由供需双方企业根据市场供求关系协商确定价格。至此，我国的煤炭价格形成机制发生了质的变化，即由政府定价转变为市场形成价格，煤炭价格改革取得了突破性进展，开始逐步走向市场化。

2. 煤炭企业

2003 年开始，国有企业改革进入了深化产权制度改革阶段。党的十六届三中全会《关于完善社会主义市场经济体制若干问题的决定》明确提出，建立"归属清晰、责权明确、保护严格、流转顺畅"的现代产权制度，完善了基本经济制度的重要基础，国有企业产权制度改革推进取得实质性突破。

在推进国有企业改革过程中，我国煤炭行业有关部门配套出台了一系列国有企业改革的具体政策和措施。主要包括国有企业资产评估、定价和处置政策，主辅分离、辅业改制政策、改制企业职工安置和经济补偿政策，经营者和员工持股政策，资源枯竭煤矿关闭破产政策和债转股政策。

3. 安全生产

该时期历经煤炭行业发展的"黄金十年"，煤炭产业得到了快速发展，煤矿企业对安全生产投入持续增加，采煤机械化程度大幅提升，特厚煤层的一次采全高技术不断突破，形成了 5m 至 7m 煤层的系列综采综放技术，重大灾害治理关键技术及装备得到推广应用，百万吨死亡率由 2002 年的 4.94 下降至 2011 年的 0.56；产量由 2002 年的 14.2 亿 t 提升至 2011 年的 37.6 亿 t。如图 1-6 所示。

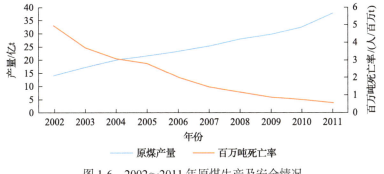

图 1-6　2002～2011 年原煤生产及安全情况

七、第七阶段(2012～)：煤炭行业深化市场化改革阶段

这一阶段，煤炭行业发展重点是深化煤炭市场化改革，充分发挥市场的主导作用，转变政府对煤炭的管理方式。

1. 煤炭市场

此阶段，我国大力推进电煤价格并轨，煤炭行业进入"全面市场化阶段"。2012年12月20日，《国务院办公厅关于深化电煤市场化改革的指导意见》(国办发〔2012〕57号)明确规定，自2013年起，取消重点合同，取消电煤价格双轨制，国家发改委不再下达年度跨省区煤炭铁路运力配置意向框架。煤炭企业和电力企业自主衔接签订合同，自主协商确定价格。至此，我国煤炭行业进入了全面市场化阶段，但市场交易体系建设、价格体系建设等方面还需要进一步优化，对于发挥市场的决定性作用和资源配置效率方面还待提高(郑德志和任世华，2019)。

2. 煤炭企业

此阶段，煤炭企业改革进入了"以实现国企功能为导向的混合所有制改革阶段"。党的十九大报告中指出"经济体制改革必须以完善产权制度和要素市场化配置为重点"。煤炭行业积极探索实践混合所有制改革，把发展混合所有制为主要形式的产权改革，通过混合所有制改革，系统推进煤炭企业"转机制、调结构"，从而实现煤炭企业改革的新突破。2017年7月，山西省国有资本投资运营有限公司正式揭牌成立，山西省人民政府国有资产监督管理委员会持有其100%股权。截至2017年底，山西省人民政府国有资产监督管理委员会将其持有的省属7家煤炭企业控股股东股权，全部注入该公司。

3. 安全生产

近年来，随着现代通信、传感器以及计算机等技术的发展，工作面综合机械化正在向自动化、智能化方向发展。煤炭行业围绕我国井工煤矿安全高效开采，突破了大直径竖井掘进机、智能化超重型岩巷掘进机、综采智能控制系统、全自动刨煤机、自动化高可靠性巷道带式输送机、自动化控制大型提升系统等一大批重大关键技术和装备，显著提升了我国井工煤矿智能化掘采技术装备水平，不断推动井工煤矿逐步实现少人甚至无人开采。

在装备技术的引领带动下，我国煤矿安全水平不断提升，百万吨死亡率由2012年的0.37下降至2020年的0.058；产量稳定在34亿～39亿t。具体如图1-7所示。

图 1-7　2012～2020 年原煤生产及安全情况

第三节　"十三五"以来煤炭行业发展取得的成效

一、煤炭供给

1. 煤炭供应保障能力显著提升

2016～2019 年，煤炭累计新增查明资源储量 2279 亿 t。全国煤炭资源开发、生产布局不断优化，资源开发重心逐渐向资源禀赋好、开采条件优、生产成本低的区域转移。2016 年至 2020 年，全国煤炭产量由 34.1 亿吨增加到 39.0 亿 t，累计生产煤炭 184 亿 t 左右，煤炭生产重心不断优化，逐渐进行产能集中，先进产能比重大幅度提高。煤炭工业向区域集中发展的格局逐渐建立，中西部作为主要产煤区，其战略地位越发凸显，晋陕蒙三省(区)煤炭产量占全国总产量的比重超过 70%。神东、黄陇、宁东、新疆等 14 个大型煤炭基地产量占比不断提升，全国煤炭资源已经形成从科学规划到清洁高效利用的可持续发展的新体系。煤炭生产运输协同保障体系逐步完善，煤炭储备体系建设不断健全，初步形成企业社会责任储备为主体、地方政府储备为补充的储备体系。煤炭安全稳定供应保障能力实现跨越式提升，满足了国民经济持续快速发展的需要。

2. 供给侧结构性改革加快

大型煤炭基地建设和企业兼并重组不断推进，累计关闭退出落后产能 10 亿 t/年左右。全国煤矿数量由改革开放初期的 8 万多处减少到 2020 年底的 4700 处以下，增加先进产能 6 亿 t/年左右。全国生产煤矿产能 41 亿 t/年，平均单井(矿)产能提高到 110 万 t/年以上。大型现代化煤矿成为全国煤炭生产的主体。全国建成年产 120 万 t 以上的大型现代化煤矿 1200 处以上，产量占全国的 80% 左右，其中，建成年产千万吨级煤矿 52 处，产能 8.2 亿 t/年；年产 30 万吨以下的小煤矿数量、产能分别下降到 1000 处以下、1.1 亿 t/年左右。

3. 煤炭产业结构不断优化

"十三五"期间煤炭产业集中度进一步提高，2020 年我国大型煤炭基地产量占比约为 96.6%，比 2015 年提高 3.6 个百分点。前 8 家大型煤炭企业产量 18.55 亿 t，占全国的 47.6%。1978 年、2001 年、2020 年我国煤炭企业产量前四名之和占全国煤炭产量比重对比见表 1-1 所示。产能集中促进了煤炭工业由"速度"为先到"质量"优先的产业转型，尤其是作为供应链最重要的大型煤炭企业集团、大型现代化煤矿，带动作用更加突出。

表 1-1 1978 年、2001 年、2020 年全国前 4 家煤炭企业生产情况

年份	全国产量/(万 t/年)	煤炭产量前四家企业/(万 t/年)					占比/%
1978	61786	大同矿务局	开滦矿务局	平顶山矿务局	阜新矿务局	小计	11.6
		2303	2150	1373.8	1360.1	7186.9	
2001	130559	神华集团	兖矿集团	同煤集团	开滦集团	小计	11.3
		5433	3609	3502.3	2233.8	14778.1	
2020	390000	国家能源	晋能控股	山东能源	中煤集团	小计	34.1
		53000	31000	27000	22000	133000	

二、煤炭开发

经过"十三五"期间的稳步发展，煤炭科技不断创新，关键技术持续突破。以煤矿智能化开采为引领的煤炭基础理论研究与关键技术、重大装备研制取得新的突破，煤炭清洁高效开发利用与低碳绿色发展从理念到工程示范和产业化发展取得重大进展，煤炭科技贡献率逐年提高。2020 年，全国煤矿采煤机械化程度达到 78.5%，掘进机械化程度已达 60.4%。

1. 煤炭地质勘探

以煤矿安全高效生产为重点的煤矿地质保障体系初步形成。"十三五"以来，地质勘查理论体系不断完善，勘查手段不断创新，尤其是煤炭地质勘探关键技术不断突破。在地球物理勘探方面，已经发展形成包括地震、电磁法、测井及综合探测等多个技术系列，开发出井下直流电法、瞬变电磁法、无线电坑道透视、地质雷达、槽波地震、瑞利波等多种物探技术与装备，超前探测距离达到 200m，在掘进工作面、回采工作面前方水、瓦斯、地质构造的超前探测方面，发挥重要作用。煤矿井下反射槽波超前探测技术与装备达到国际领先水平。在煤矿井下钻探方面，煤矿井下随钻测量定向技术与装备处于国际领先水平，我国自主研发的大功率定向钻进技术与装备创造了顺煤层定向钻孔深度 3353m 的世界纪录，并实现了煤矿井下随钻测量由"有线传输"向"无线传输"的跨越；研制了针对突出煤层瓦斯抽采钻孔施工的智能化钻探技术装备,在远距离自动控制钻进、遥控自动钻进装备研制方面取得重大突破。在透明矿井构建(矿山地质信息化)方面,我国的数字化矿山起步较晚,初期以地质信息系统或(geographic information system,GIS)系统为基础构建,三维空间分析功能较弱。近几年,随着软件技术的进步和国外矿业工程软件在国内的应用范围不断扩大,国内数字矿业软件在功能上取得了长足进步,具备强大的专业矿图编辑、矿山勘探测量数据和资源储量管理、三维矿山建模等功能。三维地质建模技术流程见图1-8。

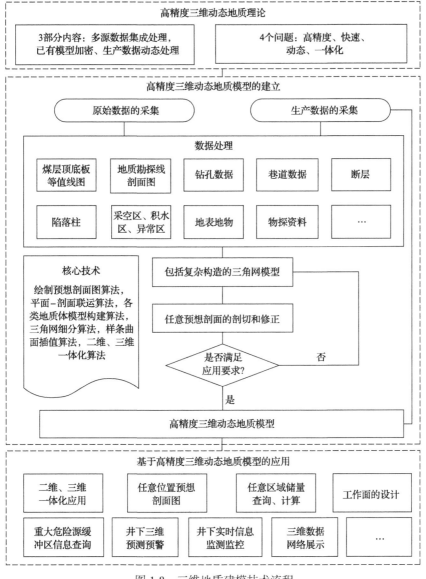

图 1-8 三维地质建模技术流程

2. 煤炭安全绿色高效开发

安全高效绿色综采技术和成套装备研发取得新进展。在矿井建设方面，深厚土层中冻结法及机械破岩钻井技术取得突破。冻结法凿井技术解决多圈冻结壁、高强混凝土井壁等关键技术，穿过冲积层厚度达到 754.96m，冻结深度 958m，创造世界冻结深度纪录；非爆破机械破岩的竖井钻机、反井钻机和竖井掘进机钻井技术体系逐渐形成，形成了长斜大直径定向反井钻井、盾构法长距离斜井施工成套技术装备。"800 米深厚土层中冻结法凿井关键技术""西部弱胶结地层 1500 万 t/年煤矿深立井建设与提升关键技术"获得 2019 年中国煤炭工业协会科学技术奖一等奖；智能快速掘进关键技术取得突破，如掘进机位姿检测与导航技术(图 1-9)，极大缓解了煤矿采掘失衡矛盾。千米深井巷道围岩控制技术取得突破，提出"支护—改性—卸压"三位一体围岩控制理论与成套技术，为深部巷道支护提供了有效途径。

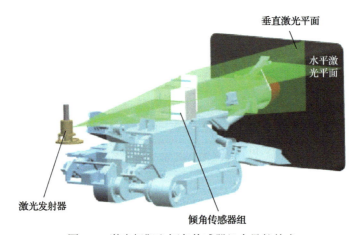

图 1-9　激光标靶和倾角传感器组合导航技术

技术创新助力煤矿安全生产水平稳步提升。矿井灾害防治理论体系不断完善，冲击地压防治、瓦斯灾害防控、矿井水害防治、煤层自燃与火灾防治、复合动力灾害防控等关键技术取得新突破，形成了以灾害预测和防控为核心的理论与技术体系。在煤岩瓦斯动力灾害方面，初步搭建完成煤矿瓦斯突出预警平台，实现了激光甲烷传感器高稳定性量测、有线+无线综合传输，突出灾害预警准确率达 90%。井下煤层钻进装备实现了松软煤层钻进 300m、中硬煤层钻进 3353m 和无线遥控自动钻进等重大技术突破。在水害防治方面，从探测、监测、预测、治理等方面入手，形成了顶板水疏水降压、底板灰岩水注浆改造与加固等控水开采和水害治理技术。同时，煤自然发火预测预报综合指标体系进一步完善，光纤测温技术在采空区温度监测方面也取得了一定进展；基于光谱技术的煤矿气体分析仪器及在线式火灾束管监测系统应用广泛；采空区帷幕注氮(二氧化碳)防灭火工艺应用范围进一步推广；三维矿井通风智能分析技术已达到国际领先水平；基于光散射原理和静电感应原理的 GCD1000 型粉尘浓度传感器实现了煤矿粉尘的远程在线监测；高效生氧、快速密闭技术与装备已达到国际领先水平。

"十三五"期间，煤矿安全生产水平持续稳定好转。全国煤矿事故总量、重特大事故、百万吨死亡率均有明显下降。通过先进的生产技术装备的升级和安全监测监控系统的推广使用，提高了防灾、抗灾能力，煤矿安全生产水平稳步提升。2020 年全国煤矿发生事故 123 起，死亡 228 人，与 2015 年比，分别减少 229 起、370 人，百万吨死亡率从 0.162 下降至 0.058，见图 1-10 所示。

图 1-10　2015～2020 年煤矿事故起数和死亡人数

在煤炭绿色开采方面，研发了充填开采、煤与瓦斯共采、保水开采等绿色开采技术体系。提出了针对西部浅埋煤层保水开采岩层控制理论和技术，提出了基于煤柱群布置，减轻地层非均匀沉降的方法，实现了井下减压和地表减损。研发了矸石固体充填、粉煤灰膏体充填和高水材料充填技术。基本形成了集采空区勘察技术、地基稳定性评价技术、沉陷区注浆治理及抗采动影响技术为一体的沉陷区工程建设成套技术。

3. **煤机装备与智能开采**

初步形成具有我国煤炭资源赋存条件特色的智能化开采格局。"十三五"以来，煤炭智能开采技术快速发展。在智能开采装备研发方面，发明了工作面直线度精确检测与智能控制、采煤机记忆截割控制、刮板机智能控制等多项关键技术，研发了适用多种煤层条件的智能化综采(放)成套装备。在智能化远程管控研发方面，研发了综采工作面采煤、支护、运输等智能化协调控制技术，开发了矿井人员与车辆等动目标定位关键技术与系统，开发了煤矿供电无人值守及防越级跳闸技术与系统，研发了一体化矿山生产综合智能监控系统和面向智能开采的煤矿安全高效生产空间信息处理关键技术，建立了煤矿智能化建设理论和技术体系。2020年大型煤炭企业的采煤机械化程度达98%以上。研制出世界首台9m采高智能化采煤机、8～9m一次采全高智能化液压支架、7m超大采高智能化综放开采液压支架和智能化超前支护液压支架、大运量智能刮板输送机、掘锚一体机+锚运破+大跨距转载快掘系统、全断面快速掘进系统等先进装备。采煤工作面机器人群、钻锚机器人、选矸机器人和巡检机器人等多种煤矿机器人已在煤矿井下应用。

4. 矿山生态环保

初步构建了煤矿区生态修复与水资源保护技术体系。2020年煤矸石综合利用率达到72%，矿井水利用率、土地复垦率分别达到79%、57%。针对鄂尔多斯盆地提出采煤区地质环境保护的核心就是保护地下水位的新理念，以及不同分区可保护水位的开采方法。西部煤矿区实现了采煤塌陷地和矸石山微生物修复，建成了以"导储用"为特征的地下水库，在神东矿区建成35座地下水库。研发了采煤沉陷区土地损毁评价、生态景观构建等技术，形成了集生态损害监测、土壤介质构造和植被重生的"三位一体"的多元复垦技术体系。位于徐州东部的潘安湖国家4A级湿地公园便是通过综合复垦技术由采煤沉陷区重建而来，是矿区生态治理的示范性工程。

三、煤炭利用

1. 煤炭清洁高效利用水平大幅提高

煤炭消费总量控制效果明显，占一次能源消费总量的比重持续下降，2020年占比为56.8%。建成了全球最大的清洁煤电供应体系，全面开展燃煤电厂超低排放改造。实现超低排放煤电机组超过9亿kW，超过7.5亿kW煤电机组实施节能改造，供电煤耗率逐年降低。在超低排放技术的支持下，燃煤电厂经过改造后的烟尘浓度达到2.78mg/m^3、SO_2浓度23mg/m^{3}左右、NO_x浓度31mg/m^{3}左右，均优于天然气发电排放标准。高效煤粉型工业锅炉技术持续创新，拥有自主知识产权，并且实现了产业化的发展。普通燃煤锅炉的燃尽率只有70%，在高效煤粉型锅炉技术的支持下，煤炭达到了98%的高燃尽率，相比使用天然气的锅炉，污染物排放指标大致相当。同时，关键技术的创新和突破，如洁净煤、节能环保解耦炉具技术大力促进了煤炭清洁高效利用。散煤综合治理和煤炭减量替代成效显著，落实《燃煤锅炉节能环保综合提升工程实施方案》，提高锅炉系统高效运行水平。"十三五"期间散煤用量消减超过2亿t。

2. 煤炭转化取得突破

推动煤炭从燃料到燃料与原料并重的方向发展是我国煤炭工业很长一段时间

内的着力点。只有推进现代煤化工的发展，改革煤炭利用技术，才能够实现煤炭资源的清洁高效利用。"十三五"期间，我国在大型先进煤气化、煤直接制油、煤间接制油、煤制乙二醇、大型煤制甲醇、煤制烯烃等技术方面取得了重大的突破，大型设备的开发和运用使得煤炭清洁高效转化示范工程顺利实施，我国煤炭转化发展迅速，技术创新和产业化均名列世界前茅。

四、煤炭体制

1. 煤炭行业市场化程度和经济运行质量稳步提高

市场化改革稳步推进。不断健全煤炭市场化体制机制，持续深化交易市场建设和完善价格指数体系。在定价机制方面，形成了煤炭"中长期合同制度"和"基础价+浮动价"的定价机制，为煤炭市场稳定发展发挥了压舱石作用。

在投资体制方面，股权和投资主体逐步形成多元局面。此外，优化市场作为主要决定主体的有效机制，重点突出市场在价格方面的绝对作用，不断改革煤炭订货会制度。实行资源有偿使用，煤炭资源开发、管理秩序逐步改善。煤炭企业，尤其是大型煤炭企业集团，由改革开放前生产导向转化为市场导向，逐步建立和完善了现代企业制度，大多数国有煤炭企业通过债转股、资产并购重组、改制上市等方式进行了公司制改造，企业改革不断深化。

2. 法制建设不断完善

在市场化不断加快发展过程中，推进《中华人民共和国煤炭法》等煤炭法律及行政法规制订修订工作，加强法律法规实施监督检查，加快煤炭领域规章规范性文件的"立改废"进程，建立了社会主义市场经济下的煤炭产业政策体系。

3. 引导资源配置方向

制定实施《能源生产和消费革命战略(2016—2030)》以及能源发展规划和系列专项规划、行动计划，明确煤炭发展的总体目标和重点任务，引导社会主体的投资方向。完善煤炭领域财政、税收、产业和投融资政策。

五、煤炭国际合作

煤炭领域国际化程度不断提升，煤炭工业合作成为中美战略对话重要部分，不断与国际能源署、世界能源理事会、世界采矿大会、世界煤炭协会等国际组织深度合作，与包括俄罗斯、印度、澳大利亚、印度尼西亚、波兰、乌克兰等主要产煤国交流日趋活跃，逐步从跟随式合作发展到以我为主的国际合作；大型企业发挥资本、管理、技术、装备、人才、产能等优势，推进境外上市、并购重组、产能合作、装备出口，深度融入国际市场，实现互利共赢，既树立了中国煤炭工业的良好形象、促进了友谊，也为"一带一路"倡议的实施架设了桥梁。

第四节　煤炭行业发展存在的问题

经过 70 余年的发展，我国煤炭行业取得了巨大成就，但同时也存在着发展质量不高的问题，主要体现在以下几个方面。

一、矿井现代化水平不平衡

矿井现代化水平不平衡主要体现在各矿井之间机械化、自动化、智能化程度发展不均，各矿井生产效率失衡等方面。

一方面，近年来我国煤炭行业加速推进信息化、智能化建设，2020 年已经建成了 494 个智能化采煤工作面，实现了地面一键启动、井下有人巡视、无人值守。但是在这些大型矿井智能化取得巨大进展的同时，绝大多数矿井并没有实现智能化，甚至一部分落后矿井，其机械化、自动化程度不高，仍采用炮采炮掘等落后采煤工艺。这种放炮采煤、"有人巡视、无人值守"智能化采煤并存的现象严重制约着我国煤炭行业整体高质量发展。

另一方面，以大型煤矿为主的国有煤炭企业平均生产效率约 2000t/（工·年），其中，中煤平朔集团东露天矿，年人均效率 6.8 万 t/（工·年）（原煤工效达到 222.94t/工），已处于国际先进水平。相比之下，小煤矿生产效率一般只有 300～500t/（工·年），可见，国内各煤炭企业生产效率相差较大、极不平衡，从而导致我国煤炭行业整体生产效率与世界主要采煤国家相比，还存在着巨大差距，只有美国、澳大利亚的十分之一左右。具体如表 1-2 所示。

表 1-2　2018 年中外煤炭生产效率对比情况

国家	中国	美国	澳大利亚
全员效率/[t/（工·年）]	1146.77	12791.37	9024.16

二、生产区域与消费区域不平衡

我国煤炭资源丰富，但分布极不平衡，资源储量呈现北富南贫、西多东少的局面。从煤炭生产地来看，我国西部地区煤炭资源丰富，开采条件好，开采规模逐渐加大，但地区经济发展比较滞后，运输也不便利；东部地区资源较少且资源接近枯竭，开采条件复杂，生产成本高；中部地区开发强度大，接续资源多在深部，灾害越来越严重，效率降低，开采成本越来越高；北部资源集中；南部分散且较少。据统计，自改革开放以来，东部地区的煤炭产量占比已由 42.3%下降到 2020 年的 6.9%，相比而言西部地区煤炭产量占比增长显著，由 1978 年的 21.2%

增加到 2020 年的 59.7%。

从煤炭消费情况来看,我国煤炭年平均消费量较高的地区集中在中东部地区。近十年,煤炭消费量超过 2.5 亿 t 的地区分别是山东、山西、河北和内蒙古;广东、河南、江苏、辽宁的消费量在 1.5 亿 t 以上。从近十年的煤炭消费量的平均增长率来看,新疆、山西、宁夏、内蒙古、青海全部超过 10%。

总体来看,我国煤炭生产主要分布在西部地区,而煤炭消费主要集中在东部地区。可见,生产区域与消费区域不平衡,产地和消费地逆向分布。由此形成了西煤东运、北煤南调的格局,长距离煤炭运输加剧我国交通运力、污染物控制等方面的压力。

三、市场结构不平衡

煤炭是我国能源市场化程度最高的领域,我国煤炭市场是"原子型"的市场竞争结构,这一竞争格局的特点是企业数量多,但没有寡头企业,市场集中度低。经过近几年的去产能,2020 年底,全国煤矿数量减少到 4700 处以下,平均产能提高到 110 万 t/年以上。前 8 家大型企业原煤产量 18.55 亿 t,占全国的47.6%,相比于美国、俄罗斯、印度等呈现出明显的寡头垄断型产业结构的产煤大国(前 8 家煤炭企业产量占全国的 55%~65%),数值较低,仍处于典型的竞争市场。如图 1-11 所示。

图 1-11 2011~2020 年我国前 8 家煤炭企业原煤生产情况

煤炭行业的低集中度给煤炭产业造成很多负面影响。首先市场集中度低易引发过度竞争,加剧产能过剩;企业之间竞争常常靠以量取胜,经济效率低。其次,企业之间由于过度重视产量问题,导致轻质量的现象较多,不利于整个行业的技术进步和创新。最后,数量庞大的小煤炭企业普遍存在着资源浪费、环境污染严重等问题,也不利于整个煤炭产业的高效可持续发展。

我国煤炭市场在目前这种竞争市场结构条件下，虽然能满足国民经济的发展需求，但是具有很明显的滞后性，且要耗费大量的人力、物力资源。煤炭市场结构不平衡，造成大量煤炭资源的浪费，为了适应市场经济变化，必须使煤炭企业向规模化、集约化经营转变，尽快形成合作性的寡头垄断市场结构才能有效解决我国煤炭市场存在的问题。

四、利用的清洁化程度不平衡

我国煤炭消费利用领域为大型集中利用和分散利用并存，主要分布在五大领域：一是燃煤发电，每年燃煤 18~20 亿 t，占煤炭消费总量的 50%左右；二是冶金炼焦，每年消耗洗精煤 6.5 亿 t 左右（包括兰炭），占 17.5%；三是煤化工，每年用煤 2.5 亿 t 左右（不含炼焦），占 6.8%；四是锅炉用煤（含建材窑炉和供热供暖锅炉），每年大约燃煤 7.5 亿 t，占 20%左右；五是民用散煤，每年大约 2 亿 t，不足 6%。

燃煤发电、冶金炼焦、煤化工属于集中利用，清洁化程度高，尤其是现代煤化工属于新兴大规模高科技产业，装备配置高，环保措施好，只要用好、管好，严防跑冒滴漏，完全可以做到清洁生产、超低排放。

但对于规模较小的工业锅炉、居民采暖等分散利用，清洁化程度很低，污染严重。一是我国燃煤供热供暖工业锅炉近 48 万台，是污染较为严重的领域。数十年来我国中小型工业锅炉出于成本考虑，一直采用层燃型燃烧器，燃烧技术进步缓慢。同时，由于管理方式和标准不能及时跟进，市场需求和技术进步的动力不足，燃煤工业锅炉长期存在效率低、烟气污染防控设施简陋、运行维护和管理水平低下，建设选址监管缺失等问题；二是全国有 6600 多万户农村和城乡接合部的居民常年使用散煤炊事和取暖，受经济承受能力和生活习惯等影响，他们使用的炉具传统落后，大多燃烧便宜的劣质散煤，燃煤产生的废气低空直排，污染物排放量是大型锅炉等量燃烧后的 10~20 倍，是主要的燃煤污染源，也是散煤污染最难治理的领域（王振平等，2019）。

五、安全发展不充分

煤炭行业经过全面开展安全治理、化解过剩产能等一系列举措，落后生产能力逐步被淘汰，煤矿安全形势极大改观。大中型煤矿广泛采用了先进的生产技术装备和安全监测监控系统，安全基础工作不断加强，防灾、抗灾能力提高。全国煤矿重特大事故逐步减少，百万吨死亡率大幅下降。全国煤矿百万吨死亡率由 1949 年的 22.28 下降到 2020 年的 0.058，实现了煤矿安全形势的根本好转。如图 1-12 所示。

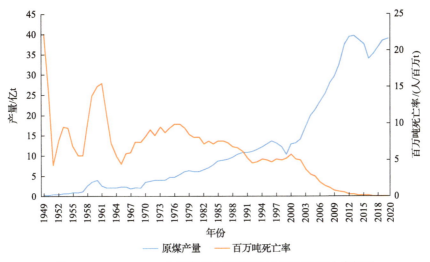

图 1-12　1949～2020 年煤炭工业原煤产量与百万吨死亡率情况

但是，煤矿井下工作环境差、员工职业健康得不到保障等问题依然存在。目前，煤炭从业人员年死亡率为 1‰，比大多数行业高(是建筑行业的 2 倍)；井下作业的噪声污染、粉尘污染仍未根本解决。而随着人们生活品质的提升，要求煤炭行业实现"零伤亡"的呼声越来越大。

六、绿色发展不充分

2010 年以来，国家大力推进绿色矿山建设，目前部分煤矿区已建成绿色矿区，河南新安煤矿被中国国家旅游局评定为 4A 级景区，神华准东煤矿通过矿区开发把沙漠戈壁变成了绿洲，显著提升了矿区周边生态环境质量。但很多煤矿区还存在严重的环境问题，主要表现为：

一是对土地资源的破坏。露天开采剥离排土，井工开采造成地表沉陷、裂缝，无论哪种开采方式都将破坏土地资源和植物资源，影响土地耕作和植被生长，改变地貌并引发景观生态的变化。开采沉陷造成东部平原矿区土地大面积积水受淹或盐渍化，使西部矿区水土流失和土地荒漠化加剧。采煤塌陷还会引起山地、丘陵发生山体滑落或泥石流，并危及地面建筑物、水体及交通线路安全。据统计，我国因采矿直接破坏的森林面积累计达 106 万 hm²，破坏草地面积为 26.3 万 hm²，全国累计占用土地约 586 万 hm²，破坏土地约 157 万 hm²，且每年仍以 4 万 hm² 的速度递增。

二是对水资源的影响。煤炭开采过程对水资源污染严重，进一步加剧了我国水资源紧缺的情况。煤矿开采产生的矿井水、洗煤水等水量大，悬浮物含量高，有害物种类多。一方面，矿山废水经过矿区周围土层渗入地下水并对其产生影响，直接降低了饮用水的质量；另一方面，有害废水渗入土壤，直接影响矿区周围农作物及动植物的生长。据统计，我国煤矿每年产生的各种废污水约占全国总废污水量的 25%。除废水排放之外，煤炭开采还严重破坏地下水资源。据测算，每开采 1t 煤炭要破坏 2.54m³ 地下水资源。地下水资源破坏将降低原有水源的供水能力，使矿区主要供水源枯竭，地表土壤沙化，土地肥力降低，草场退化，农作物减产（秦容军，2019）。

七、企业转型升级不充分

近年来，煤炭企业积极寻求多元化发展道路，部分大型煤炭企业通过兼并重组、参股控股、战略合作、资产联营等多种形式，推动与下游产业、新技术新业态融合发展，从传统的煤炭开采业开始向现代产业体系嬗变，初步形成了以煤为基础，煤电、煤钢、焦化、建材、储运、金融、新能源等相关产业协同发展的新格局。然而，大多数煤炭企业还是单一的采煤卖煤，以煤炭外销为主，向高端产业延伸不多。这就导致煤炭企业的盈利能力受煤炭价格的影响巨大，煤价高则盈利强、煤价低则盈利弱，无法形成具有可持续发展的资源优势和抵御风险的能力。

八、人力资源发展不充分

行业要高质量发展就需要高素质的人才。然而从实际情况看，煤炭人才队伍现状与高质量发展的人才需求相比，还存在很大差距，主要表现在以下方面：

一是从业人员人数众多，属典型的劳动密集型行业。2000 年以前，煤炭开采和洗选业的从业人员年平均人数不足 400 万。随着煤炭行业"黄金十年"的开启，2004 年突破了 400 万，2008 年突破了 500 万，2013 年达到历史最高值 611 万人。随着行业产能过剩以及亏损加剧，煤炭企业纷纷实施降本增效并启动人员分流。从 2014 年起，煤炭从业人员平均人数开始回落。据《第四次全国经济普查》数据显示，2018 年，煤炭行业从业人员为 347.3 万人，仍是采矿业中人员最多的行业，占采矿业总人数的 58.27%；在第二产业所有 40 个行业划分中，煤炭行业人数排名第 12 位，占第二产业总人数的 3%。

二是老龄化趋势严重，后备劳动力不足。如表 1-3 所示，与全国就业人员年龄构成相比，2003 年，我国采矿业 40 岁以下从业人员占行业人员总数的 63.9%，高于全国就业人员 40 岁以下的比例。然而，2003 年之后，我国采矿业 40 岁以下从业人员的比例一直低于全行业 40 岁以下的比例。且煤矿工作环境差、待遇低，导致目前井下一线招工难。

表 1-3　我国采矿行业从业人员年龄构成与全行业平均水平对比　（单位：%）

	2003 年		2008 年		2014 年		2018 年	
	<40 岁	>40 岁	<40 岁	>40 岁	<40 岁	>40 岁	<40 岁	>40 岁
全行业	61.4	38.6	52.5	47.5	52.4	47.6	52.1	47.9
采矿业	63.9	36.1	49.9	50.2	41.2	58.8	40.9	59.1

资料来源：《中国劳动统计年鉴》2004、2009、2015、2019

三是整体素质不高，高级技术人员短缺。当前从业人员中以中专生为主，近一半为中专及以下学历，低学历的人员结构越来越不能适应未来信息化、智能化矿井建设需求；与此同时，煤矿专业技术职称占比低；存在着人员众多与高级技能型人才短缺的用人矛盾，详见图1-13。

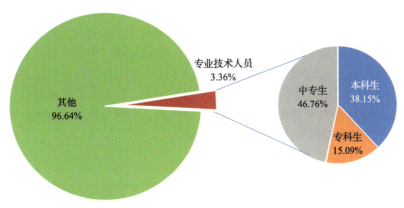

图 1-13　调研矿井专业技术人员学历构成情况

九、对外合作不充分

从总体看，我国煤炭行业对外合作以"引进来"居多，"走出去"少；以国外企业参与国内市场竞争居多，中国煤炭企业全面参与国际市场竞争少；以煤炭贸易居多，技术、人才、市场、资本等国际合作少。且"走出去"仍是以失败居多，境外投资的成功率不高。这一现状暴露出我国煤炭行业"走出去"存在的诸多问题，包括国有企业"走出去"遭到投资东道国政府和民众的排斥、跨国经营能力不强的煤炭企业盲目跟风"走出去"导致境外投资失利等。这些问题都严重阻碍了我国煤炭行业进一步加强国际合作。

目前，新冠疫情影响下的世界经济复苏充满不确定性、不稳定性，我国经济社会发展已经由高速增长期进入高质量发展期，企业进一步转型升级和全面深化改革的任务异常繁重。面对新形势、新变化、新要求，党的十九届五中全会将"更高水平开放型经济新体制基本形成"列入"十四五"时期经济社会发展主要目标，提出"全面提高对外开放水平，推动贸易和投资自由化便利化，推进贸易创新发展，推动共建'一带一路'高质量发展，积极参与全球经济治理体系改革"的要求。如何适应新形势，迎接新挑战，全面提升中国煤炭工业的国际合作质量，推动煤炭贸易从单一的"引进来"到"引进来"与"走出去"并行转变；从国外企业参与国内市场竞争，到中国煤炭企业全面参与国际市场竞争转变；从单纯的煤炭贸易向资源、工程、人才、技术、市场、资本等全方位国际合作转变，提高中国煤炭行业的国际化水平，已成为中国煤炭行业必须科学应对和化解的重要课题。

十、低碳发展不充分

随着我国宣布碳达峰目标和碳中和愿景，应对气候变化各项举措将加快实施。煤炭约占世界碳排放总量的 44%，是主要的碳排放能源，控制煤炭消费总量、提高集约低碳化水平是当前煤炭行业碳减排的内在要求。目前煤炭消费总量控制取得积极进展，2020 年煤炭消费 40.1 亿 t，增长率收窄 0.4 个百分点，消费总量已进入平台期并将加快达峰，但煤炭发电及化工转化过程产生的二氧化碳目前仍难有好的处置方式，以碳捕集、封存和利用（CCUS）为代表的碳处置技术面临技术和经济性问题，短期内难以商业化推广应用。此外，煤炭开发产生甲烷排放控制水平偏低，2020 年井下瓦斯抽采利用率仅 44.8%，大部分仍直排放空，亟须加快提升煤矿瓦斯及煤层气开发利用规模和质量。

推动行业高质量发展的经验与启示

煤炭行业高质量发展不是一蹴而就的，要经过十几年甚至更漫长的时间才可能实现，期间需要广泛借鉴先进发达产煤国家的经验，也需要借鉴其他行业的先进经验，才能更快更好的推动煤炭行业高质量发展。本章从地质生产条件、行业集中度及准入标准、开采工艺和装备、从业人员情况、生态治理与职业健康、清洁高效利用、国际化发展等方面剖析了美国、澳大利亚等国家的先进经验，解析了石油、电力、钢铁、制造业、现代服务业等行业高质量发展经验，总结其对促进煤炭行业高质量发展的启示。

第一节　美国煤炭行业发展经验

美国作为世界上煤炭资源最为丰富的国家，煤炭产量和消费量始终居于世界前列，也是最早进行机械化开采的产煤国之一，其发展经验对我国煤炭行业具有较强的借鉴意义。

一、地质生产条件

美国煤炭资源丰富并且分布较为集中。据 BP 统计，2019 年可采储量为 2495.37 亿 t，占全球 23.3%，储采比为 390 年，远高于天然气、石油等化石能源。美国煤炭种类较为齐全，无烟煤和烟煤占 46%，次烟煤和褐煤占 54%。其中，无烟煤主要分布在宾夕法尼亚州东北部；烟煤主要分布于密西西比河东部；次烟煤分布于密西西比河西部地区；褐煤分布较广，主要集中在蒙大拿州、得克萨斯州和北达科他州。

美国煤炭资源整体赋存条件较好，煤炭开采以露天矿为主，露天矿产量占 60% 左右，井工矿产量占 40% 左右。以世界最大的煤田——阿巴拉契亚煤田为例，该煤田分布在美国东部 9 个州，长 1250km，宽 300km，厚 900 多米，含煤面积 18 万 km^2，储量 2526 亿 t。该煤田开采条件优越，99% 是近水平煤层，煤层平均厚 1.7m，矿井平均开采深度 70 多米，大部分可露天开采。

二、行业集中度及准入标准

1. 生产布局

美国煤炭生产主要分布在阿巴拉契亚地区、中部内陆地区、西部地区 3 个区域，从生产分布来看，美国五个州的产量占全国的71%，其中怀俄明州排名第一，为美国最大煤炭生产地，2018年煤炭生产量占到美国煤炭生产量的40.2%；西弗吉尼亚州、宾夕法尼亚州产量分别占12.6%和6.6%，为美国第二大、第三大煤炭生产地。

2. 产业集中度

页岩气革命以来，美国煤炭产业格局发生重大变化，煤企大量减产限产，淘汰落后和高成本产能，加之煤炭生产商之间的兼并重组，使得行业集中度得到进一步提高。随着前十大生产商中的Patriot申请破产清算、Contura Energy和Alpha Natural Resources兼并重组，2018年美国煤炭行业CR10（行业集中度，Concentration Ratio）提高至71.6%。其中，Peabody Energy Corp、Arch Coal Inc、Cloud Peak Energy、Murray Energy Corp、Alliance Resource Partners LP是美国前五大煤炭生产商，产量合计占全国的51.9%。

3. 行业准入

美国大约三分之一的煤炭储量由联邦政府控制，并由内政部通过土地管理局（BLM）管理。依据1920年的矿产租赁法及其修订，以及1947年收购土地矿产租赁法及其修订，土地管理局负责约5.7亿英亩[①]国家森林和其他联邦煤炭租赁责任土地，以及采矿权已被联邦政府保留的私有土地。

公共土地通过BLM的多重利用规划评估后便可用于煤矿租赁。在煤炭资源的开发可能会与其他资源或公共用途的土地保护和管理发生冲突的地区，BLM可以出台暂时规定来使用或限制作业。

美国的所有成年公民都可以获得并持有联邦煤矿租约。未成年人则无法获得租约，但租约可能颁发给代表未成年人的法定监护人或受托人。根据美国联邦和各州法律组建的公民和企业的协会也有资格持有联邦煤矿租约。外国人只有在其国家法律允许的情况下，通过持有美国公司股权的形式持有联邦煤矿租约。

在1920年矿产租赁法的基础上修订的1976年联邦煤矿租赁修订法案（FCLAA），要求所有公共土地煤炭资源的租用必须采用竞标的形式。但是有两个例外：具有FCLAA勘查许可证的企业或个人有优先租赁权；已经拥有租赁权的企业或个人扩展160英亩以下的资源。

煤炭资源的竞标有两种不同的程序：①区域租赁，BLM选择有煤炭市场竞争力区域进行竞标；②申请租赁，由公共提名煤炭区域进行竞标。区域煤炭租赁要求BLM选择基于多个土地利用总体规划，预计具有煤炭需求和潜在经济影响潜力的煤炭租赁区域。由于新的煤炭租赁需求在最近几年有所下降，目前所有的租赁是通过申请租赁程序来完成。对于申请租赁，BLM审阅租赁申请以确保它符合

---

① 1英亩=4046.856m^2。

现有的土地利用计划，并包含足够的地质数据来确定煤的市场价值。然后结合公众意见，BLM 会拒绝、修改或继续处理租赁申请。

一旦 BLM 受理申请，申请人需要提交环境分析报告或者环境影响报告，BLM 就此征求公众意见。与此同时，土地管理局也咨询其他有关州、联邦和州政府机构的意见。BLM 随后对租赁区的煤炭资源进行市场价值估计，相关数据必须保密，用于评价竞标时竞标人的出价。密封投标在竞标日之前给出并且在竞标时向公众公布，中标的将是一个达到或超过煤炭价值估计值的最高价的竞标人。

中标人必须在中标当年支付五分之一租金，剩余五分之四在接下来的四年内每年支付五分之一。租金在州和联邦政府之间平分。在 BLM 签发煤炭租赁证之前，承租人必须缴纳一定数额的保证金，以确保符合所有的租赁条款。此外，依据 1977 颁布的《露天采矿控制及复垦法》，保证金必须涵盖预期的土地复垦成本。

煤炭租金约为每年每英亩 3 美元，此外每年还需缴纳资源税。露天开采煤矿为生产的煤总值的 12%，井工开采煤矿为 8%。在特定的情况下，如赔偿目的或为了公共利益，煤炭租赁权可以交换。公司可将全部或部分煤炭资源租赁资质转让到另一个有资格持有联邦煤矿租约的公司。但是在得到转让批准前，BLM 不认可新公司接收的租赁权，原承租人仍负责租赁的所有义务。

联邦煤炭租期为 20 年的初始期限，但如果煤炭资源没有得到很好的开采，租赁权可能在 10 年被终止。另外，如果承租人未能遵守 1920 年《矿产租赁法》及其修订案，或未能遵守任何适用的法律或者租赁条款，BLM 可以采取法律措施终止租赁。

三、开采工艺和装备

1. 采煤技术和工艺装备

美国井工矿以长壁开采为主。20 世纪七八十年代，美国引进了欧洲的开采技术和装备，并不断进行改进和提高，最终在 2000 年左右形成成熟的标准，工作面开采装备主要参数如表 2-1 所示。

表 2-1　美国一般工作面装备参数

工作面装备	参数
采煤机	功率：2000kW
刨煤机	功率：800kW
液压支架	两柱掩护式液压支架，支撑能力：6000～13000kN
刮板运输机	链条直径：48～52mm 宽度：0.86～1.35m 功率：1000～5000kW 链条运行速度：2.29m/s

1995 年，世界第一个自动化长壁工作面在美国诞生。美国 Cumberland 煤矿首次采用现代标准自动化长壁开采系统，包括电液控制支架、配备煤岩界面识别传感器的自动化采煤机、配备软启动和链条张紧装置的刮板输送机。Cumberland 煤矿通常每班生产 4000～6000t 精煤，面长 300m 的长壁工作面每班人员 7～8 人，包括采煤机司机 2 人、支架工 2～3 人、机电工 1 人、端头工人 1 人、队长 1 人。支架的寿命约为 50000 个循环，接近 10 年时间；刮板输送机寿命大于 2000 万 t 的运输量。自动化长壁开采系统很快被美国煤矿行业接受，随后推广到世界其他产煤国家。

2. 安全生产和生产效率

20 世纪八九十年代，美国煤矿开采业的死亡率和受伤率稳步下降，如图 2-1，尤其是受伤率下降幅度较大，在不到十年的时间内(1991～1999 年)由 10.18%下降到 6.44%。进入 21 世纪，死亡率和受伤率一直处于较低水平。2018 年，全美煤矿开采导致的死亡人数为 12 人，受伤人数为 3502 人。

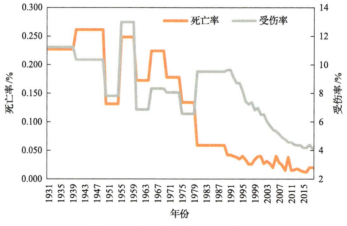

图 2-1　美国煤炭安全生产状况

数据来源：美国劳工部

美国煤炭开采整体机械化水平较高，生产效率较高，近十年来，全员工效一直在 10000t/(工·年)以上，2018 年，全员工效达到了 12791.37t/(工·年)，详见图 2-2。

四、从业人员情况

1. 总体概况

1931～2018 年，美国煤矿职工人数基本保持下降趋势，从 1931 年的 60 万人下降至 2018 年的 53583 万人。截至 2018 年，美国共有 679 座煤矿，包括井工矿和露天矿。以井工矿为例，美国井工矿共有 295 个，井工矿员工由四种人员构成，分别是井下人员、地面操作人员、选煤厂人员与办公室职员。将各类人员总数与占比汇总如表 2-2 所示。

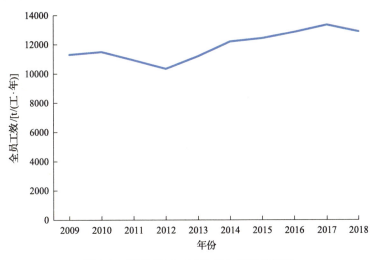

图 2-2　美国 2009～2018 年全员工效情况

表 2-2　美国井工煤矿人员构成　　　　　　　　　　（占比：%）

	井下人员	地面操作人员	选煤厂人员	办公室职员
占比	87.22	5.86	4.23	2.69

从表 2-2 可以看出，井工矿主要由井下人员组成，地面操作人员、选煤厂人员和办公室职员占比较小。进一步分析各矿井数据，可以发现美国各矿并不是四种人员都有，统计后得出：所有的矿都有井下人员，有 255 个矿有地面操作人员，有 39 个矿有选煤厂人员，有 113 个矿有办公室职员。具体数据汇总如表 2-3 所示。

表 2-3　美国矿井人员分类情况

	井下人员	地面操作人员	选煤厂人员	办公室职员	总矿数
有人员矿数	295	255	39	113	295
无人员矿数	0	40	256	182	295

通过表 2-3 可以看出，井工矿全部都有井下人员，说明井下人员为井工矿主体。而只有 39 个矿有选煤厂人员，说明很大一部分矿并没有选煤厂，所以也没有相应的人员。其次有 113 个矿有办公室职员，说明很多矿并没有设立办公室。最后有 40 个矿没有地面操作人员，说明大部分井工矿需要地面操作人员，少部分因为矿的实际情况不需要相关人员。

2. 学历及薪酬情况

美国煤炭行业由于机械化、自动化程度较高，技术人员占比、高学历占比均比较高，但行业人员年龄普遍偏大。具体如表 2-4 所示。

表 2-4　美国煤炭行业从业人员学历结构

美国从业总人数	技术人员/%	平均年龄/岁	高中学历/%	大学及以上/%
53583	40	44	>75	25

2018 年，美国煤矿工人平均工资为 87363 美元/年，平均每小时工资为 42 美元。相比较而言，美国全行业平均工资 51960 美元/年，平均每小时工资为 24.98 美元，煤炭行业的工资明显高于全国平均水平，这也吸引了更多有能力有学历的人加入到煤炭行业。

五、生态治理与职业健康

1. 矿山生态治理

近几十年来，美国社会公众对环境质量日益关注，政府制定了相关法律，规定矿山生产时必须保持土地、空气和水的原有水平，矿山闭坑后继续维持原状。严格的环保要求使美国矿业界每年花费数十亿美元用于提高空气和水的质量、复垦土地、按标准恢复生态环境。与此同时，在地质工作中，找矿与环境保护两者处于同样重要的地位。美国各州地质调查局的重要工作之一就是保护地质环境和防治地质灾害。对环境的影响也是审批采矿权的一个重要条件，越来越严格的环保标准使矿山设计中的环保经费预算越来越高，矿山的生产成本也随之增加，这成为很多矿业公司转向海外发展的一个重要原因。在本土采矿的矿山无不在环保方面大量投入，按照法律规定认真做好环境保护、土地复垦和废石、尾矿、废气、废水的处理工作，适应政府的严格要求(曹献珍，2011)。

1) 矿井废污水处理

1982 年，美国环境保护局(EPA)在清洁水法案的基础上颁布污水处理规则，以限制煤炭开采业的污水排放。新规则修改了之前颁布的"目前最切实可行的控制技术"(BPT)，"新源性能标准"(NSPS)污水限制的指导方针，在此基础上建立了新的指导方针，即"经济上可实现的最佳可行技术"(Best Available Technology Economically Achievable, BAT)。BAT 的定义为："与生产发展及设备运行方法最有效、最先进的阶段相适应并具有普遍性应用的特定技术，这种技术可为排放限制值提供依据，以便阻止排放和对环境的影响，若无法完全阻止则通常可以减少排放和影响。"由 BPT 到 NSPS、BAT，对污染物排放的技术要求依次趋严。

2) 噪声防治

美国联邦政府设立了《噪声控制法》(1972)、《宁静社会法》(1978)、《职业安全和健康法案》(1970)等，对与采矿相关的机动车运输业、洲际铁路、工业生产及某些类型的机械噪音分贝作了明确指标规定。在矿井设计和建设过程中，要求选用低噪声设备，并在各噪声源处安装消声装置，如风机引风道上安装消音器，水泵进出口管道端采用柔性接头，风机排风道内安装消声器和吸声材料等。同时要求高噪音装备远距离化与封闭化，把高噪声设施尽量布置在工业厂区内离生活区和周围村庄居民较偏僻的地方，要在噪声源加大绿植隔音面积，而地面上锅炉房、配套矿业洗选车间、空压机房、机修车间、瓦斯泵站、矿井水处理站等车间均需要实施密闭。

3) 煤矸石处理及复垦

美国国会于 1977 年通过了《露天开采控制和复垦法》，对采矿业复垦的研究试验工作逐步深入开展，包括剥离物的化学分析方法、土地复垦设计，整形、施肥与管理等方面的研究与探索(崔柳，2018)；有四种类型的废弃矿山土地可供复垦作业：露天开采遗址、地下开采遗址、露天和地下联合开采遗址、矸石山。这些地点通常都未回收和无植被覆盖，造成安全隐患，并经常与污染性排放或沉积的问题有关。美国根据《露天开采控制和复垦法》创建了一个废弃矿山土地(AML)的基金，基金来源于对露天开采的收费，煤炭收费标准是每吨 35 美分。80%的基金分配到国家已批准的复垦计划，以资助复垦作业。主要用于"再生和修复煤矿开采后造成不利影响的土地和水资源，包括但不限：①废弃的露天矿区、废弃的煤炭加工区域、矸石山、封填废弃的深井和空隙的复垦；②在煤矿开采造成不利影响的土地上进行植被以防止土地的侵蚀和沉积；③煤矿开采造成的水污染的控制和处理；④燃煤垃圾处理；⑤煤矿沉陷控制及处理等。其余 20%用于山体滑坡、地面沉降和火灾等紧急情况。

2. 矿山安全监管

1) 监管机构

美国联邦矿山安全与健康局(MSHA)负责执行联邦矿山安全法。目前，MSHA共有 3 级监察员(初级、资深监察员、矿山安全专家)，下设 6 个金属、非金属矿山安全健康监察办公室，9 个煤矿安全健康监察办公室，每个办公室设评估处、法规处、教训处、技术处、管理处、资讯处(汤道路，2014)。

初级监察员需要在美国矿山安全健康学院完成 23 周的培训课程，内容主要包括记录、传票和命令的撰写方法、事故原因分析方法、安全检查程序、法律、法规和政策、可吸入性粉尘和噪声、通信设施的应用、矿井供电、岩层控制、消防措施、矿井通风理论及方法、瓦斯探测设备、矿井提升系统、钻孔和爆破、全矿井气体监测系统、矿井救护等(赵青青，2013)。

所有资深监察员需要每年参加一周或每两年参加两周的培训课程，内容包括死亡事故审查、提升和传动系统、消防措施、地面运输系统、矿用炸药及爆破、遥控采矿设备及问题、锚索及顶板控制、竖井和斜井的检查等。专家级监察员除了参加跟资深监察员一样的培训，每年还需要接受他们所从事专业领域的知识培训(国家安全监管总局赴美国培训学习团，2013)。

安全检查是主要监管手段，美国的所有地下矿山法定每年需要接受 4 次安全检查，露天矿山每年需要接受 2 次安全检查，处罚额度从 100 美元到几十万美元不等。矿山安全健康局监察员每次检查都出具执法文书，并把文书挂在网上公示，保险公司、银行可根据企业存在的安全隐患情况，对其调整保险费率和贷款额度，公示检查结果进一步加大了矿山企业的违法成本(国家安全监管总局赴美国培训学习团，2013)。

美国联邦矿山安全健康局为企业提供部分无偿的技术服务和培训服务。矿山安装新设备时，必须通知联邦矿山安全健康局办公室，办公室会立即派专家进行指导安装，未经指导安装的设备不得运行，并进行处罚。矿山矿工需要培训时，既可到美国矿山安全健康学院培训，也可邀请检查员到企业进行培训。美国联邦矿山安全健康局需要推广新技术时，往往会通过网页、电子邮件等形式，免费为企业服务(国家安全监管总局赴美国培训学习团，2013)。

2) 法规及技术标准

1952 年，美国制定了《联邦煤矿安全法》；1969 年制定了《联邦煤矿安全健康法》；1977 年制定了《联邦矿山安全健康法》；2006 年制定了《矿山改进与新应急反应法》。每次矿山发生事故后，事故调查都由联邦矿山安全健康局或其他地区区域办公室组织开展，统一调用联邦矿山安全健康局专家(李新娟，2011)。

3. 职业健康

美国的粉尘类职业病尤其是尘肺病已不再威胁矿工健康，近十年内几乎没有尘肺病新病例发生。其他职业病也基本得到了控制，煤矿百万吨职业病率比较稳定，长期低于 0.005。

1) 监管机构

美国政府建有一整套完备的职业危害控制管理系统，它由两个相对独立、行使不同职能的系统组成。其中，美国劳工部(DOL)下属的美国职业安全与卫生管理局(OSHA)和美国矿山安全与健康局(MSHA)负责法律、政策的制定、修改和监督执行，OSHA 与 MSHA 的管辖几乎覆盖美国所有的工业企业，行使一般工业企业和矿山的粉尘危害控制标准的制定和执行工作；美国疾病控制与预防中心下属的国家职业安全与健康研究院负责组织领导预防职业相关疾病、损伤、致残和致死的研究，以科学研究来支持管理体制。美国政府的这种组织方式保证了研究和咨询单位与监管和执法单位保持相互独立，分别行使不同职能，避免作业工人受到职业有害因素的伤害(汤道路，2014)。

2) 作业场所管理

美国制定了严格的粉尘检测标准并采用了更完善的监控装置、防护设备和降尘措施，美国和中国以及其他国家的职业健康防护情况对比见表2-5。

表 2-5　美国与其他国家的矿山职业健康防护情况对比

	美国	中国	澳大利亚
粉尘接触浓度限值	①2014 年以前，CFS<5%，RDL：2.0mg/m³ ②2014 年以来，CFS<5%，RDL：1.5mg/m³ ③2016 年，RDL：1.0mg/m³ 至 0.5mg/m³(适用于井工开采的矿工和有尘肺病迹象的矿工)	①煤尘：CFS：<10%，总尘<4mg/m³,呼尘<2.5mg/m³； ②矽尘：CFS：10%～50%，总尘<1mg/m³,呼尘<0.7mg/m³； ③矽尘：CFS：50%～80%，总尘<0.7mg/m³,呼尘<0.3mg/m³； ④矽尘：CFS：≥80%，总尘0.5mg/m³,呼尘<0.2mg/m³； ⑤泥尘：CFS：<10%，总尘<4mg/m³,呼尘<1.5mg/m³	①昆士兰州 煤尘浓度：<3mg/m³； CFS：<0.1mg/m³ ②CFS：<0.1mg/m³
主要降尘措施	①通风 ②煤层注水 ③喷水(防尘帘，防护罩喷水，摇臂喷水等)和其他润湿剂 ④水泡泥和泡沫粉尘控制 ⑤自动化和远程设备操作	①洒水车 ②通风 ③煤层注水 ④喷水(粉尘帘，防护罩喷剂，摇臂喷剂等)和其他化学润湿剂泡沫粉尘控制 ⑤自动化和远程设备操作 ⑥新的除尘技术(超声波除尘，生物试剂扣除等)	①洒水车 ②通风 ③煤层注水 ④喷水(粉尘帘，防护罩喷水，摇臂喷水等)和其他润湿剂泡沫粉尘控制 ⑤自动化和远程设备操作
检测装置	①传统重量采样装置 ②静态监控装置 ③实时个人监测设备：光散射(激光测光)设备和锥形元素振荡微量天平(TEOM)设备等	①传统重量采样装置 ②静态监控装置 ③实时个人监控设备：光散射(激光测光)设备	①传统重量采样装置 ②静态监控装置 ③实时个人监测设备：光散射(激光测光)设备和锥形振荡微天平(TEOM)设备

注：CFS：游离二氧化硅；RDL：呼吸性粉尘限值

3) 煤矿职业病监督检查体系

美国相关的法律法规具有强制性，并从 20 世纪 70 年代开始，美国大型煤炭公司通过改制建立完善的职业病监督检查体系和矿山安全卫生监督监察机构。这些监察机构和监察员代表政府进行工作，具有很大的权力，不仅可依据法律条款命令超过国家卫生标准或在期限内没有改进的矿山停产，而且可对严重违犯职业安全卫生法的矿主或其他当事人提出诉讼(刘富和黄晓玲，2017)。

4) 煤矿职业病工伤保险机制

为减少煤矿职业病患病人数,美国联邦政府实行强制性工伤保险制度,使99%

的工人受到联邦或州劳工赔偿法的保护，形成完善的职业病工伤保险机制，大大降低了职业病死亡率。

六、清洁高效利用

1. 煤炭利用方式

美国煤炭利用以发电为主，发电用煤占煤炭消费的 90% 以上，居民、交通运输用煤全部为零，商业用煤几乎为零，仅有工业用煤占比不到 10%，详见图 2-3所示。

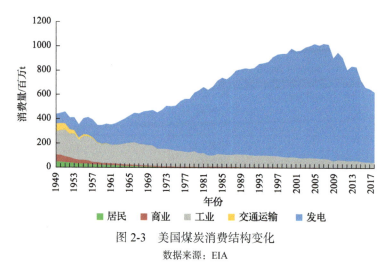

图 2-3　美国煤炭消费结构变化

数据来源：EIA

2. 清洁利用技术

美国是发展超临界火电机组最早的国家，超临界机组数量居世界第二位，拥有 9 台世界上最大的超临界机组，单机容量为 1300MW。

2014 年美国颁布《全面能源战略》等战略计划，将"科学与能源"确立为第一战略主题。该战略进一步强调提高能效和大力发展低碳技术作为美国能源创新的主题，提出形成从基础研究到最终市场解决方案的完整能源科技创新链条。美国政府承诺投入近 60 亿美元，研发提高新建电厂效率和 CO_2 捕集能效，进而提升各类电厂能效以及降低 CO_2 捕集能耗和投资成本。目前美国正在进行新一代（760℃）超超临界机组的锅炉材料（760°）研究计划，以开发温度和压力更高的燃煤发电机组（司纪朋和张斌，2014）。

美国现役燃煤发电机组整体节能减排水平先进。根据对 366 座燃煤电厂的数据调研，2018 年，平均供电煤耗为 443g 标煤/(kW·h)，二氧化碳排放强度为 1002g/(kW·h)，发电成本约为 20 美元/(MW·h)。

七、国际化发展

美国主要煤炭公司通过国内外投资并购等资本运作方式在全球范围内配置优质煤炭资源，迅速成长为大型跨国集团，在生产规模和效益规模方面都达到了最高水平，详见表2-6。皮博迪能源公司在美国大量收购优质煤矿、建设新矿，包括在美国波德河的煤田煤层厚达30m且含硫量极低的煤矿，弗吉尼亚州盛产炼焦煤的煤矿，以及澳大利亚昆士兰州优质动力煤煤矿等，使其成为20世纪末世界第一大煤炭企业(陈茜和任世华，2020)。

除煤炭资源外，煤炭企业积极开展与其他矿产资源企业、上下游企业的股权合作、直接投资项目，拓展了多元化业务，最终成为综合性能源服务商。如皮博迪能源投资了日本的贸易公司，发展煤炭贸易，在亚洲、欧洲多国设有办事机构；在澳大利亚投资金属矿和煤电项目；20世纪90年代致力于洁净煤技术研究，建立了高效低排放能源站来应用最新的洁净煤技术(陈茜和任世华，2020)。

表2-6　美国大型煤炭公司主要并购活动一览

公司名称	国内外并购大事件
皮博迪能源公司 (Peabody Energy Corp)	1955年，与辛克雷公司合并； 1962年，分别收购日本三井贸易公司和澳大利亚蒂斯建筑公司部分股权； 1968年，收购肯尼科特铜矿公司； 1987年，收购东部燃气和燃料公司的七座煤矿； 1993年，收购澳大利亚三座煤矿
阿齐煤炭公司 (Arch Coal Inc)	1998年，收购美国西部里奇菲尔德煤田的三座煤矿、峡谷燃料公司65%的股权； 2004年，收购峡谷燃料公司剩余35%股权和崔顿公司一座煤矿； 2009年，收购力拓公司雅各布牧场煤矿

第二节　澳大利亚煤炭行业发展经验

澳大利亚是世界最大的煤炭出口国，2019年煤炭产量5.88亿t(不含褐煤)，煤炭出口量3.96亿t，世界排名分别为第五和第一。同时，澳大利亚草原面积广大，对煤炭开采的生态要求高，其发展经验有许多可借鉴的地方。

一、地质生产条件

澳大利亚煤炭资源丰富，截至2019年，已探明黑煤(无烟煤和烟煤)储量为1491亿吨，占世界探明储量的13.9%，位于美国、俄罗斯之后，位居第三。其中黑煤储量725.7亿t，较2016年增长42.6亿t，增幅约为6%，2019年黑煤产量排在全球第四位；次烟煤和褐煤储量为765.08亿t，仅次于俄罗斯，位居全球第二。

澳大利亚煤炭资源分布较为集中。95%以上的黑煤资源都集中在新南威尔士州和昆士兰州，其中新南威尔士州的黑煤储量约占全国总量的34%，而昆士兰州黑煤储量约占全国总量的62%，且以露天矿居多。同时，澳大利亚现有的黑煤运营项目（包括原有及新增项目）也主要集中在以上地区的 Bowen 和 Sydney 盆地。澳大利亚绝大部分经济可采的褐煤矿位于维多利亚州，而 Latrobe Valley 地区储量占比超过93%。此外，在维多利亚州的 Bacchus Marsh、Altonah 地区和 Angelasea 地区，南澳大利亚洲的 St Vincent、Murray 盆地和 Piddinga 地区，塔斯马尼亚州的 Rosevale，西澳大利亚洲的 Scaddan 地区以及昆士兰州的 Wstrpsrk Creek 地区也有小矿藏分布。

澳大利亚动力煤品质高、发热量高、水分适中、含硫较少。炼焦煤煤种包括硬焦煤、软焦煤、半软焦煤和喷吹煤，含硫量为0.3%～0.8%。有36%的烟煤属于优质炼焦煤。

澳大利亚煤系地层赋存浅、煤层结构简单，以近水平煤层为主，主要采用露天开采。井工矿开采深度平均为250m，倾角一般不超过10°，中厚煤层居多，瓦斯含量不高，适合房柱和长壁开采。

二、行业集中度及准入标准

1. 生产布局

在生产结构方面，露天矿产量占75%，井工煤矿产量占25%；120万t以上大型煤矿92处，产量约占总产量的95%，其中千万t级煤矿16处，产量约占总量的40%。

2. 产业集中度

澳大利亚煤炭工业呈多头垄断格局。特别是近年来，各公司的煤炭所有权不断合并，少数生产商控制了行业的多数产量。嘉能可—斯特拉塔、英美资源、必和必拓公司、力拓矿业有限公司和 MIM 这5家公司生产原煤总量占澳原煤总产量的70%以上。在新南威尔士州，上述5家公司控制了74.1%的煤炭产量，在昆士兰州则为75.7%。在行业整合的基础上，澳大利亚煤矿之间形成了大规模的联合协同运作，灵活运营，并通过集中管理降低了成本，提高了资本使用率（古智荣，2020）。

3. 行业准入

澳大利亚《采矿法》规定了矿产资源的三种权限：所有权、勘探（包括初步勘探和详细勘探）权和开采权。每个州/领地也有相应的法律。如西澳《采矿法》（Mining Act 1978）规定，矿产资源归联邦政府所有，1899年前转让的自有土地上的非贵金属除外。在澳大利亚从事矿产资源勘探和开发活动，要申请并取得许可证。如果暂时不开发，可以申请保留权许可。每个州的审批情况大同小异（周宏春，2008）。

初步勘探许可证。在澳大利亚申请勘探许可时，必须提交工作计划并详细说明勘探工作方案和资金预算；工作计划必须经过主管审查许可的部长同意。在澳大利亚申请矿产勘探许可，需要在政府公报或当地报纸上发布信息。除新南威尔士州和昆士兰州外，其他五个州/领地在批准发放勘探许可证前还要听取公众意见（周宏春，2008）。

勘探许可证。获取程序与初步勘探许可证类似。所有申请勘探许可的地区都要进行环境影响评价；在勘探许可证签发后批准土地使用期限时，还将进一步增加对环境保护和土地恢复的规划实施要求。勘探许可证的有效期一般为二到六年（周宏春，2008）。

保留权许可证。澳大利亚的六个州发放保留权许可证，允许发现矿产资源的许可证持有人推迟矿产资源的开发，直到经济上可行。申请保留权许可需要提交潜在经济矿藏的存在证据以及工作计划。保留权许可期限通常为五年，可以续签（周宏春，2008）。

采矿许可证。在澳大利亚大多数州，任何人都可以申请采矿许可证，但勘探许可证和保留权许可证持有人享有优先权。申请人必须提交矿产资源开采规划或详细计划。除塔斯马尼亚州外的其他地区，均要公布采矿申请，并在政府公报或当地报纸上发布。一旦申请在某地采矿，就要通知公众、土地所有者或土地使用者（周宏春，2008）。

三、开采工艺和装备

1. 采煤技术和工艺装备

澳大利亚煤矿开采技术装备水平世界领先。90%左右的井工矿采用长壁开采法，煤矿开采条件好，机械化、自动化、信息化水平高，综合机械化采煤和掘进几乎达到100%，一些煤矿采煤实现自动化。

约 60%的澳大利亚井工矿采用了联邦科学与工业研究组织（Commonwealth Scientific and Industrial Research Organization，CSIRO）研发的工作面自动化 LASC 系统。2001 年，CSIRO 承担了澳大利亚煤炭协会研究计划（Australian Coal Association Research Program，ACARP）设立的综采自动化项目，开展综采工作面自动化和智能化技术的研究。到 2005 年该项目通过采用军用高精度光纤陀螺仪和定制的定位导航算法取得了 3 项主要成果，即采煤机位置三维精确定位（误差±10cm）、工作面矫直系统（误差±50cm）和工作面水平控制，设计了工作面自动化 LASC 系统，并首次在澳大利亚的 Beltana 矿试验成功。2008 年，对 LASC 系统进行了优化，增加了采煤机自动控制、煤流负荷平衡、巷道集中监控等，在商业应用方面 CSIRO 研究组同久益、艾可夫等采煤机供应商签署了协议，将这项技术集成到对应的采煤机上，实现快速商用。LASC 系统包含惯性导航系统和工作面自动控制算法两项核心技术。

1）LASC 系统将基于光纤陀螺的惯性导航设备安装在采煤机机身电控箱内，通过运行嵌入式导航定位软件实现采煤机三维位置的精确定位。该惯性导航定位软件在无 GPS 信号辅助的情况下行进 2.7km，定位误差在 30cm 以内。惯性导航定位软件可用于综采工作面的水平控制和连续采煤机自动制导。

2）工作面自动控制模型和算法。基于该算法，设计了工作面矫直系统，其包含高精度惯性导航仪和矫直数据分析系统两项核心技术，通过对惯性导航仪记录的采煤机空间位置进行分析，确定当前工作面的直线度，计算出每台液压支架的推移量，给液压支架电控系统发出执行信息，对工作面直线度进行动态调整。惯性导航仪输出 2 路信号：一路给支架，控制支架的推移量；另一路给采煤机，用于控制采煤机的割顶割底量。

LASC 系统的应用使矿井煤炭产量提高了 5%～25%，减少工人暴露在高危工作环境的时间，提高矿井安全水平；同时减小了煤炭产量波动，达到了均衡生产，提高了矿井生产质量管理水平。

2. 安全生产和生产效率

澳大利亚是世界上煤炭安全生产最好的国家之一，2015 年百万吨死亡率为0.01。以昆士兰州为例，该州煤矿工人数量占澳大利亚的 61.8%，采矿业安全生产事故按照严重事故、未遂事故、误工伤事故、永久丧失劳动能力事故等类型进行统计。其中，煤矿发生的严重事故导致的死亡人数一直保持在较低水平，较 20 世纪下降明显（图 2-4）。在事故原因上，被困/压、坠落、运输是煤矿事故发生的主要原因，发生频率占事故总数的一半以上。

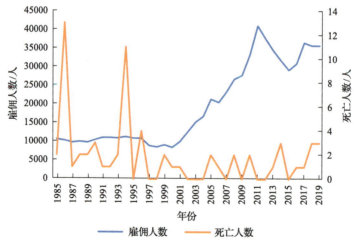

图 2-4　昆士兰州煤矿事故死亡人数

资料来源：《昆士兰州矿山安全与卫生专员年度报告》

澳大利亚劳动生产率也处于世界主要产煤国的前列,近 10 年,煤矿生产效率平均在 10000t/(工·年)以上,详见图 2-5。煤矿效率高的主要原因除了机械化程度高以外,生产组织简单、管理人员少、地面设施简单实用、煤矿辅助性工作一般由社会化服务提供也是重要因素。

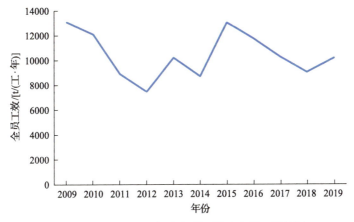

图 2-5　2009～2019 年澳大利亚煤矿全员工效情况

资料来源:《BP 世界能源统计》《Australian Industry and Skills Committee》

四、从业人员情况

澳大利亚采矿业从业人员中获得证书Ⅰ/Ⅱ(初高中文化水平)及以上学历人数达到 77.2%,而获得学士学位及以上的高学历人数高达 28.6%(宋梅等,2016)。

具有学历证书的从业人员中,49.6%来自 TAFE(TAFE 是技术与继续教育的简称)学院。澳大利亚开办多所 TAFE 学院,是职业技术教育的主要提供者,远高于高等院校的生源(28.7%)。而煤炭行业作为采矿业的重要分支,人数占比每年都保持在 20%以上,2019 年,澳大利亚煤炭从业人员达到 5.79 万人(宋梅等,2016)。

澳大利亚工程教育作为优秀员工的输送来源,在入学率上也占有一定比重。在澳大利亚,18 到 24 岁的居民有近 13%(男性 15%,女性 10%)左右进入 TAFE 学院,考取证书Ⅲ以上的文凭(证书Ⅲ、证书Ⅳ、文凭、高级文凭)。而此年龄段全部居民接受教育的程度也仅占总人数的 60%左右,可见接受 TAFE 学院教育的学生占相当比例(宋梅等,2016)。

五、生态治理与职业健康

1. 生态治理

在澳大利亚,矿业企业均要依法编制矿山环境保护和关闭规划,将环境保护和生态恢复放在重要位置。各矿在采矿之初就开始制定矿山关闭计划，并将矿山关闭成本列入支出项目，明确职责分工，建立一整套指标来考核矿山关闭是否符合有关部门的标准要求(林家彬等，2010)。

澳大利亚还设立了"矿山关闭基金"，资金主要来源于矿山企业的上缴，用于矿山关闭后的生态恢复、设施拆除、产业转型等目的。如果企业按照标准完成了闭坑的相关工作，上缴资金将被返还(曹献珍，2011)。

2. 职业健康

1) 监管机构

澳大利亚实行三级政府体制，即联邦政府、州政府和地方政府。联邦政府和地方政府都没有设立专门的职业安全与健康管理监管机构。各州根据各自的实际情况设立职业安全与健康管理监管机构，人员、编制不尽相同，负责相关政策、法律的制订，检查法律的执行情况(刘玉马，2008)。

以新南威尔士州为例，州政府设立基础产业部负责采矿业、农业、林业、渔业等行业的职业安全与健康管理监管，设立劳动保护局对工作场所的职业安全与健康管理进行监管。监管部门设立专职安全监察员定期对生产经营单位的职业安全与健康管理进行检查，监察员有权可以不受限制地进入生产场所所有区域进行检查，调阅技术文件、资料和各种记录，收集有关职业安全与健康方面的信息，对存在的安全隐患和违法生产行为下达安全指令，如责令整改、停止设备运行、进行行政处罚、停止生产活动和向法院起诉业主的违法生产行为等(李明霞和刘超捷，2016)。

监管机构如因人员不足或被监管企业的专业程度太高，政府监管部门监管困难时，可以委托有资质的中介机构进行检查，相关费用由政府支付。受委托的中介机构代表政府监管部门，享有监管部门的权力，对出具的文书负法律责任(汤向前，2009)。

合作治理是澳大利亚以及其他发达国家解决职业健康问题的基本方法。除各级政府之外，煤矿公司、工会、非政府组织和社区共同参与职业健康监管。在澳大利亚，工会可以任命行业安全与卫生代表，他们进行检查和调查，就缺陷提出建议。行业代表也是法定委员会和常设粉尘委员会的成员，有权保护煤炭工人的健康免受行业利益相关者的伤害，即使该利益相关者是政府。此外，政府就行业中的职业问题举行听证会，以找出解决方案，并在工会、行业和其他各方之间共享有关新兴研究成果。

2) 相关立法

澳大利亚在煤矿安全管理方面构建了一整套健全的安全法规与制度。澳大利亚于1984年颁布了《职业安全健康法》，1994年又制定了《矿山安全健康法》。

澳大利亚各州也根据自身情况制定了相关法律法规,新南威尔士州先后颁布了《煤矿管理法》《煤矿监督员资格管理条例》《煤矿监督监察员、地区监督监察员和电气监督监察员选举管理条例》以及《煤矿规程法》等法律法规,将采矿安全的每一个细微环节都纳入法律的制约范畴(代海军和马超,2019)。

澳大利亚中央政府没有制订全国统一的职业安全与健康的法律法规,职业安全与健康的法律法规由每个州制订。各州对职业健康与安全法案及时进行修订,以满足不断变化的生产发展需要。2002 年新南威尔士州对《煤矿健康与安全法案》进行了修订,将原来以行政命令为主的法律法规修改为以关爱责任和全部由企业自我进行风险管理为主,鼓励煤矿业主不断创新,建立综合的风险控制系统,当出现人的不安全行为时防止它们变成事故。同时,理顺了企业健康与安全监管人员、政府健康与安全监管人员的职责,杜绝了事故后企业和企业之间的推诿和扯皮。新法案实施后,煤矿安全状况大为改观,2005 年以后新南威尔士州的煤矿企业杜绝了死亡事故。《昆士兰州煤矿安全与健康法》规定,煤矿必须设立企业安全与健康代表。企业安全与健康代表通过工会成员无记名投票选出,人数为 3 人,全职工作,报酬由工会支付。企业安全与健康代表有权就有关矿工的职业安全与健康管理,对煤矿的运营提出要求,随时进入煤矿任何部门进行检查,查阅相关文件,对存在的重大安全隐患有权要求煤矿业主停止生产(代海军,2017)。

3)职业健康相关标准

对有放射性危害的和尘毒危害的矿山安全监察十分严格,各个机房、检修地点有专人对噪声进行检查。在噪声环境中少安排或不安排作业人员,对高噪声环境要求安设噪声指示器,工人必须采用高效能保护用品和黏膜式耳塞,减少噪声源接触时间。安全规程规定全工班噪声平均不许超过 85dB,最高短时不许超过 140dB。噪声控制突出强调机械设计必须符合国家噪声标准,矿井检测瓦斯、粉尘、噪声和环境卫生条件的仪器全部需经过安全监察处检验批准,安全性能不合格的产品一律不准入井(吴德建等,2009)。

4)职工安全教育培训

澳大利亚政府每年投巨资用于开展对采矿从业人员的岗位培训工作,政府每年投入工矿业的培训资金是其他行业平均值的 3 倍。

澳大利亚煤矿对员工进行培训,是按照职业健康与安全法的要求,对于从事高风险职业的人员必须经过确认的培训。所谓确认的培训,是由各州的职业健康与安全机构通过考核,合格后发给培训合格证书。培训的方式多种多样,十分重视效果,不仅对下井员工严格地进行全员培训,而且对临时需要下井的外来人员,包括合同工、科研人员也要培训,就是外来参观的人员,下井前也必须进行短期培训。培训的时间从几小时到一天不等,目的是让每一个入井人员都知道井下的环境，哪些该做、哪些不该做，遇到紧急情况应当如何应急与处理，从而达到安全入井、升井的目的。

澳大利亚的法律规定，所有煤矿工人下井之前必须要先了解井下安全注意事项，并完成 3 页纸的答题，做完并订正后方可下井（安雯，2008）。

六、清洁高效利用

煤炭是澳大利亚主要的发电燃料，占全部燃料的 60%以上，如图 2-6 所示。CO_2 排放量大，因此，碳捕获与封存（CCS）对澳大利亚的煤炭发展具有重要意义。在已有拨款和预算中，CCS 相关投入达到数十亿美元。

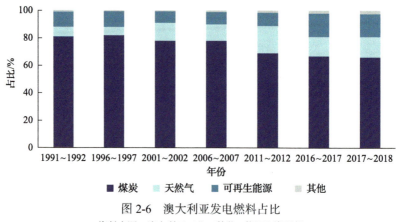

图 2-6　澳大利亚发电燃料占比
资料来源：澳大利亚工业、科学、能源和资源部

2008 年，澳大利亚联邦政府拨款 4 亿美元，开展了国家煤炭低排放行动（NLECI）以促进煤炭低排放技术的发展，其中 5000 万美元用于 CO_2 封存。2008 年 11 月，联邦政府修正了海洋石油法案，以允许在联邦所属近海区域注入和封存二氧化碳。2009 年 3 月，10 个近海区域允许开展碳封存活动。为实现到 2020 年在全球至少建立 20 个大规模 CCS 项目的目标，澳大利亚政府从 2009 年清洁能源行动的 45 亿美元预算中拨款 20 亿美元用于在澳大利亚建立 2～4 个工业规模的 CCS 项目。2009 年 4 月，联邦政府成立全球碳捕集与封存研究所（GCCSI）以促进 CCS 全球合作（钟史明，2017）。

七、国际化发展

澳大利亚矿业企业十分注重国际化发展。以必和必拓公司（BHP）为例，1984 年，BHP 公司收购犹他国际公司获得昆士兰州的多座煤矿。2001 年，BHP 与 Billiton 公司合并成为 BHP Billiton 矿业集团，现已成为全球最大的采矿业公司。除煤炭资源外，澳大利亚矿产企业积极开展与其他矿产资源企业、上下游企业的股权合作、直接投资项目，拓展了多元化业务，最终成为综合性能源服务商(陈茜和任世华，2020)。详见表2-7。

表2-7　必和必拓公司主要并购活动一览

公司名称	国内外并购大事件
必和必拓集团公司(BHP Billiton)	1984年，BHP公司收购犹他国际公司获得在昆士兰州的多座煤矿 2001年，BHP与Billiton公司合并 2005年，分别收购南非和美国新墨西哥州的动力煤煤矿

第三节　德国煤炭行业发展经验

德国煤炭开采历史悠久，煤炭的开发利用对其战后重建以及经济社会发展发挥了巨大的作用。20世纪80年代中期，德国煤炭产量约1.49亿t，消费量约1.50亿t，均达到历史最高点。2010年，德国政府开始实施"能源转型"战略计划，制定了宏伟的可再生能源发展战略目标，此后，清洁能源比重不断提高。

在启动能源转型技术之前，德国境内40%以上的发电厂使用煤炭发电。但是，由于进口煤的成本优势明显，以及国内外环保的压力，本国煤炭逐渐不再具备开采条件。2018年12月，德国最后一家井工煤矿关闭。德国退出井工煤炭开采后，矿山企业和政府部门积极主动开展关闭、废弃矿井再利用工作，创造了许多可供借鉴的实践案例，是后煤矿时代建设最成功的国家之一。

一、相关政策与管理

1980年，德国联邦法院与联邦委员会联合通过了《联邦矿业法》，并自1982年1月1日起实施。《联邦矿业法》包括矿山采矿权的划定、开采作业前的获取条件、矿产资源勘探、开采及加工程序和条件、采矿后矿山环境的恢复治理、禁止及限制等内容。根据《联邦矿业法》，矿山复垦与恢复是矿业活动的一部分，只有恢复完成了才可以关闭，并且采矿许可证的签发必须以一份具体包含矿山恢复内容的矿山关闭计划为前提。《联邦矿业法》还要求矿业公司预留足够的复垦专项资金，即在矿业公司获得第一笔矿产资源收益时，必须从中提取一部分资金作为保证金，交由第三方保管，矿井关闭时由复垦公司在政府的监督下使用该保证金来完成恢复工作。另外，德国北莱因—威斯特法伦州采矿和能源部门还出台了《关于矿井停用管理的指导说明》，要求对不能保证正常安全状态的停产或报废矿井，采取闭井措施，即完全或者部分回填停用矿井，并对回填物和回填方法选择、回填后管理及相关责任主体等作出了详细说明(刘文革等，2018)。

二、鲁尔工业区关闭矿井转型案例

鲁尔区(Ruhr)位于德国西部的北威州境内，地处欧洲十字路口，是东西欧和南北欧往来的捷径，同时又处在欧洲经济最发达的区域内，邻近法国、荷兰、比利时等国的工业区。由于鲁尔区并不是一个独立的行政区域，其范围通常以该区域最高规划机构——鲁尔煤管区开发协会的管辖范围为界，其面积为 4593km^2，约为全国面积的 1.3%。区域内城市和人口密集，共有 61 个大小城市，其中较大的城市有多特蒙德(Dortmund)、埃森(Essen)、杜伊斯堡(Duisburg)、波鸿(Bochum)等；区内人口达 570 万，占全国人口的 9%，人口密度远高于德国平均水平。

鲁尔区曾是德国乃至世界的工业中心，它形成于 19 世纪中期，随后开始迅猛发展，在 19 世纪末 20 世纪初达到繁荣时期。此后，随着两次世界大战的爆发，鲁尔区经济被严重摧毁，虽在战后经济恢复中再次得到一定的发展，但 20 世纪中期石油工业的崛起使其传统的煤炭工业和钢铁工业走向衰落。

鲁尔区转型始于 20 世纪 70 年代，经过四五十年的发展，鲁尔区正在摘掉老工业基地的帽子，原有煤矿、工厂转型发展，各类新兴产业渐次兴起，生态环境焕然一新。1998 年，鲁尔区区域规划制定机构规划了一条贯穿区内主要工业旅游景点的区域性游览路线，称为"工业遗产之路"（德文为："Route Industriekultur"）游览路线图。工业遗产之路连接了 15 座工业城市、25 个重要的工业景点。全部景点及所在城市详见表 2-8。

表 2-8　"工业遗产之路"沿线景点及内容

工业城市名称	工业景点名称	备注
埃森	关税同盟煤矿 XII 号矿井及关税同盟炼焦厂	2001 年入选联合国教科文组织的世界遗产名录
	胡戈尔庄园	
	鲁尔博物馆	国家级博物馆
波鸿	世纪大厅	
	德国矿业博物馆	国家级博物馆
	波鸿—达赫豪森铁路博物馆	国家级博物馆
多特蒙德	卓伦 II 号、IV 号煤矿	威斯特法仑工业博物馆(WIM)总部
	汉莎炼焦厂	
	德国职业安全与健康展览馆	国家级博物馆
杜伊斯堡	杜伊斯堡内港	
	德国内陆水运博物馆	国家级博物馆
	北杜伊斯堡观景公园	

工业城市名称	工业景点名称	备注
哈姆	马克西米连公园	1984 年国家园林展公园
乌纳	林德恩啤酒厂	
哈根	Hohenhof 庄园	欧洲最重要的庄园建筑之一，现为现代建筑学博物馆
	威斯特法仑露天博物馆	国家级博物馆
维滕	内廷格尔煤矿和穆特恩山谷	
哈廷根	赫恩雷兹斯乌特钢铁厂	有鲁尔区历史最悠久的高炉
米尔海姆	"宝瓶"水博物馆	
雷克林豪森	电力博物馆	
奥伯豪森	莱茵兰工业博物馆	
	煤气储气罐	欧洲最大的展览空间
玛尔	化工工业园区	
瓦尔特罗普	老赫恩雷兴堡升船闸	
盖尔森基兴	诺德斯特恩公园	1997 年国家园林展公园

1) 埃森"关税同盟"煤矿Ⅻ号矿井

大批煤钢企业的衰落，相继关闭破产，导致鲁尔区遗留下大量的闲置土地、废弃厂房以及工业设施。随着 20 世纪中后期工业遗产保护的观念在欧洲逐渐成熟，鲁尔区对具备一定价值的废弃工业场地和设施采取的是工业遗产保护和再利用的策略，其目的在于保护和传承该地区繁荣时期的工业文化，同时以工业遗产带动旅游资源的开发，将工业遗产的保护和利用作为鲁尔区转型的一个方面。

埃森"关税同盟"煤矿Ⅻ号矿井曾经是欧洲最大的矿井，建于 1928 年，于 1932 年建成投产，主要为"德意志联合钢铁厂"提供能源。由于采用了当时最先进的机械化采掘和运输技术，矿井在最初运营的三年间日产煤 1.2 万 t，是区域内其他矿井平均产量的四倍（刘抚英，2012）。煤矿建筑群由当时知名的设计师进行设计，建成后被誉为当时世界上最现代、最优美的煤矿建筑群，并成为象征城市工业文明的标志性建筑。

矿井于 1986 年 12 月正式关闭后，在保护矿区整体布局结构、主要工业设施的前提下，予以改造和再利用，最终成为一个历史性的工业纪念建筑。具体的改造模式如下：

（1）博物馆模式。矿井的原锅炉房改造为"红点设计博物馆"，博物馆外观见图 2-7。利用锅炉房的内部空间永久性的展示工业生产过程、工业产品、工人生活与工作环境等（刘抚英，2012）。

(2)展览馆模式。矿井洗煤厂改造为艺术展品的展览馆。利用厂房内部大空间进行结构改造和重新装修，从上至下分为四层结构，用于艺术展览空间。原厂房内的结构构件都用作布设展品的载体(刘抚英，2012)。

(3)办公场所模式。车间厂房改造为办公场所。利用工业建筑高大的室内空间和结构构件较高的承载力，经过结构改造和装修，搭建夹层空间，构建成办公空间。由于整个"关税同盟"煤矿区经过保护再利用后已成为埃森市乃至鲁尔区的工业文化中心，因此Ⅻ号矿井的车间厂房改造为办公场所后吸引了不少创意设计公司再次入住(刘抚英，2012)。

(4)雕塑艺术品模式。矿井的冷却塔改造为建筑雕塑。利用矿井冷却塔独特的形象特征，将冷却塔外围表皮剥离脱落后，保留其原有的钢结构构架，既展现了新的构成形态，又隐含了工业设施本体原有的特征，成为富有意趣的雕塑艺术品(刘抚英，2012)。

(5)配套服务设施模式。包含Ⅻ号矿井在内的整个"关税同盟"煤矿区都已改造成为知名的工业文明旅游景点，在游客参观间隙，需要相应的配套设施提供服务。Ⅻ号矿井的原涡轮压缩机房改造为 CASINO 餐厅，炼焦厂的设备用房改造为小型餐厅(图 2-8)，使游客在用餐、歇息的同时也能一览昔日的工业文明(刘抚英，2012)。

图 2-7 原锅炉房改造的博物馆外观图　　图 2-8 煤矿炼焦厂改造的小餐厅内景图

"关税同盟"煤矿工业区于 2001 年被联合国教育、科学及文化组织(UNESCO)认定为世界遗产，Ⅻ号矿井杰出的建筑价值和保护与再利用模式也得到了国际社会的广泛认同。

2)北杜伊斯堡观景公园

杜伊斯堡风景公园占地约200hm²，坐落在鲁尔区的杜伊斯堡市北部。原有钢铁厂和煤矿关闭后，遗留下各种老工业厂房和无数构筑物，1989年政府决定在这片工业废弃地上建设一座公园。

（1）设计理念。将工厂中大量的遗留物，如庞大的建筑、炉渣堆、烟囱、水渠、铁路、机车、桥梁、鼓风炉、起重机等视为一种可以再利用的元素，有效的加以处理和应用。这样极大地降低了更新改造的费用，同时也大大减少了对新建材的消耗和避免产生大量的建筑垃圾，更新改造过程符合生态学框架和原理。

（2）设计亮点。利用厂区内原本错综复杂的铁路网系统为设计骨架，由此建立一条贯穿全园的游览和漫步系统（图2-9）。水渠没有太多的人工处理，任由野草、野花自由生长，只是设计了几个伸向水面的木制平台，成为人们垂钓和划船的好去处。

场地内原有众多的10m深铁制储料仓，以前用来盛放石灰石、焦炭和其他炼钢原料，现在都有了新用途，一些改造成儿童游乐场，还有的改造成美丽的小花园或是游泳池（图2-10）（薛建锋，2006）。

图2-9　全员游览系统（左）水渠改造后效果（右）

图2-10　游泳池改造前后效果图

储煤仓遗留下很多高大的混凝土墙体，被改造成登山运动者的攀缘墙（图2-11），交给阿尔卑斯山攀岩协会经营，设计出不同难度的攀登岩壁，成了少有的上佳攀岩场地，也成为德国攀岩协会中会员最多的鲁尔分会所在地。

图 2-11 攀岩场地改造后效果图

第四节 国内其他行业高质量发展经验

相较煤炭行业，国内石油、电力、钢铁、制造等行业，都对高质量发展的内涵、评价指标体系及路径进行了探索，它们的经验同样值得煤炭行业进行借鉴。

一、石油行业高质量发展经验

1. 高质量发展内涵

在创新、协调、绿色、开放、共享五大发展理念的指引下，我国正大力推进能源革命，能源结构正在发生重大变革。就发展趋势而言，未来石油和天然气在我国能源结构中将长期保持重要战略地位，其中石油需求依然有近十年的增长期，预计到 2030 年前后达峰值；天然气需求将保持更长时期增长，峰值预计在 2050 年前后出现。鉴于此，油气行业实现高质量发展对于能源和经济发展显得尤为重要（王晓慧，2019）。要实现油气行业的高质量发展，首先是要构建安全可靠的供应体系，保障国家能源安全；其次是要坚持效能为本，以经济高效的方式生产和消费油气资源；最终是要服务于构建清洁低碳的能源生产和消费体系。基于以上三个要求，油气行业高质量发展的内涵就是要实现安全可靠、经济高效、清洁低碳的油气供给和利用。

2. 高质量发展指标体系

油气行业高质量发展指标体系主要是从安全可靠、经济高效、绿色低碳三大维度入手，细化为 14 个二级指标，从而构建出一套完整的油气行业高质量发展指标体系来评估我国油气发展的现状，并给出油气行业未来发展的目标，具体如表 2-9 所示。

表 2-9　油气行业高质量发展指标体系与发展目标

一级指标	二级指标	发展目标
安全可靠	油气对外依存度	控制在 70% 以内，并于 2025 年左右达峰
	油气进口多元化程度	进一步拓展进口来源国及进口通道
	基础设施建设评价指数	管网里程、储气库工作气量、接收站接收能力与消费量比值等进一步提升
	油气储采比	原油储采比达到 20 以上，天然气 40 以上
	国家油气储备量天数	折合年度 100 天原油净进口量
	生产事故发生率	下降
经济高效	桶油完全成本	降至适应国际油价长期下降趋势下的有竞争力的成本水平
	油气进口成本	平稳下降
	炼油产能利用率	90%
	炼油经济规模	开工率 80%，炼厂平均规模保持增长
绿色低碳	气油产量比	2025 年达到 1，2035 年达到 1.5
	天然气一次能源消费占比	2022 年 10%，2035 年 15%
	生产能耗水平	下降
	炼厂 CCS、CCUS 技术运用普及率	提高

3. 高质量发展路径

1）加大油气勘探开发力度

加大国内油气勘探开发投入，确保国内油气储、产量稳定；稳定东部、发展西部、拓展海上，在稳定原有资源基础的同时，进一步扩展资源勘探开发领域和范围；加大页岩油气、致密油气、煤层气等非常规资源的勘探开发投入，力争形成国内油气储、产量新的增长点；持续加强科技研发的人才、资金投入，通过技术创新提升油气勘探开发水平，进一步丰富资源基础，降低资源获取成本；紧抓国际市场机遇，在资源国政策普遍松动之际，鼓励国内企业择机拓展海外油气项目。

2）与油田勘探开发业务结合，加快 CCS/CCUS 技术推广应用

加快研究新一代 CO_2 大规模低成本捕集、利用与封存关键技术，开展全流程系统集成和先导示范项目建设；鼓励上下游企业采用 CCS 装置，减少碳排放；以百万吨级示范工程为抓手，推进 CCS/CCUS 技术商业应用；探索 CO_2 埋存与油田提高采收率（EOR）工程一体化实施路径，形成完整的 CO_2 捕集、利用和封存产业链。

3)优化炼油产能布局，推进基地化、一体化建设

一是坚持炼化一体化道路。对石油资源进行分子化、差异化利用；减少成品油产量，增加化工原料产量。

二是要打造炼化一体化基地。强化基地的功能化，包括一体化、集约化、智能化、大型化、园区化、系统整合与共享、物流系统的便利性和经济性、管理水平的现代化。

三是积极响应"一带一路"倡议。推进炼油化工国际产能合作，形成一批海外炼化基地，全面带动工程技术、工程建设和装备制造走出去。

四是实现产业效益最大化。根据市场需求、下游产业链衔接、区域产业结构等，合理确定乙烯、芳烃配置规模；通过装置合理组合、物料合理利用、运行统一管理、系统整体优化等措施，实现产业效益和运行效率的最大化。

五是要淘汰落后产能。对产能落后、有严重安全或环境隐患且治理无望的企业，要坚决淘汰。

4)加大国内市场开放力度，深化国际合作

深化对外合作，引进国外资本、技术、人才参与国内油气全产业链建设；加快油气产业走出去步伐，积极开拓国际市场；深化国内油气市场改革，鼓励多元投资主体进入油气产业。

5)加大科技创新力度，为油气产业发展增加动力

依托国家实验室、高端专业研究机构等开展油气产业链重大、关键技术研究；依靠政策导向与市场机制，鼓励和提倡高新技术与油气行业的融合；加强大数据、云计算、智能化技术在油气田、管输和炼化等各个领域的应用，提升油气行业智能化水平。

二、电力行业高质量发展经验

1. 高质量发展内涵

电力作为清洁、高效的二次能源，将处于未来能源转型的中心环节，在能源转换利用和能源资源大范围优化配置中发挥核心作用。电力高质量发展是电力行业自身发展的内在需求，是能源高质量发展的中心环节，是经济高质量发展的重要支撑。电力行业高质量发展是指：必须贯彻落实"四个革命、一个合作"的能源安全新战略，提升电力系统整体效能；确保电力安全稳定供应、经济可承受、环境影响最低；促进电力与能源、环境、经济协调可持续的发展。电力行业高质量发展的基本特征见表2-10。

表 2-10 电力行业高质量发展的基本特征

安全高效	安全	电力运行稳定可靠,有力保障经济发展及社会稳定
		电源灵活性调节能力及电网弹性不断提高,抵御处理事故及风险能力持续增强
		电力网络与信息安全管理水平高,网络与信息安全防护能力及解决问题能力强
	高效	电力系统整体能效显著提升,具有较高的能源加工转换效率、设备利用率、资源配置效率以及较低的厂用电率、线损率
		价格可承受
		具有较高的劳动生产率
绿色智慧	绿色	电源结构更加清洁化,清洁能源发电比例达到较高水平
		终端电气化水平持续提高,清洁绿色电能在终端能源消费中的比例显著上升
		终端用能方式更加绿色,节能节电助推科学合理用电
	智慧	电力系统具备高度信息化、自动化,电力系统的灵活性及适应性有效提升
		"源网荷储"友好互动能力强
		具备高度智能感知能力、实时监测能力,智能决策水平大幅提升
开放共享	开放	建立统一开放的电力市场,电力市场化交易规模不断扩大
		电力用户选择权放开,用户可自由选择交易对象、电量和价格
		电力行业国际影响力显著提升,电力设备、技术更具竞争力
	共享	电力普遍服务能力更高更均衡,人人享有安全、优质、经济的电力
		电力基础设施、数据、服务等资源在全社会范围内共享
		打造开放共享的电力生态圈,拉动产业聚合发展

2. 高质量发展指标体系

依据电力行业高质量发展的内涵与基本特征,电力高质量发展评价指标体系包括安全高效、绿色智慧、开放共享 3 个一级指标、11 个二级指标和 23 个三级指标,如表 2-11 所示。

表 2-11 电力行业高质量发展指标体系

一级指标	二级指标	三级指标	计算方法	单位	数据来源
安全高效	安全生产	电力设备事故数量	统计加总	起	能源统计局
	稳定供应	灵活性调节电源占比	(各类储能装机+气电装机)/总装机容量	%	行业统计
		电网调峰能力		亿 kW	行业统计
		供电可靠率	(用户平均停电时间–用户平均限电停电时间)/统计期间时间×100%	%	企业报送

一级指标	二级指标	三级指标	计算方法	单位	数据来源
安全高效	全行业生产效率	全员劳动生产率	周期内电力行业增加值/周期内员工平均人数	万元/(人·年)	行业/统计局/能源局
	设备利用率	发电设备利用率	发电设备利用小时数	%	企业/行业统计
		跨区输电通道利用率	跨区输电通道平均利用小时	h	企业/行业统计
	加工转换效率	供电煤耗	统计期内发电用总煤量(折算标煤后)/统计期内总供电量	g/(kW·h)	企业/行业统计
		线损率		%	企业/行业统计
	经济性	新增单位装机投资	100万kW(超超临界)燃煤机组单位千瓦造价	元/kW	企业/行业统计
		新增单位输电线路投资	220kV交流架空线路每千米造价	万元/km	企业/行业统计
绿色智慧	清洁化	非化石能源发电量占比	非化石能源发电量/总发电量	%	行业协会
		电能占终端能源消费比重	电力消费量/终端能源消费量	%	统计局
		单位发电量CO_2排放量	电力CO_2排放量/发电量	g/(kW·h)	统计局/企业/行业
	互动化	分布式电源接入比例	分布式电源装机并网容量/总装机容量	%	企业/行业统计
		需求侧响应负荷占比	可参与需求侧响应负荷容量/总负荷容量	%	企业/行业统计
		配电自动化覆盖率		%	企业/行业统计
		设备实时监测覆盖率	实时监测设备数量/设备总数量	%	企业/行业统计
开放共享	开放性	市场化交易电量占比	市场化交易电量/总交易电量	%	行业统计
		电力企业国际业务收入占比	电力企业国际业务收入/电力企业总收入	%	企业上报/国资委
	可获得性	获得电力供应	参考世界银行获得电力指标		供电企业
	普遍服务	城乡电力可靠性差异率	城市用户平均停电时长/农村用户平均停电时长	%	供电企业
		乡村用电水平	乡村人均生活用电量	kW·h	统计局/行业协会

3. 高质量发展路径

1) 加快构建能源发展体系，调整能源结构，聚焦绿色发展

不仅要安全高效发展核电，而且要统筹兼顾、协调发展水电和风电等，要继续推进煤电机组节能和超低排放改造，解决弃风、弃光的问题。

2) 提高电网保障电力供应和资源优化配置能力

加快特高压配套电源核准建设，提高现有特高压通道的利用率；着力解决城乡区域电网发展不平衡问题，继续推进配电网、中西部地区农村电网的建设，提升电网供给保障能力，为打赢脱贫攻坚战助力(白玫，2020)。要全面实施乡村电气化提升工程，加快完成农村电网改造，将农电建设与贫困地区实施乡村振兴战略结合起来，为贫困村开展相应产业扶贫、发展集体经济、为实现精准脱贫创造坚实条件。

3) 加强能源电力领域"一带一路"国际合作

通过推进"一带一路"国际合作，扩大国际产能合作，带动中国制造和中国服务走出去。目前国内火电装机过剩，"一带一路"沿线国家电力等能源存在明显的供应缺口，"一带一路"国家的能源电力工程投资、设计以及施工存在巨大潜力。要在"一带一路"倡议的背景下，发挥中国在能源资源、科技创新等方面的优势，加强能源互联互通，推动相关产业更好地"走出去"(杨馥源，2018)。

4) 深化供给侧结构性改革，推动电力发展效率变革

坚决把总书记的要求以及党中央、国务院的决策部署落实到位，大力化解煤电过剩产能。要进一步深化电力体制改革，推进电力生产、供应、服务全链条的体制机制改革，降低电网环节收费和输配电价格(黄华，2019)。

5) 加快技术装备创新，推动电力发展动力变革

加快技术装备创新，推动电力发展动力变革，积极应对技术性贸易壁垒，促进我国出口电力设备，这也要求我国电力设备在高端市场上重新定位，提高我国电力行业标准。紧跟世界能源技术革命新趋势，延长产业链，提高能源资源综合利用效率，其中重点是要加快技术装备创新、大力培育发展新动能、新增长极。

6) 构建清洁低碳、安全高效能源电力体系

完善和发展以系统消纳为核心的新能源健康可持续发展体系，重点建立以消纳能力为核心约束的各地新能源发展规模宏观调控机制，促进新能源规划建设与系统消纳能力的协调。提升电力总体运行效率，加强统筹优化，促进电源、电网和负荷高效融合。要进一步构建清洁低碳、安全高效能源电力体系，推进行业高质量发展。

三、钢铁行业高质量发展经验

1. 高质量发展内涵

钢铁行业是关系国计民生的基础性产业，在我国工业现代化进程中发挥了不可替代的作用。随着我国经济进入一个从高速增长阶段转向高质量发展阶段的历史性"窗口期"，支撑我国经济高速增长的要素已发生深刻变化。绿色低碳、融合创新、网络智能、共享共赢将是钢铁工业今后一段时期的主攻方向。因此，钢铁行业高质量发展是指：形成企业管控的高度集成和高度协同的一体化运营体系、以信息技术为支撑的绿色低碳钢铁制造体系、以网络化为基础的产业链集成体系，以及以数字化为手段的钢铁产品全生命周期管控体系(蒋鑫，2020)。

2. 高质量发展指标体系

赵耀等重点参考了美国世界钢动态公司的国际钢铁企业竞争力评价指标体系(赵耀和金涛，2018)，并充分结合钢铁行业自身特点，从规模能力、效益能力、成长能力和创新能力等方面建立了 2 个层次、4 个维度和 20 个指标组成的评价指标体系，如表 2-12 所示。

表 2-12　钢铁行业高质量发展指标体系

一级指标	二级指标	指标类型	取值方法
规模能力	资产总额	正向指标	统计数据
	营业收入	正向指标	统计数据
	营业利润	正向指标	统计数据
	员工总人数	正向指标	统计数据
效益能力	营业利润率	正向指标	利润总额/营业收入
	净资产收益额	正向指标	统计数据
	资产负债率	适度指标	总负债/总资产；适度指标，最佳为50%
	流动比率	适度指标	流动资产/流动负债；适度指标，最佳为200%
	速动比率	适度指标	(流动资产−存货)/流动负债；适度指标，最佳为100%
	每股收益	正向指标	统计数据
	吨钢利润	正向指标	营业利润/钢材产量
成长能力	主营收入增长率	正向指标	(本年主营业务收入−上年主营业务收入)/上年主营业务收入
	固定资产增长率	正向指标	(本年固定资产总额−上年固定资产总额)/上年固定资产总额
	总资产增长率	正向指标	(本年资产总额−上年资产总额)/上年资产总额
	营业利润增长率	正向指标	(本年营业利润−上年营业利润)/上年营业利润
	人均营业收入	正向指标	本年营业收入/员工总人数
	人均利润	正向指标	本年营业利润/员工总人数

续表

一级指标	二级指标	指标类型	取值方法
创新能力	科研人员占比	正向指标	科研人员数/员工总数
	科研经费占比	正向指标	研发经费/企业销售收入总额
	单位研发人员研发投入	正向指标	研发经费/科研人员总数

3. 高质量发展路径

1) 加快形成市场化的产能调控机制

形成市场化的产能调控机制就是把市场机制的作用发挥到最大，让市场在资源配置中起决定性作用，实现钢铁产业的优胜劣汰和市场出清。淘汰过剩产能是通过市场法则表现出来的市场运行、企业运转的正常形态，只有市场这只"无形的手"，才能搭建形成公平、公正的市场竞争机制，迫使企业提高经营效率和创新能力，淘汰一批生产不规范、低效率的产能。依靠政府补贴的"僵尸企业"、低效率企业和低端产品充斥市场，会扰乱市场秩序，阻碍新技术、新产品开发和新装备、新工艺的应用。必须要加快建立市场化、法制化的产能调控机制，使低端过剩产能有序退出市场，积极引导企业主动实施兼并重组和转型升级，形成大集团企业引领、区域分布得当、产品技术领先、质量品牌卓越、经济效益高、竞争力强的发展态势，实现钢铁行业由大到强的历史性跨越(刘现伟和刘丽华，2019)。

2) 完善钢铁行业标准体系

完善环保、质量、能耗、水耗、安全等行业标准体系、法律法规和有关产业政策，加大对钢铁行业违法违规行为的执法力度及达标检查力度，通过不断规范化的钢铁行业标准，促进钢铁产品结构调整和质量提升，推动行业高质量发展。首先，钢铁行业标准应坚持动态对标、动态调整，坚持标准与产业发展相结合、标准与质量提升相结合、国内标准与国外标准相结合，不断优化和完善钢铁行业标准体系，提升标准的技术水平和国际化水平。其次，进一步健全钢铁行业能效标准体系，实施"领跑者"能效准则，落实行业能效"领跑者"制度，确立行业典范，激励企业进行内部节能资源开发，提升资源利用率。再次，围绕钢铁产品全生命周期，制定科学完善的钢材消费行业的用钢规则，并实时进行更正和完善。最后，强化节能节地节水、环境、技术、安全等市场准入要求，科学设置钢铁行业准入门槛，未达到标准要求的企业严禁入内(刘现伟和刘丽华，2019)。

3）加强对钢铁行业的监管和执法

围绕健全行业健康可持续发展的长效机制，打造以信用为核心的新型监管体系，建立守信激励和失信联合惩戒制度，维护公平竞争的市场环境。严格落实能耗、环保、质量、安全、技术等法律法规，加强部门联动和有效沟通，加大查处强度和力度，在规定时间内仍不能达到标准要求的钢铁产能要依法依规压减。加强环保执法力度，严格依法处置环保不合格企业，进一步健全钢铁行业排放污染物在线监控体系，建立包含钢铁企业所有污染物的排放监控体系。增强能源消耗执法检查惩罚力度，严格依法处置能源消耗不合格的钢铁企业。加强钢铁产品质量管控，实施钢铁生产许可获证企业证后审查，对质量违法行为绝不姑息。加大安全生产监督实施力度，定期发布钢铁企业安全生产不良记录"黑名单"信息，依法查处安全生产条件不达标的钢铁企业。鼓励行业协会和科技社团进行合作，发挥二者联动作用，建立实时信息发送、行业解析和技术支持系统。加大信息公开力度，依法公开监测信息，接受社会公众监督（刘现伟和刘丽华，2019）。

4）引导过剩产能有序退出

健全落后过剩产能退出机制，建立全国钢铁产能置换交易平台，完善相关配套制度，积极引导人、财、物等资源有序退出或转移，实现资源的最优配置。加强去产能奖补支持力度，建立钢铁产业产能退出基金，对不同种类、不同产能设置不同的补偿标准。对于去产能后的职工安置，应进一步拓宽职工的分流安置渠道，通过企业内部分流、转岗就业创业、内部退养、公益岗位兜底安置等方式，积极稳妥、依法依规处理劳动关系，有序做好职工安置工作。债务处置方面，应采取市场化手段处理企业债务与银行不良资产，完善金融机构加大抵债资产处置力度的财税支持政策，鼓励企业以债转股等方式转化部分债务，减轻债务负担（刘现伟和刘丽华，2019）。

5）积极促进钢铁企业转型升级

以提升创新能力为核心，增强高端制造、智能制造能力，引导和帮助钢铁企业进行深层次的产品结构调整，重点关注航空航天、国防军工、核电等高端领域所需要的钢材料的技术创新和实施推广，突破国际垄断的束缚，提升自身核心竞争力和国际影响力。鼓励符合要求的钢铁企业优化产业布局，优先发展核心产业，有计划、有步骤地推进节能环保、"互联网+"等产业，推动传统钢铁企业向高端制造、现代服务业企业转变。进一步营造有益于钢铁企业并购重组的政策环境，以政府引导、企业参与、市场化运作为原则，联动压减过剩产能和调整产业结构，提升整合优质产能，把钢铁行业高质量发展提高到一个新水平。鼓励有条件的企业实施跨地区、跨所有制、跨国别的多种兼并重组，发展混合所有制经济，实现强强联合、纵向融合，培育具有全球竞争力的世界一流钢铁企业，大幅提升钢铁行业集中度和全球市场竞争力。同时，逐一解决并购重组过程中出现的资产、债务等问题，依法稳妥安置并购重组后的职工。将京津冀、中心城区等环境敏感地区的钢铁产能向环境承载力较大或沿海地区进行搬迁，进一步化解过剩产能，推动钢铁行业布局优化(刘现伟和刘丽华，2019)。

6) 加强钢铁行业国际开放合作

进一步加强钢铁行业国际交流与合作，学习引进国外先进技术和管理经验，加强国际产能合作。以"一带一路"倡议为指引，以企业为主体，以互利共赢为发展导向，以基础设施建设、贸易投资合作为主题，鼓励与"一带一路"沿线国家进行深度合作以优化钢铁产能全球布局，加快钢铁产业实现产业升级和有序转移、市场开拓和结构调整。立足东南亚，辐射中西亚和东欧，开拓非洲和拉美地区，合作开发能源资源，建立稳定的海外能源资源等原材料供应体系。积极探索跨国联合、引入战略投资者等双边合作开发机制，提升钢铁行业对外合资合作开放水平。联合科研院所、高校、政府机构和大型企业建立智库中心，为企业"走出去"提供建议。积极主动参加钢铁产能过剩全球论坛，向全球企业宣传我国钢铁去产能政策措施和成效，为解决全球钢铁产能过剩问题提供中国方案(刘现伟和刘丽华，2019)。

四、制造行业高质量发展经验

1. 高质量发展内涵

制造业作为我国国民经济的主导产业，是供给侧结构性改革的重要领域，也是建设现代化经济体系的重要支柱。制造业高质量发展应具备以下特征：从质量角度看，供给体系与需求结构能有效匹配；从效率角度看，以最少的资源消耗获得最大的经济效益；从动力角度看，制造业发展动力要依靠创新驱动；从区域角度看，要形成协调发展的区域格局；从生态角度看，要注重绿色生产；从开放角度看，要引领制造业迈向全球价值链中高端水平；从共享角度看，产业链上下和大中小企业之间要密切配合、融通发展(赵剑波等，2019)。

2. 高质量发展指标体系

王丽娟等对制造业高质量发展的内涵从技术创新、结构优化、速度效益、融合发展、绿色制造以及国际竞争力等维度进行了阐述，从创新驱动、结构优化、速度效益、要素效率、融合发展、绿色发展和对外开放 7 个维度构建综合评价指标体系，如表 2-13 所示(王丽娟，2019)。

表 2-13　制造业高质量发展指标体系

一级指标	二级指标	具体指标	计算公式	正负性
创新驱动	创新环境	科学技术支出占比/%	科学技术支出额/一般公共财政预算支出额	正向
	创新投入	工业企业 R&D① 经费投入强度/%	工业企业 R&D 经费支出/工业企业主营业务收入	正向
		单位 R&D 人员投入强度/%	工业企业 R&D 人员/工业企业年末从业人员数	正向
	创新产出	单位 R&D 经费支出发明专利数/(件/万元)	工业企业有效发明专利数/工业企业 R&D 经费支出	正向
		工业新产品销售收入占比/%	工业新产品销售收入/工业全部产品销售收入	正向
结构优化	产业结构	高技术产业主营业务收入占比/%	高技术产业主营业务收入/制造业产业主营业务收入	正向
	出口结构	高技术制造业出口交货值占比/%	高技术产业出口交货值/制造业出口交货值	正向
速度效益	增长速度	制造业产值增速/%	(当年–前一年)制造业总产值/前一年制造业总产值	正向
	盈利情况	制造业企业主营业务收入利润率/%	(主营业务收入–成本–税金及附加)/主营业务收入	正向
	生产成本	单位主营业务收入成本/%	主营业务成本/主营业务收入	负向
	资产负债	制造业资产负债率/%	总负债/总资产	参考
要素效率	劳动效率	全员劳动生产率/(亿元/人)	工业增加值/工业全部从业人员年平均数	正向
	资本效率	制造业资产回报率/%	净利润/总资产	正向
	能源效率	单位工业能耗产出率/(万元/t)	工业总增加值/万 t 标准煤的终端能源耗量	正向
融合发展	两化融合	信息化基础环境水平		正向
		工业企业信息化应用水平/%		正向
绿色发展	资源利用	一般工业固体废物综合利用率/%	工业固体废物综合利用量/(工业固体废物产生量+综合利用往年贮存量)	正向
	环境治理	节能环保支出占比/%	节能环保支出额/一般公共财政预算支出额	正向
对外开放	外商投资	制造业外商投资额占比/%	制造业实际利用外商投资额/全部行业实际利用外商投资额	正向
	出口贸易	制造业出口交货值占比	制造业出口交货值/制造业销售产值	正向

① R&D，Research and Development，即"研究与开发"。

3. 高质量发展路径

1)着力增强制造业技术创新能力

推动制造业高质量发展，必须把创新摆在制造业发展全局的核心位置。增强制造业技术创新能力，要突出解决三个方面的问题：一是解决科技和产业"两张皮"的问题，进一步深化科技体制改革，围绕产业链部署创新链，推进产学研协同创新，提高科技创新对产业发展的支撑能力；二是强化关键共性技术供给，布局建设一批制造业创新中心，构建开放、协同、高效的共性技术研发平台，跨越基础研究到产业化之间的"死亡之谷"，加快科技成果转化为现实生产力；三是健全以企业为主体的产学研一体化创新机制，探索"揭榜挂帅"等新机制，鼓励企业牵头组建创新联合体，承担重大科技项目和重大工程任务，加快突破关键核心技术(苗圩，2019)。

2)着力推动先进制造业和现代服务业融合发展

融合是现代产业发展的显著特征和重要趋势，也是推动制造业高质量发展的有效途径。当前，全球产业发展的一个突出特点是专业分工和产业融合并行共进，新一代信息技术与制造业的深度融合推动制造业模式和企业形态根本性变革，全球经济正加速向以融合为特征的数字经济、智能经济转型。2019年中国数字经济规模达31.3万亿元，占GDP比重达34.8%。党的十九大报告强调，加快发展先进制造业，推动互联网、大数据、人工智能和实体经济深度融合。要统筹新型基础设施、新型通用技术、新业态、新模式和新型监管方式，加快建设5G、工业互联网等新型智能基础设施，强化大数据、人工智能等新型通用技术的引领带动作用，培育发展网络化协同研发制造、大规模个性化定制、云制造等智能制造新业态新模式，构建友好监管环境，提高先进制造业与现代服务业融合发展水平(苗圩，2019)。

3)着力加快制造业结构优化升级

优化结构是适应生产要素条件变化、推动制造业高质量发展的关键所在。习近平主席2014年12月在江苏调研时强调："把经济发展抓好，关键还是转方式、调结构，推动产业结构加快由中低端向中高端迈进。"[①]推动制造业结构优化升级，要坚持两手抓，一手抓传统产业改造升级，一手抓新兴产业培育，加快制造业向高端、智能、绿色、服务方向转型升级，推动新旧动能接续转换。要纠正认识偏差，不能把新动能简单理解为就是培育发展新兴产业，运用新技术、新业态、新模式改造提升传统产业也是新动能。我国制造业中传统产业占比超过80%，改造提升传统产业具有巨大潜力和市场空间。要坚持深化供给侧结构性改革不动摇，

---

① 习近平：抓好经济，关键还是转方式、调结构--时政--人民网　http://politics.people.com.cn/n/2014/1215/c70731-26205182.html.

加快处置"僵尸企业"，实施新一轮重大技术改造升级工程，大力培育发展新能源汽车、新材料、人工智能等新兴产业，打造一批世界级先进制造业集群，保持好全球最完整的产业体系，不断提升产业链水平(苗圩，2019)。

4)着力推进企业优胜劣汰

制造业强，企业必须强。拥有一批世界领先的优质企业，是发达国家的重要标志，也是我国制造业高质量发展的迫切要求。培育优质企业，关键是要按照一视同仁、平等对待的原则，让各类企业在公平竞争中实现优胜劣汰。要强化竞争政策的基础性地位，促进正向激励，营造公平开放透明的市场规则和法治化营商环境。深化国有企业改革，鼓励和支持社会资本参与制造业领域国有企业改制重组，通过改革增强国有企业内生动力和活力。持续优化民营企业发展环境，建立亲清新型政商关系，在市场准入、审批许可、经营运行、招投标、军民融合等方面为民营企业创造公平竞争环境。促进大中小企业融通发展，提升大企业综合竞争力和劳动生产率，培育一批具有国际竞争力的世界一流制造企业；发挥中小企业作用，支持更多"专精特新"中小企业和单项冠军企业成长壮大(苗圩，2019)。

5)着力健全人才资源支撑体系

人才是推动制造业高质量发展的重要支撑。当前，我国制造业人才队伍在总量和结构上都难以适应制造业高质量发展的要求。从总量上看，新兴产业领域、跨学科前沿领域人才缺口大；从结构上看，创新型、高技能等高素质人才占比明显偏低，既懂制造技术又懂信息技术的复合型人才更是紧缺。据统计，目前我国高技能人才占就业人员的比重只有 6%左右，而发达国家普遍高于 35%。要深化教育改革，推动人才需求缺口较大领域的"新工科"和新型交叉学科建设。深化人才培养方式改革，推进校企合作和产教融合，推广现代学徒制，强化以实践能力为导向的应用型人才培养。大力发展职业教育，支持企业开展技能人才培训，完善技能认证体系，提高技能人才的社会地位和经济待遇，拓展技能人才职业发展通道，弘扬工匠精神，努力培养大国工匠(苗圩，2019)。

6)着力扩大制造业开放

开放是促进企业提升国际竞争力的必然要求。世界一流企业无一不是在全球激烈竞争中通过优胜劣汰形成的。尽管当前国际上保护主义、单边主义抬头，但经济全球化和产业国际分工协作是不可逆转的大趋势。进一步扩大开放，将为我国制造业开辟出更为广阔的发展空间，让制造业高质量发展的路子走得更快更好。推动制造业高质量发展，必须抓紧落实中央关于进一步扩大对外开放的重大决策部署，全面推行准入前国民待遇加负面清单管理制度，落实船舶、飞机、汽车等行业开放政策，吸引更多的外国企业来中国发展，对内外资企业一视同仁，以高水平开放推动制造业高质量发展(苗圩，2019)。

7)着力营造有利于制造业高质量发展的良好环境

加快构建制造业高质量发展的指标体系、政策体系、标准体系、统计体系、绩效评价和政绩考核办法，引导各地区各部门在优化制造业高质量发展环境上下功夫。持续深化"放管服"改革，全面放开一般制造业投资项目审批，加快改革工业产品许可证制度，清理行政垄断和地方保护的各种做法和规定，优化环保、消防、税务、市场监管等执法方式，最大限度降低制度性交易成本。深化要素价格、投融资、财税、金融等重点领域体制改革，落实好更大规模减税降费的各项措施。改革完善金融支持机制，健全多层次资本市场，提高直接融资比重，发挥政策性金融、开发性金融和商业性金融的协同作用，加大对先进制造业的融资支持。推动产业政策从差异化、选择性向普惠化、功能性转变，为制造业高质量发展创造良好的政策环境(苗圩，2019)。

五、现代服务业高质量发展经验

1. 高质量发展内涵

现代服务业是经济服务化和产业结构高度化的必然结果，其繁荣程度是衡量一个国家或地区现代化水平的重要标志。就现代服务业而言，其高质量发展应充分体现"创新、协调、绿色、开放、共享"发展理念，且具有生产要素投入少、资源配置效率高、资源环境成本低、经济社会效益好等特征。现代服务业高质量发展的内涵具体可以概括为：注重产出质量，兼顾投入效益，以高质量的生活性服务供给来引领高质量的社会需求，满足人们不断对美好生活的向往；以高质量的生产性服务业供给来充分发挥市场配置资源的决定性作用，推动三次产业间协调与融合发展；以高质量的社会性服务供给进行宏观引导与政策扶持，保障资源的充分利用，实现资源与环境的友好发展(鲁朝云和刘国炳，2019)。

2. 高质量发展指标体系

鲁朝云等以经济学常用的投入产出分析视角，基于投入效率和产出质量两个维度，从产业规模、技术结构、组织绩效三个方面，立足新发展理念中"创新、协调"精选评价现代服务业投入效率的指标；从产品结构、开放程度、生态文明三个方面，立足新发展理念中"绿色、开放、共享"精选评价现代服务业产出质量的指标，构建了包含15个二级指标的现代服务业高质量评价指标体系，如表2-14所示(鲁朝云和刘国炳，2019)。

3. 高质量发展路径

1)强化工业支撑，提升现代服务业需求

第二产业是经济增长的原动力，也是现代服务业发展的经济基础和前提。第二产业高度发展在推动城镇化进程的同时，能够拉动现代服务业需求，推动现代服务业规模和层次的提升。因此，在规划构建现代服务业发展蓝图时，必须坚持强工业战略，优化产业布局，培育现代新兴产业体系，加快推进新型工业化发展步伐。

表 2-14 服务业高质量发展指标体系

准则层	一级指标	二级指标	指标解释/计算公式	正负性
投入效率	产业规模	现代服务业产值增长率/%	服务业增加值/GDP 增加值	正向
		现代服务业就业增长率/%	服务业就业人数/全社会就业人数	正向
		现代服务业固定资产投资额/亿元	服务业各行固定资产投资额之和	正向
	技术结构	现代服务业研发投入/亿元	服务业科技投入/服务业营业收入	正向
		高新技术产业企业数/家		正向
		教育与科技占财政支出比重/%	科学和教育事业费用支出/地区财政预算支出	正向
	组织绩效	现代服务业营业收入增长率/%	(当年服务业营业收入−上年服务业营业收入)/上年服务业营业收入	正向
		现代服务业单位固定资产产出率/%	固定资产收益/固定资产投资额	正向
		现代服务业集聚效应/%	服务业增加值/地区面积	正向
产出质量	产品结构	高新技术服务业产值/亿元		正向
		人均现代服务品占有量/(万元/人)	服务业增加值/地区总人口	正向
	开放程度	现代服务贸易占贸易总额比重/%		正向
		现代服务业 FDI[①]占总 FDI 比重/%		正向
	生态文明	现代服务业 FDI 占 GDP 比重/%		正向
		城镇生活污水处理率/%		正向

① FDI：Foreign Direct Investment，即"外商直接投资"。

2)引导投资方向，促进服务业结构优化

要立足长远，充分发挥政府对投资的支持、引导作用，鼓励企业投资到现代服务业行业中去，促进行业重心从传统服务业向高产出、高附加值的现代服务业转移。建立公开、平等、规范的服务业投资制度，引导资金投向现代物流、电子信息、金融担保、科技研发、商务咨询、社区服务、教育培训等现代服务业。

3)壮大企业规模，提高企业竞争力

引导各类生产要素向优势企业和行业龙头集中，推动骨干企业做强做大。加强品牌和标准化建设，积极推动现代服务业企业自主品牌创建，重点培育金融、现代物流、商务服务等生产性服务业品牌，创建电子商务、云计算、物联网等新兴服务业品牌，形成一批在国内有影响的服务业品牌企业。加大高质量企业培育力度，鼓励龙头企业借力资本市场做大做强提高竞争力。

4）培育新兴创新型产业，构建现代服务业产业体系

现代服务业体系涵盖的行业众多，深入到社会、经济、居民生活的各个方面，体系内部各个要素相互作用，并与体系外部不断进行沟通、交流和相互影响。要优先发展重点产业，深化信息技术，大力发展优势和潜力产业，培育新兴创新型产业，推动生产性服务业向高端化、专业化延伸，推进生活性服务业向网络化、便利化发展，构建现代服务业产业体系。

5）实施"互联网+"战略，打造"互联网产业带"

建设移动互联网、大数据、物联网等与现代制造业相结合的新兴服务业态，提高企业创新水平、管理水平和生产效率。大力发展电子商务，组建电子商务发展联盟，高标准建设电子商务产业园区，加快培育电子商务骨干企业，建立具有行业知名度和影响力的电商平台。加强与国内外顶尖电商企业（平台）的合作，打造"互联网产业带"。

6）推进科技创新，为现代服务业快速发展提供驱动

充分依托高新技术产业区，建设一批科技创新性强、附加值高、拥有自主知识产权的科技服务业研发中心和开发基地，增强科技服务现代服务业的实力。增强现代服务业自主知识产权数量的积累和质量的提升，加大科技在现代服务业中的渗透。抓好科技交易服务信息平台建设，为科技服务业服务现代服务业搭建桥梁和平台。

7）强化制度保障，加大服务业支持力度

加大在财税、土地、资金、人才等方面的政策支持力度，对科技含量高、成长性好的现代服务业及面向居民的社区服务业、小微服务业实行税收减免政策，鼓励其发展。完善人才引进政策，发展教育和培训，开发人力资源，破解服务业高层人才缺乏等问题。

第五节　对煤炭行业高质量发展的启示

一、实施科技创新驱动，提升竞争力

新时代催生新技术。当前以人工智能、大数据、云计算、机器人等为代表的新技术推动第四次工业革命纵深发展，我国煤炭行业面临前所未有的挑战与

机遇，科技比历史上任何时期都更加深刻地决定着行业的发展前景，因此，实施科技创新驱动，加深融合新技术步入煤矿信息化、智能化时代是未来行业发展的重要手段。

从国外经验来看，新技术在煤炭行业中的及时推广和采用，大幅减少了煤矿安全事故发生。以美国为例，美国矿业协会的报告指出，新技术在安全方面的贡献主要有几个方面：第一，信息化技术的采用，可以增强煤矿开采的计划性和对安全隐患的预见性；而计算机模拟、虚拟现实等新技术，可以大幅度减少煤矿采掘中的意外险情，同时也对制定救险预案提供了一定帮助。第二，机械化和自动化采掘程度的提高，增加了工作效率，减少了下井人员数量，也就减少了容易遇险的人员。第三，安全性较高的长壁采煤法的推广，取代传统的房柱式采掘，在一定程度上减少了灾害发生的概率。第四，新型通风设备、岩层加固材料、电器设备的推广和采用，提高了设备、工作环境的安全性。此外，矿业安全与健康署下属的技术认证中心还对煤矿的设备进行质量检查和认证，每个月都在网上公布通过技术认证的产品，提高了矿井生产的安全水平（王波，2015）。

从国内其他行业来看，石油、电力、钢铁、制造等行业都明确了加快技术装备创新，推进行业高质量发展。以电力行业为例，电力行业提出：加快技术装备创新，推动电力发展动力变革，积极应对技术性贸易壁垒，用自主创新实现行业的高质量发展。

因此，煤炭行业要高质量，也必须把科技创新作为战略支撑和核心举措。

二、打造高素质人才队伍，提升发展活力

人才是发展的第一要务，煤炭行业高质量发展离不开高素质的人才队伍，国外先进发达采煤国家纷纷采取各种措施吸引、培养高素质员工，提高从业人员的素质水平，为我国煤炭行业高质量发展提供了经验借鉴。

1. 吸引高素质员工是保证从业人员素质的基础

以美国为例，在美国，青年一代大都喜欢管理、金融、医学、法律等，而很少热衷于工业，尤其是矿业。高额报酬是保证吸引高素质员工的重要原因，美国煤矿工人的工资历来高于其他工业部门，尤其是近年来由于煤炭工业劳动生产率增长较快，工资增长幅度也高于其他行业，劳动人员成本往往占据美国煤炭成本的第一或第二位。其次，美国煤矿良好的安全环境和福利政策也是保证吸引高素质员工的另一重要原因。据美国劳工部统计，2004 年以来美国的采矿业已成为较安全的行业，好于林木采伐、钢铁冶炼、运输及建筑等行业；另一方面，美国矿业公司为每位从业人员所支付的保险、福利等支出往往比支付的工资还要高。良好的安全环境和福利政策在很大程度上缓解了从业者的后顾之忧。还有，美国矿

业公司对外国技术人员良好的政策，也在一定程度上充实了美国高素质的从业人员队伍(汤道路，2014)。

2. 强化人员培训实现从业人员高素质

美国和澳大利亚通过强制对从业人员进行培训，提高人员专业素养以及对自身的职业健康防护，从而提升行业整体的技术水平并降低职业病发病率。以澳大利亚为例，澳大利亚煤炭从业人员教育特点有以下三个方面：

一是密切配合行业发展。把职业岗位的要求作为教育模式的基础和逻辑起点，使专业设置和教学内容更具针对性。依靠企业，形成校企间优势互补，产教结合，最大限度地统筹利用社会资源，向煤炭行业输送行业急需的实用型人才(宋梅等，2016)。

二是构建以能力为基础的教学体系。澳大利亚政府建立了国家职业资格框架，规范了就业市场中证书、学历、学位和职业岗位要求。国家行业能力标准体系由八级能力水平构成，在培养方式上加强现场教学和实践环节，重点训练学生实际工作能力，锻炼学生的动手能力，使学生毕业后就能从事相应岗位的工作。并规定只有得到 TAFE 证书才可以从事相关的技术性工作。且早在 20 世纪 90 年代，就建立了职教与普教相等值的证书体系，打通了职业教育和高等教育之间的联系，使得能力与证书体系一旦规范(宋梅等，2016)。

三是打造"双师型"高素质教师队伍。工程科技教育需要既懂教育又有职业资历的"双师型"教师。培养煤炭行业的优秀人才，就要求教师具有较高的专业职业能力。作为 TAFE 学院的教师，不仅要有学士学位以上的高等教育文凭和较高等级的教学职业资格证书，还需要行业或职业的教育经验。另外，学院从各行业及岗位中聘请一些兼职教师，兼职教师一般占教师总数的 2/3(宋梅等，2016)。

三、强化全生命周期绿色发展，提升生态环保水平

保护生态环境，应对气候变化，坚持绿色发展，已逐步成为世界各国共识。在工业文明转向生态文明时代背景下，煤炭行业进行绿色发展是大方向、大原则，是实现行业高质量发展的重要途径，也是我国实现由煤炭大国向煤炭强国转变的必然要求。

从国外来看，在环境保护、管理制度和经济手段上已达成共识，主要表现在环境影响评价、许可证制度、土地复垦和保证金制度等方面，注重资源效益、生态效益、经济效益和社会效益相互统一，将绿色矿业的理念与实践贯穿于矿产资源开发利用的全过程。比如澳大利亚，制定详细的矿业可持续发展战略以及矿山企业实施建设绿色矿业的准则和监督机制；要求各矿山企业主动签署可持续发展承诺书，或主动成为《绿色矿山公约》的成员，严格遵守《公约》要求，接受社

会各界监督(王斌,2014)。

从国内来看,国内矿业绿色发展也取得积极进展,在金属矿山领域,绿色发展理念得到了广泛的认可与实践。比如甘肃金徽矿业郭家沟铅锌矿建设,在绿色发展方面坚持理念超前和全过程设计,取得了良好效果。该矿在开发前期组建了矿山开发设计团队,先后到加拿大、澳大利亚、日本等矿业发达国家以及国内具有代表性的 20 多家矿山企业和设备厂商考察,借鉴先进的矿山建设经验,确立了建设中国领先、世界一流的生态型、环保型、安全型、旅游型、数字化的矿山目标。同时,在矿山建设过程中,秉承"科技领先"的理念,将"创新、协调、绿色、开放、共享"发展理念贯彻落实到矿山建设的每一个环节,坚持资源开发与生态和谐相统一,实现经济、社会和生态效益共赢。正是这种超前意识,使得建成后的郭家沟铅锌矿,成为绿色矿山建设的典范(张世新,2019)。

因此,煤炭行业通过环境保护提高准入门槛,将预防与检查监督相结合,打造"勘探—建设—运营—退出"全生命周期绿色发展,是行业高质量发展的必由之路。

四、利用国内外两个市场,提升发展空间

20 世纪中期以来,发达国家主要煤炭公司通过国内外投资并购等资本运作方式在全球范围内配置优质煤炭资源,迅速成长为大型跨国集团,在生产规模和效益规模方面都达到了最高水平。

近年来,随着国民经济快速发展,我国煤炭产量呈现快速增长势头。虽然我国煤炭资源较丰富,但因开采强度增大,加之不合理开采造成的资源浪费,引发了资源开采耗费率高,可供开采的资源量大幅度减少。在煤炭资源方面,可供建井的可采储量严重不足,优质炼焦用煤和无烟煤等煤种,已属于稀缺煤炭资源。随着煤炭资源的过度开采,国内赋存条件较好的煤炭资源越来越少,使得新建矿井的开采条件越来越差,开采深度越来越深,生产和建设过程中的深部地压和高温等灾害问题也成常态之势,造成矿井的建设投资和生产成本直线上升,出现了国内国外煤炭价格倒挂的现象。国外煤炭市场已成为煤炭行业不可忽视的重要力量(郑欢,2014)。

同时,在多年改革开放的过程中,我国经济逐步融入世界经济中,成为世界经济发展的重要角色。经济全球化成为推动企业"走出去"的重要动力。我国石油、电力、钢铁等行业纷纷将国际市场建设作为行业高质量发展的重要手段之一。

在国内国外两个市场逐渐融合、互促共进的大背景下,国内煤炭企业在有效占有和开发国内资源的基础上,选择适宜时机把触角伸向国际市场,进而充分利用全球生产要素的区域优势,实现企业内部国际分工和协调发展,优化配置海内外资源、拓展国内外两个市场。在自身发展壮大的同时,形成新的利润增长点,

将有助于我国煤炭行业有效配置资源和优化产业结构，也有助于加快我国煤炭行业高质量发展的步伐。

五、构建专业化分工体系，提升效能效率

随着社会化分工越来越深入，让"专业人干专业事"能大幅降低生产成本，提高生产效率，从而促进行业高质量发展。

从国外来看，先进发达国家的煤炭企业都十分重视专业化发展。以澳大利亚莫拉本煤矿为例，莫拉本煤矿是兖州煤业澳洲公司控股的一个煤矿。该煤矿一是不建设办公楼，办公用房均为活动房。2100 万 t/年的产能，750 名员工，仅有不到 1000m^2 的活动用房。除了淋浴房和简易食堂外，没有员工宿舍，没有文化娱乐设施，大大降低了成本。二是定位于技术的使用者，面向全球采购简单高效、安全可靠的技术装备，尽可能发挥设备的效能，自身不搞科技研发，也不参与装备研制。三是设备维护检修、搬运等辅助服务采用外包方式，减少固定人员，专业化外包队伍面对多个煤矿，积累了更多的经验，相对于煤矿自有人员有更高的服务能力。专业化的生产方式让莫拉本煤矿专注于高效低成本生产高质量的煤炭产品，除了保障煤炭生产必需功能外，不建设其他功能，大大提高了矿井的竞争力。

从国内其他行业看，专业化趋势也越来越明显。以石油行业为例，石油公司一般按照集中管理、区域化服务的原则，遵循专业化、市场化、社会化的思路，对电力、作业、维修、测试、天然气等业务进行分类管理，形成了专业化的油田服务公司。项目营运完全采用专业化分工的生产组织方式，管道、钻井、基础设施由专业化的公司完成，这大大提高了石油公司的生产效率，强化了企业竞争力。

相比较而言，目前，我国大多煤炭企业更像是小型社会，功能齐全，专业化程度不够。随着社会化分工越来越深入，煤炭行业也将按照社会细化分工的总体要求，形成类似油服公司的勘探、掘进、采煤、机电、洗选、矿区服务等专业化煤田服务公司，重构煤炭行业生产运行方式，提高煤炭行业的整体生产运行效率、人员组织效率、资本运作效率，从而推动行业整体的高质量发展（任世华，2016）。

六、形成集中低碳利用模式，提升清洁低碳水平

美国、德国、澳大利亚等国家以煤电集中利用为主，同时正在致力于煤电碳排放控制技术的研发。煤电相比于油气发电，综合成本最低，系统集成度最高，稳定性最强，排放也已基本达到燃气排放清洁水平，因此，煤炭的集中利用对于降低煤炭污染排放、提高利用效率具有重要意义。目前我国煤炭消费除电力外，在建材、冶金、化工等领域仍有较大比例，同时分散用煤还有较大存量。因此，借鉴国外经验，我国煤炭清洁利用的方向应进一步向集中化、大型化、园区化方向发展，同时，加快研发碳减排技术，从源头降低煤炭碳排放总量。

　　同时，从世界各国煤电发展形势看，煤电已处于退役潮，风电、光伏装机成本逐步下降，煤电正逐步向调节性电源转型，煤电与新能源耦合程度将逐步加深。随着国家自主贡献碳减排力度的加大，清洁能源快速发展，这种转型的速度将比预期更快。因此，我国煤电发展预计与国际发展态势逐渐同步，为清洁能源发展腾出空间、与清洁能源耦合发展将成为煤炭发展的主题。

煤炭行业高质量发展内涵和评价方法 第三章

准确把握煤炭行业高质量发展内涵，是推动煤炭行业高质量发展的前提和基础。本章结合新时代我国对能源和煤炭行业发展的要求，科学界定了煤炭行业高质量发展内涵，明晰了行业高质量发展"三高三低"（高效率、高安全、高水平人才、低损害、低排放、低伤害）的主要特征，构建了煤炭行业高质量发展评价指标体系、方法及模型。

第一节 内涵定义

基于其他行业对高质量发展的认识，结合煤炭行业自身特点，认为煤炭行业高质量发展的内涵是：以安全绿色智能开采和清洁高效低碳利用为主攻方向，通过科技创新，推动煤炭行业与新能源及新技术、新产业深度融合，不断创造新模式、新业态，推进煤炭行业发展动力变革、效率变革、质量变革，促进煤炭由高碳能源向低碳发展转变，实现煤炭开发利用全过程、全要素的高质量发展（康红普，2021）。其中：

煤炭全过程高质量如图 3-1 所示。煤炭开采要机器代替人，实现自动化、智能化；生产尽量不出现伤亡，健康有保障；提升煤炭按需供应能力，实行订单式生产，提高应急供应能力，形成精准供应体系；煤炭利用要高端化、多元化、清洁化、低碳化；矿井退役恢复要与所在区域产业发展自然结合，做好整合利用大文章。

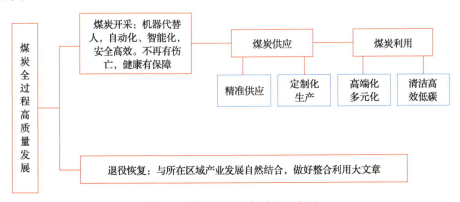

图 3-1　煤炭全过程高质量示意图

煤炭全要素高质量如图 3-2 所示，煤炭行业要高质量满足经济社会发展对煤炭的需要，不是产量越多越好，而是需要多少产多少。煤炭企业要以煤为基，高端发展，成为高新技术企业；不只采煤、卖煤，而要成为综合能源供应商。煤矿区生态恢复要与开采同步，建成绿色矿山；从生态环境损害转变到对生态环境的积极修复和保护。煤矿要实现煤炭—水—气及共伴生资源一体化智能开采。煤矿工人要从体力型劳动力转向技能型人才。煤炭产品要高端化、多元化、精细化、系列化，满足煤炭消费的多层次需求。

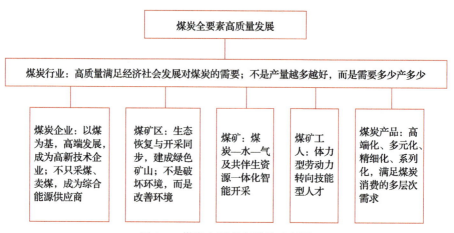

图 3-2　煤炭全要素高质量示意图

第二节　主　要　特　征

煤炭行业高质量发展，就是能够很好满足人民日益增长的美好生活需要的发展，就是体现新发展理念的发展，是创新成为第一动力、绿色成为普遍形态的发展。因此，煤炭行业高质量发展应具有"三高三低"的基本特征(康红普，2020)。

一、高效率

目前，我国面临着非常艰巨的节能减排任务，其中煤炭行业担负的责任尤为艰巨，迫切需要在满足社会需求的同时，大幅度提高行业效率。高效率就是要在煤炭生产、运输和消费各环节充分利用先进技术，做到节约高效。煤炭开采方面，通过大力推进"机械化换人、自动化减人、智能化无人"智慧矿山建设，以技术装备升级带动生产系统和劳动组织优化，实现先进产能占比大幅提高，行业整体人工工效大幅提高。煤炭运输方面，彻底改变煤炭物流服务"小、散、弱"的局面，具备完善的煤炭综合物流通道和煤炭现代物流体系，运输、管理、仓储、保险、包装等物流各环节成本不断降低，运输效率显著提高。煤炭利用方面，煤炭消费进一步向发电、转化大型用户集中，做到煤质和不同利用技术、装备精准适配，实现燃煤发电效率、化工转化效率大幅提高，煤耗大幅下降。

二、高安全度

煤炭行业高质量发展也必须以安全为核心，实现"低死亡"到"零死亡"到"零伤亡"的阶梯迈进。将大数据、物联网、人工智能等新一代信息技术与煤炭开采深度融合，构建煤矿开发的新型智能模式。充分发挥新一代信息技术全面感知、实时互联、自主学习、分析决策、动态预测、协同控制等智能化功能，实现煤矿开拓、采掘(剥)、运输、通风、洗选、安全保障、经营管理等过程的智能化运行。"一键启动、有人巡视、无人值守"的智能化采煤工作面和智慧矿山比例大幅提高，百万吨死亡率、伤亡率大幅下降(牛克洪，2021)。

三、高水平人才

煤炭行业实现高质量发展，需要一大批高素质的技能从业人员、高级管理人员。当前，在煤炭行业各个领域都存在人才紧缺现象，关键技术人才、战略新兴产业人才以及具备国际视野的经营管理人才严重缺乏，尤其是在当下能源结构转型、煤炭革命的关键时期，我国煤炭行业更面临着严重的人才断层和人才流失的风险。充分的人才储备、合理的人才结构是煤炭行业实现高质量发展的基础。煤炭行业要提高从业人员的素质，加大行业与人才准入门槛，集聚造就一支符合行业发展需求、能够引领行业进步的高水平人才队伍，包括从事基础研究的科学家，掌握核心技术、关键技术和共性技术的各类工程技术人才，熟悉国际规则、具有丰富实践经验的各类经营管理人才。建成煤炭行业内外高度认可的高水平人才队伍，推动行业高质量发展。

四、低损害

随着煤炭资源的大量开采使用，煤炭消费总量的持续增长，煤炭消耗带来的环境污染问题日益突出，资源与环境对煤炭的约束作用越来越强，资源与环境问题已经成为煤炭行业发展的核心问题。煤炭行业要实现高质量发展，必须妥善处理煤炭生产、消费与生态环境辩证统一的关系。经济社会既需要煤炭行业提供强大物质原动力，又对煤炭发展提出了生态环境"低损害"的管制和约束。低损害就是要求煤矿全面实现绿色开采，最大程度降低煤炭开采对生态环境的影响。在开采过程中，最大程度减少对空气、土壤、水资源的污染，降低对地表、边坡、农田及建筑设施的损坏，取得最佳的经济、社会和生态效益。开采完成之后，及时并最大程度恢复对采煤沉陷区和地表环境造成的破坏，废弃矿井与所在区域的发展自然结合。

五、低排放

我国煤炭利用技术虽然已取得长足进步，但距离绿色清洁低碳能源要求仍存在较大差距。煤炭利用过程环境成本仍然较高，碳排放问题仍未根本解决，亟须推进煤炭开发利用过程低排放。煤炭开发过程伴生煤层气资源需高效利用，降低瓦斯温室气体排放量；煤矸石、粉煤灰等大宗固体废弃物实现全面资源化利用，大幅降低堆存排放量，形成资源循环利用与环保叠加效益；煤炭主要利用方式实现近零排放。煤炭燃烧实现全面超低排放，重点通过与可再生能源深度耦合及碳捕集、封存和利用水平提升协同减碳，破解"碳"瓶颈问题；煤的清洁转化实现废水全循环零排放，碳流失率显著降低。

六、低伤害

党和国家始终把实现好、维护好、发展好最广大人民的根本利益作为一切工作的出发点和落脚点。煤炭行业高质量发展必须坚持以人为核心的发展理念。长期以来，恶劣的井下工作环境给煤矿工人带来了多种职业病、职业禁忌症，严重影响了员工的身心健康。高质量发展需要煤炭行业最大程度降低对员工的伤害。优先采用有利于防治职业病和保护劳动者健康的新技术、新工艺、新设备、新材料，逐步替代职业病危害严重的技术、工艺、设备、材料，大幅改善矿井工作环境，包括降低井下粉尘浓度、噪音污染；改变井下高温、振动、高湿的恶劣工作条件；加强对矿工的职业卫生教育和培训，提供健康检查、职业病诊疗等防治服务；积极对井下工人心理卫生进行干预防治，实现职业病病例零新增。

第三节 指标体系

一、指标体系构建原则

在全面把握煤炭行业高质量发展内涵与行业现状的基础上，本着"科学、层次、独立、可行"的原则，构建符合我国煤炭行业高质量发展的综合评价体系，进而准确评估我国历年煤炭行业发展质量水平。具体原则如下：

1. 科学性原则

在设计指标体系时，各个环节均遵循完整和正确的科学理论。指标选取科学全面地反映煤炭行业高质量内涵，指标值获取依赖科学的调查方式和数据模型计算，以确定各指标权值，进行恰当评价。

2. 层次性原则

煤炭行业高质量发展的指标体系涉及指标面广且量大，因此在构建评价体系时要分类完善、层次分明、简明扼要。整个指标体系构成必须紧紧围绕着煤炭行业高质量发展评价目的层层展开，使最后评价结论确实反映评价意图。

3. 独立性原则

在煤炭行业高质量发展指标体系中，选择的指标应能从各个方面、各个领域全面反映我国煤炭行业高质量发展情况，且每个指标要内涵清晰、相对独立；同一层次的各指标间不相互重叠，相互间不存在因果关系。

4. 可行性原则

指标应可行，符合客观实际水平，具有稳定的数据来源，易于操作，具有可测性。评价指标含义要明确，数据要规范，口径要一致，资料收集要简便易行。

二、指标体系内容

以煤炭行业高质量发展的内涵、定义和特征为指引，寻找能够直接或间接反映高质量发展各项特征的指标，从"煤炭行业—煤炭企业—煤矿"3 个层次，从"动力变革、质量变革、效率变革"3 个方面，构建了以"创新驱动、智能高效、多元经济、安全健康、清洁低碳"为基准的煤炭行业高质量发展评价指标体系，具体如表 3-1～表 3-3 所示。为方便计算与说明，以煤炭行业高质量评价指标体系为例，对指标体系的内容与计算方法进行论述。

表 3-1　煤炭行业高质量发展评价指标体系

指标类别	一级指标	二级指标	三级指标	指标正负向	备注
动力变革	创新驱动	研发投入	R&D 经费占比	(+)	
			国家级研发平台数量	(+)	
			R&D 人员占比	(+)	
		成果及转化	万人有效发明专利拥有量	(+)	
			行业科技贡献率	(+)	
效率变革	智能高效	智能	智能化水平	(+)	专家评分
		高效	全员工效	(+)	
			平均单井产量	(+)	

续表

指标类别	一级指标	二级指标	三级指标	指标正负向	备注
效率变革	多元经济	多元	非煤产业占比	(+)	
			国际营收占比	(+)	
		经济	营业收入利润率	(+)	
			资产负债率	(适度)	
			产业集中度	(+)	
质量变革	安全健康	生产安全	百万吨死亡率	(−)	
		供应安全	煤炭储备比	(+)	
		职业健康	职业病人数	(−)	
			新增职业发病率	(−)	
	清洁低碳	清洁	原煤入洗率	(+)	
			用煤适配度	(+)	
			综合排放水平	(−)	
		绿色	绿色矿山率	(+)	
		低碳	原煤生产综合能耗	(−)	
			碳减排量	(+)	

表 3-2　煤炭企业高质量发展评价指标体系

指标类别	一级指标	二级指标	三级指标	指标正负向	备注
动力变革	创新驱动	研发投入	R&D 经费占比	(+)	
			省部级以上研发平台数量	(+)	
			R&D 人员占比	(+)	
		成果及转化	万人有效发明专利拥有量	(+)	
			科技成果转化率	(+)	
		人力资源	本科以上人员占比	(+)	
			职工年均收入	(+)	
效率变革	智能高效	智能	智能化水平	(+)	专家评分
		高效	全员工效	(+)	
			矿井综合单产	(+)	
	多元经济	多元	非煤产业占比	(+)	
			煤炭自用率	(+)	
			国际营收占比	(+)	

续表

指标类别	一级指标	二级指标	三级指标	指标正负向	备注
效率变革	多元经济	经济	营业收入利润率	(+)	
			资产负债率	(适度)	
			吨煤生产成本	(−)	
质量变革	安全健康	生产安全	百万吨死亡率	(−)	
			较大以上安全事故起数	(−)	
		职业健康	职业病人数	(−)	
			新增职业病发病率	(−)	
	清洁低碳	清洁	原煤入洗率	(+)	
		绿色	矿井水利用率	(+)	
			煤矸石综合利用率	(+)	
			塌陷土地治理率	(+)	
		低碳	原煤生产综合能耗	(−)	
			瓦斯利用率	(+)	

表 3-3 煤矿高质量发展评价指标体系

指标类别	一级指标	二级指标	三级指标	指标正负向	备注
动力变革	创新驱动	研发投入	R&D 经费占比	(+)	
		人力资源	大学以上人员占比	(+)	
			职工年均收入	(+)	
效率变革	智能高效	智能	智能化水平	(+)	专家评分
		高效	采区资源回采率	(+)	
			全员工效	(+)	
	多元经济	多元经济	吨煤生产成本	(−)	
			剩余可采年限	(+)	
质量变革	安全健康	生产安全	百万吨死亡率	(−)	
			百万工时伤害率	(−)	
		职业健康	职业健康检查率	(+)	
			职业病危害因素检测达标率	(+)	
	绿色低碳	绿色	矿井水利用率	(+)	
			煤矸石综合利用率	(+)	
			塌陷土地治理率	(+)	
		低碳	原煤生产综合能耗	(−)	
			瓦斯利用率	(+)	

1. 动力变革

创新是引领发展的第一动力,是建设现代化经济体系的战略支撑,也是实现煤炭行业高质量发展的必由路径,创新驱动反映了行业动力变革程度。

党的十八大报告提出:"实施创新驱动发展战略,强调科技创新是提高社会生产力和综合国力的战略支撑,必须摆在国家发展全局的核心位置。"以科技创新促进转型升级,以转型升级推动科学发展,也是破解煤炭行业长期发展面临的深层次矛盾的根本途径,创新驱动已成为煤炭行业切实提高增长质量和效益,实现可持续发展的现实选择。因此,选择创新驱动作为煤炭行业高质量发展的首要表征指标。

研发投入可以表征产业创新研发投入程度,而科技成果及转化可以表征科技创新是否取得效果,创新性的技术成果是否从科研单位转移到生产部门,使新产品增加、工艺改进、效益提高,最终经济得到发展。因此将研发投入、成果转化作为创新驱动的二级指标。研发投入主要包括经费投入、研发平台及研发人员,成果及转化主要由成果数量、贡献率表征,因此将经费投入、研发平台、研发人员、成果数量及贡献率作为创新驱动的三级指标。

2. 效率变革

煤炭行业智能高效、多元经济情况,反映了行业效率变革程度。

1)智能高效

低端低效的采煤方式,所产生的利润少,所需的廉价劳动力则很大,而煤矿作业环境恶劣,已出现招工困难的现象,如不尽早加快产业转型升级,摆脱低端发展模式,"招工荒"将长期难以解决,而煤炭行业的高质量发展也将无从谈起。煤炭行业智能化发展,将实现行业提质增效,提升行业综合竞争力,创造更有尊严的生产环境,在缓解煤矿人员流失、人才短缺的同时,推动行业转型升级。因此,智能高效是煤炭行业高质量发展的重要表征指标。

智能化水平代表煤炭产业转型程度,煤炭行业的生产工效及单井规模可以代表矿山开采的效率,因此将智能化水平、全员工效及平均单井产量作为智能高效的三级指标。

2)多元经济

煤炭是不可再生资源,煤炭企业要可持续发展,就必须寻求新的经济增长点、进行多元化经营。多元化的经营对于煤炭行业分散风险、增强适应外部环境应变能力的重要性不言而喻。另一方面,通过多元化经营,扩展服务项目,往往可以促进原业务发展,达到一定的互补作用。同时,行业的盈利能力、经营能力、经营环境等经济状况也是行业高质量发展的基础条件。因此,选择将多元经济作为煤炭行业高质量发展的衡量指标之一。

非煤产业占比、国际营收占比代表了煤炭产业在与其关联的产业和海外产业等方面多元化发展的程度；营业收入利润率，资产负债率代表了煤炭行业产生的经济效益；产业集中度则反映了行业市场体系优化建设程度。因此，将非煤产业占比、国际营收占比、营业收入利润率，资产负债率、产业集中度作为多元经济的三级指标。

3. 质量变革

煤炭行业的安全健康和清洁低碳水平，反映了行业的质量变革程度。

1) 安全健康

煤炭在生产过程中存在诸多高危因素，属高风险作业，煤炭行业的安全健康不仅关系着国家和人民的生命财产安全，也关系着国家的能源安全。因此，安全健康是煤炭行业高质量发展的表征之一。

煤炭行业的安全健康又可分为生产安全、供应安全、职业健康，其中生产安全通常用百万吨死亡率及事故起数表征，供应安全用煤炭储备能力表征，职业健康则用职业病规模和职业病发病率表征。因此将生产安全、供应安全、职业健康作为二级指标，百万吨死亡率、储备比、职业病规模和职业病发病率作为三级指标。

2) 清洁低碳

我国经过 30 多年高速发展，社会生产力水平显著提高的同时，造成了大气污染等诸多环境问题。相关数据显示，我国环境承载能力已经达到或接近上限，人民群众对清新空气、清澈水质、清洁环境的需求越来越迫切，保护环境已上升为国家基本国策 (秦容军，2019)。面对资源环境突出矛盾，国家不断加强对清洁低碳发展的重视程度，碳达峰碳中和愿景目标，倒逼煤炭行业必须走低碳发展的路径。因此，清洁低碳是煤炭行业高质量发展的重要表征指标。

原煤入洗率及用煤适配度代表了煤炭清洁利用的程度，煤炭工业污染物综合排放水平代表煤炭清洁利用水平；绿色矿山率代表行业整体绿色水平；原煤生产综合能耗、碳减排量则是行业低碳发展的主要控制指标。因此，将原煤入洗率、用煤适配度、综合排放水平、绿色矿山率、原煤生产综合能耗、温室气体处置量作为清洁低碳的三级指标。

三、指标计算方法说明

1. 研发投入

研发投入指标包括 R&D 经费占比、国家级研发平台数量和 R&D 人员占比 3 个三级指标。

1)R&D 经费占比

R&D 经费占比主要反映研究经费投入情况。其中研发经费指统计年度煤炭企业实际用于基础研究、应用研究和试验的经费支出，包括实际用于研发活动的人员劳务费、原材料费、固定资产购建费、管理费及其他费用支出。计算方法为

$$R\&D\ 经费占比=(R\&D\ 经费/营业收入)\times 100\%$$

2)国家级研发平台数量

主要统计煤炭企业及院校等国家级研发平台数量。

3)R&D 人员占比

R&D 人员占比主要反映煤炭行业研发人员情况。统计煤炭行业从业人员数量及研发人员数量，计算方法为

$$R\&D\ 人员占比=(R\&D\ 人员/从业人员)\times 100\%$$

式中，R&D 人员为研发人员数量。

2. 成果及转化

成果及转化指标包含万人有效发明专利拥有量及行业科技贡献率两个三级指标。

1)万人有效发明专利拥有量

"万人发明专利拥有量"代表行业科研成果数量指标，"万人发明专利拥有量"是指每万人拥有经国内外知识产权部门授权且在有效期内的发明专利件数，是衡量一个国家或地区科研产出质量和市场应用水平的综合指标。计算方法为

$$万人发明专利拥有量=年末发明专利拥有量/年末总人口(万人)$$

2)行业科技贡献率

科技进步贡献率是反映科技进步的一项综合指标，对分析煤炭行业经济增长与科技进步、劳动和资本的长期发展趋势及其相互关系具有重要参考意义。科技进步贡献率是用科技进步的年平均增长速度与产出量(经济年平均增长速度)之比求得的。测算公式为

$$
\begin{cases}
E_A = \dfrac{\lambda}{y} \times 100\% \\[2mm]
\lambda = y - \alpha \times k - \beta \times l \\[2mm]
y = \left[\left(\dfrac{Y_t}{Y_0} \right)^{\frac{1}{t}} - 1 \right] \times 100\%
\end{cases}
$$

$$
\begin{cases}
k = \left[\left(\dfrac{K_t}{K_0} \right)^{\frac{1}{t}} - 1 \right] \times 100\% \\[4mm]
l = \left[\left(\dfrac{L_t}{L_0} \right)^{\frac{1}{t}} - 1 \right] \times 100\%
\end{cases}
\tag{3-1}
$$

式中，E_A 为经济增长中科技进步贡献份额，即科技进步贡献率，%；λ 为科技进步增长速度，%；y 为产量平均增长速度，%；k 为资本平均增长速度，%；l 为劳动平均增长速度，%；Y_t、Y_0 为 t 年、基年生产总值；K_t、K_0 为 t 年、基年的资本投入量；L_t、L_0 为 t 年、基年的劳动投入量；α 为资本产出弹性系数；β 为劳动产出弹性系数。

3. 智能

智能指标包含智能化水平 1 个三级指标。煤矿智能化是指煤矿开拓设计、地测、采掘、运通、洗选、安全保障、生产管理等主要系统具有自感知、自学习、自决策与自执行的基本能力。煤矿智能化是一个不断发展的过程，智能化程度也是一个不断进步的过程。从矿区信息基础设施、地质保障系统、掘进系统、综采系统、主煤流运输系统、辅助运输系统、综合保障系统、安全监控系统、分选系统、经营管理系统 10 个方面进行专家打分，来评价煤矿智能化水平，单项分值各 10 分，总分 100 分。

4. 高效

高效指标包含全员工效和平均单井产量两个三级指标。

1）全员工效

全员工效是指单位原煤生产人数的效率，计算方法如下：

$$
煤矿全员工效 = \frac{矿井年产量}{工作天数 \cdot 原煤生产人数}
$$

式中，工作天数一般规定为 330 天；原煤生产人数一般包括管理人员和生产工人（包括井下和地面），不包括服务人员、其他人员。

2）平均单井产量

平均单井产量是指行业平均单井的产煤量。它是反映行业矿井生产技术水平的综合性指标。其计算方法如下：

$$平均单井产量[万\ t/(个\cdot年)]=\frac{年煤炭总产量(万t)}{平均矿井个数(个)}$$

5. 多元

多元指标包括非煤产业占比、国际营收占比两个三级指标。

1)非煤产业占比

非煤产业即为煤炭企业发展除煤炭产业之外的其他产业，如煤化工、发电厂等，计算方法为

$$非煤产业占比=\frac{非煤产业收入}{企业总营业收入}\times100\%$$

2)国际营收占比

国际营收是煤矿企业在海外的营收，计算方法为

$$国际营收占比=\frac{国际营业收入}{企业总营业收入}\times100\%$$

6. 经济

经济指标包括营业收入利润率、资产负债率、产业集中度3个三级指标。

1)营业收入利润率

营业收入利润率是衡量企业经营效率的指标，反映了在考虑营业成本的情况下，企业管理者通过经营获取利润的能力。其计算方法为

$$营业收入利润率=\frac{营业利润}{全部营业收入}\times100\%$$

式中，营业利润取自利润表，全部业务收入包括主营业务收入和其他业务收入。

2)资产负债率

资产负债率又称举债经营比率，它是用以衡量企业利用债权人提供资金进行经营活动的能力，以及反映债权人发放贷款的安全程度的指标，通过将企业的负债总额与资产总额相比较得出，反映在企业全部资产中属于负债比率(雷永刚，2019)。其计算方法为

$$资产负债率=\frac{负债总额}{资产总额}\times100\%$$

式中，负债总额指公司承担的各项负债的总和，包括流动负债和长期负债；资产总额指公司拥有的各项资产的总和，包括流动资产和长期资产。

3)产业集中度

产业集中度也叫市场集中度,是指市场上的某种行业内少数企业的生产量、销售量、资产总额等方面对某一行业的支配程度,它一般是用这几家企业的某一指标(大多数情况下用销售额指标)占该行业总量的百分比来表示,是用于衡量产业竞争性和垄断性的最常用指标。比较常见的产业集中度有CR4,CR5,CR8等,即分别测算行业中最大的前 4 家企业、前 5 家企业和前 8 家企业在整个行业中所占据的市场份额。选取 CR8 为产业集中度代表指标,其计算方法为

$$CR8 = \frac{前8家企业煤炭产量}{全国煤炭总产量} \times 100\%$$

7. 生产安全

生产安全指标包含百万吨死亡率 1 个三级指标。

煤矿百万吨死亡率即每生产 100 万 t 煤炭死亡的人数。其计算方法为

$$百万吨死亡率 = \frac{死亡人数}{实际产量(百万t)}$$

8. 供应安全

供应安全指标包括煤炭储备比 1 个三级指标。

煤炭储备比是指不依赖生产,凭借社会煤炭储备量能够支撑消费的天数,其计算方法为

$$煤炭储备比 = \frac{煤炭储备量}{煤炭消费量}$$

9. 职业健康

职业健康指标包括职业病人数和新增职业病发病率两个三级指标。

1)职业病人数

职业病是指企业、事业单位和个体经济组织等用人单位的劳动者在职业活动中,因接触粉尘、放射性物质和其他有毒、有害物质等因素而引起的疾病。煤炭行业常见职业病为尘肺病、有害气体中毒、噪声性耳聋等。职业病患病人数可以衡量职业病发病程度。

2)新增职业病发病率

新增职业病发病率是指每千名作业工人中,新发现患有某种职业病的病例数。它反映了一定时期内某种职业病的发病程度。该指标的计算方法为

$$新增职业病发病率=\frac{该种职业病新发现的病例数}{从事该种职业的劳动者人数}\times1000‰$$

10. 清洁

清洁指标包括原煤入洗率、用煤适配度、综合排放水平 3 个三级指标。

1) 原煤入洗率

原煤入洗率是指一定时期内经过洗选的原煤数量与原煤总产量的比值。其计算方法为

$$原煤入洗率=\frac{经过洗选的原煤数量}{原煤总产量}\times100\%$$

2) 用煤适配度

用煤适配度指煤质对燃烧或反应器的适配程度。用煤适配度取发电用煤适配度、分散用煤适配度、化工用煤适配度的平均值。

3) 综合排放水平

综合排放水平即为二氧化硫、氮氧化物及烟粉污染物的综合排放水平，分别查找二氧化硫、氮氧化物、烟粉污染物排放量及煤炭消费量，其计算方法为

$$综合排放水平=\frac{(SO_2排放量+NO_x排放量+烟粉污染物排放量)\times0.7}{煤炭消费量}$$

11. 绿色

绿色指标主要包括绿色矿山率 1 个三级指标。

"绿色矿山"是指在矿产资源开发全过程中，实施科学有序开采，对矿区及周边生态环境扰动控制在可控范围内，实现环境生态化、开采方式科学化、资源利用高效化、管理信息数字化和矿区社区和谐化的矿山。计算方法为

$$绿色矿山率=\frac{绿色矿山}{总矿山数}\times100\%$$

12. 低碳

低碳指标包括原煤生产综合能耗和碳减排量两个三级指标。

1) 原煤生产综合能耗

原煤生产综合能耗是指原煤生产能源消耗与原煤产量之比。其计算方法为

$$原煤生产综合能耗 = \frac{原煤生产能源消耗(吨标准煤)}{10 \times 原煤产量(万t)}$$

2) 碳减排量

碳减排量即为煤层气(煤炭瓦斯)利用量。

第四节　评　价　方　法

确定指标体系后，评价过程主要由数据标准化、权值计算和高质量评价三个阶段构成。

一、数据标准化方法

由于煤炭高质量发展指标体系中各指标属性的单位、正负性不同，不可能通过统一标准来衡量指标的重要性，因此，每个指标值都应该进行标准化处理。常用的标准化方法有向量规范法、极差变换法和区间数变换法。

1. 向量规范法

对于不同指标属性来讲，经过检验最常使用的是向量规范化方法，其计算方法较简单也便于操作，其中，对于效益型与成本型数据的变换公式为

$$x'_{ij} = \frac{x_{ij}}{\sqrt{\sum_{i=1}^{n} x_{ij}^{2}}}, \quad x'_{ij} = \frac{\frac{1}{x_{ij}}}{\sqrt{\sum_{i=1}^{n} \left(\frac{1}{x_{ij}}\right)^{2}}} \tag{3-2}$$

式中，x_{ij} 为第 i 个样本第 j 项指标的数值；x'_{ij} 是标准化后的数值；n 为样本数。

为了方便起见，归一化后的数据 x'_{ij} 也可仍记做 x_{ij}。向量规范化将指标值变为 (0，1) 之间，这样有利于指标间值的比较。

2. 极差变换法

将最好的指标值变为 1，最差的指标值变为 0，介于 0～1 的指标值可利用线性插值来计算对应的规范值。同样的，对于效益型与成本型数据的变换公式为

$$x'_{ij} = \frac{x_{ij} - \min_{i} x_{ij}}{\max_{i} x_{ij} - \min_{i} x_{ij}}, \quad x'_{ij} = \frac{\max_{i} x_{ij} - x_{ij}}{\max_{i} x_{ij} - \min_{i} x_{ij}} \tag{3-3}$$

极差变换后的数值越接近 1，指标值越好；越接近 0，指标值越差。

3. 区间数变换法

区间型数据也可以根据精确数据进行标准化处理，设原数据为 $x_{ij} = [\underline{x}_{ij}, \overline{x}_{ij}]$，变换后数据为 $x'_{ij} = [\underline{x}'_{ij}, \overline{x}'_{ij}]$，可以将区间指标值标准化方法分为以下两类：

当 $j \in$ 效益型时，

$$\underline{x}'_{ij} = \frac{\underline{x}_{ij}}{\sqrt{\sum_{i=1}^{n} (\overline{x}_{ij})^2}} \ , \quad \overline{x}'_{ij} = \frac{\overline{x}_{ij}}{\sqrt{\sum_{i=1}^{n} (\underline{x}_{ij})^2}} \tag{3-4}$$

当 $j \in$ 成本型时，

$$\underline{x}'_{ij} = \frac{1}{\overline{x}_{ij} \times \sqrt{\sum_{i=1}^{n} \left(\frac{1}{\underline{x}_{ij}}\right)^2}} \ , \quad \overline{x}'_{ij} = \frac{1}{\underline{x}_{ij} \times \sqrt{\sum_{i=1}^{n} \left(\frac{1}{\overline{x}_{ij}}\right)^2}} \tag{3-5}$$

对三种标准化方法的影响程度进行对比分析，最后证明向量规范法在三种方法中占有很大优势，另外相比于极差变换法，向量规范法不会改变数据的分布情况。因此，本次计算的数据标准化过程也将使用向量规范法。

二、定权方法

1. 熵权法

在信息论中，熵是对不确定性的一种度量。不确定性越大，熵就越大，包含的信息量也就越大；不确定性越小，熵就越小，包含的信息量也就越小。根据熵的特性，可以通过计算熵值来判断一个事件的随机性及无序程度，也可以用熵值来判断某个指标的离散程度，指标的离散程度越大，该指标对综合评价的影响（权重）越大。

熵权法是一种可以用于多对象、多指标的综合评价方法，通过对象进行客观赋权，并计算其"熵"的权值，最后权值的差异为决策者提供有用的参考。它的优点是评价结果主要依据客观资料，几乎不受主观因素的影响，可以在很大程度上避免人为因素的干扰（王书吉等，2015）。

熵权法的算法步骤：

1）构建数据矩阵 A。

$$A = \begin{pmatrix} x_{11} & x_{12} & \cdots & x_{1m} \\ x_{21} & x_{22} & \cdots & x_{2m} \\ \vdots & \vdots & \ddots & \vdots \\ x_{n1} & x_{n2} & \cdots & x_{nm} \end{pmatrix}$$

其中，n、m 分别为样本数和指标数。

2）数据标准化处理。

3）计算第 j 项指标下第 i 个样本占该指标的比重 p_{ij}。

$$p_{ij} = \frac{x_{ij}}{\sum_{i=1}^{n} x_{ij}}, \quad (i=1,2,\cdots,n;\ j=1,2,\cdots,m) \tag{3-6}$$

4）计算第 j 项指标的熵值 e_j。

$$e_j = -k\sum_{i=1}^{n}(p_{ij}\ln p_{ij}), \quad (j=1,2,\cdots,m) \tag{3-7}$$

式中，k 为常数，与样本数 n 有关。一般令 $k = 1/\ln n$，则 $0 \leqslant e_j \leqslant 1$。

5）计算第 j 项指标的信息熵冗余度 g_j。

$$g_j = 1 - e_j, \quad (j=1,2,\cdots,m) \tag{3-8}$$

对于第 j 项指标，指标值 x_{ij} 的差异越大，对案例评价的作用越大，熵值就越小，则 g_j 越大，指标越重要。

6）计算第 j 项指标的权重 w_j。

$$w_j = \frac{g_j}{\sum_{j=1}^{m} g_i} \tag{3-9}$$

2. 基于专家可信度的主观定权法

为得到精确权重，目前已有众多研究来提取客观权值中的有效信息，对主观权值有效信息的提取过少。主观赋权方法一般是专家为每个指标分配权重，不管是两两指标比较还是多个指标比较，专家仍然面临如何精确评估每个指标权重的挑战，每个专家都难以保证给出的指标权重精确度以及指标比较之间的一致性。同时，专家可能由于各种原因(缺乏知识、经验、环境影响或者互相讨论等)导致最终给出权重不科学，所以有必要设定可信度值来提取主观权值中的有效信息。根据 Fu C 等给出的专家可信度定义：能够客观、准确地评价对象的程度，称此程度为该专家的可信度。由定义可知，如果专家给出的判断权值与最终判断权值相似程度越高，则该判断权值的可信度就越大，从而此判断权值在综合评价中的作用也越大，给出判断权值的专家可信程度也越高。换句话说，专家个体与群体意见的一致性越高，则该专家的可信度就越大，反之则是越低。基于此，给出一种基于专家可信度的主观定权方法。

为了让计算结果更为科学有效，给出以下专家打分的假定：

(1) 专家打分前以及打分过程中无沟通，均为自行打分；

(2) 专家不受环境等因素影响；

(3) 专家具有独立性，一旦打出分数不再修改。

在上述假定条件下，可以保证专家打分为独立且有效的，基于此提出基于距离的专家可信度定义：在假定条件下，从权值相似性以及排序值相似性共同出发，将专家互为比较计算指标权值距离，提取主观权值的有效信息，称此有效信息为基于距离的专家可信度。

根据上述定义，若群体中专家差距越小，则说明专家相似程度越高，可信度也越大，反之则越小。根据定义，建立模型并得出计算过程如下：设在指标体系中，有样本集 $\xi(A)$，包括 n 个样本案例 $a_1,\cdots,a_n$，样本中包含相同的评价对象集 $\psi(B)$，有 m 个衡量案例性能的评价指标 $b_1,\cdots,b_m$，数据矩阵 X 如下：

$$X = \begin{pmatrix} x_{11} & x_{12} & \cdots & x_{1m} \\ x_{21} & x_{22} & \cdots & x_{2m} \\ \vdots & \vdots & \ddots & \vdots \\ x_{n1} & x_{n2} & \cdots & x_{nm} \end{pmatrix}$$

其中，x_{ij} 表示样本 x_i 在指标 b_j 上的表现值。

假设有 T 位专家，第 l 个专家 E_l 对每个指标 $b_j(l=1,2,\cdots,T, j=1,2,\cdots,m)$ 进行权值评估，$\eta^l(B)=(\eta^l(b_1), \eta^l(b_2),\cdots,\eta^l(b_m))$ 为 E_l 专家给出的指标权值，E_l 专家对于第 j 个指标的权值评价为 $\eta^l(b_j)$，且满足 $\eta^l(b_j) \geqslant 0$，$\sum_{j=1}^{m} \eta^l(b_j) = 1$（即保证每个专家给出的权值是非负且和为 1），得到的权重评价矩阵 D 为

$$D = \begin{pmatrix} \eta^1(B) \\ \eta^2(B) \\ \vdots \\ \eta^T(B) \end{pmatrix} = \begin{pmatrix} \eta^1(b_1) & \eta^1(b_2) & \cdots & \eta^1(b_m) \\ \eta^2(b_1) & \eta^2(b_2) & \cdots & \eta^2(b_m) \\ \vdots & \vdots & \ddots & \vdots \\ \eta^T(b_1) & \eta^T(b_2) & \cdots & \eta^T(b_m) \end{pmatrix}$$

在实际中，由于每个专家评分角度不同，可能会造成权值数值差异较大但排序值相同的情况，且存在决策者看重排序程度大于分值的情况，这样就对评价结果不公平。为了平衡决策者对于评价问题的观点，引入基于指标权值排序矩阵计算指标排序差异，从而增加衡量专家可信度的指标，进一步符合决策者心理且保证结果更加科学。

假设专家给出指标权值排序矩阵为 Y，第 l 个专家给出的权值排序为 $\gamma^1(B)$，第 l 个专家对于第 j 个指标的权值排序值为 $\gamma^l(b_j)$，得到指标权值排序矩阵为

$$Y = \begin{pmatrix} \gamma^1(B) \\ \gamma^2(B) \\ \cdots \\ \gamma^T(B) \end{pmatrix} = \begin{pmatrix} \gamma^1(b_1) & \gamma^1(b_2) & \cdots & \gamma^1(b_m) \\ \gamma^2(b_1) & \gamma^2(b_2) & \cdots & \gamma^2(b_m) \\ \vdots & \vdots & \ddots & \vdots \\ \gamma^T(b_1) & \gamma^T(b_2) & \cdots & \gamma^T(b_m) \end{pmatrix}$$

根据以上假定，专家 E_l 与专家 E_k 对于实例中 b_j 的指标权值分别为 $\eta^l(b_j)$ 与 $\eta^k(b_j)$，指标排序值分别 $\gamma^l(b_j)$ 与 $\gamma^k(b_j)$，专家 E_l 与专家 E_k 之间的权重分值非相似性以及排序非相似性即可用两专家给出的指标变量值间距离来计算，可定义为

$$\begin{cases} \mathrm{VUS}_j^{lk} = \sum_{j=1}^m \left| \eta^l(b_j) - \eta^k(b_j) \right| \\ \mathrm{OUS}_j^{lk} = \sum_{j=1}^m \left| \gamma^l(b_j) - \gamma^k(b_j) \right| \end{cases} \tag{3-10}$$

式中，VUS^{lk} 为专家 E_l 与专家 E_k 权重分值间距离；OUS^{lk} 为两专家权值排序值间距离。

结合两两对比的概念，分值偏差即为 E_l 专家与其余 $T-1$ 个专家分值非相似性之和，将 E_l 对应的"分值偏差" α_l 可以定义为

$$\alpha_l = \frac{\sum_{k=1,\ k \neq l}^T \mathrm{VUS}_j^{lk}}{T-1} = \frac{\sum_{k=1,\ k \neq l}^T \sum_{j=1}^m \left| \eta^l(b_j) - \eta^k(b_j) \right|}{T-1} \tag{3-11}$$

$$(i = 1, \cdots, n; j = 1, \cdots, m; l = 1, \cdots, T; k = 1, \cdots, T)$$

同理可知，"排序偏差" β_l 计算公式为

$$\beta_l = \frac{\sum_{k=1,\ k \neq l}^T \mathrm{OUS}_j^{lk}}{T-1} = \frac{\sum_{k=1,\ k \neq l}^T \sum_{j=1}^m \left| \gamma^l(b_j) - \gamma^k(b_j) \right|}{T-1} \tag{3-12}$$

$$(i = 1, \cdots, n; j = 1, \cdots, m; l = 1, \cdots, T; k = 1, \cdots, T)$$

对于分值与排序偏差，偏差越大则说明该专家与其余专家距离越大，打分越不准确，可信度越小；反之，偏差越小，则距离越小，说明专家的可信度也越高，因此分值偏差与排序偏差与可信度的大小呈反比。为此，给出与可信度呈正比的

参数 λ_l 与 ω_l

$$\begin{cases} \lambda_l = 1 - \alpha_l = 1 - \dfrac{\sum_{k=1,\ k\neq l}^{T}\sum_{j=1}^{m}\left|\eta^l(b_j)-\eta^k(b_j)\right|}{T-1} \\ \omega_l = 1 - \beta_l = 1 - \dfrac{\sum_{k=1,\ k\neq l}^{T}\sum_{j=1}^{m}\left|\gamma^l(b_j)-\gamma^k(b_j)\right|}{T-1} \end{cases} \tag{3-13}$$

由此,根据正比关系,可求出专家 E_l 的可信度 ϕ_l 为

$$\phi_l = p\lambda_l + q\omega_l \tag{3-14}$$

式中,p 为决策者对分值的偏好度;q 为决策者对排序的偏好度。$p \geqslant 0, q \geqslant 0$,$p + q = 1$。

p 与 q 的值可以根据决策者对两个方面的关心程度来决定,通常也可以假设均为 0.5,即是相等的重要程度。

根据前面步骤,已得出各专家可信度,最终指标权值 $w(b_j)$ 即为将专家可信度与其对应给出的权值向量做乘积之和,计算公式如下:

$$w(b_j) = \sum_{l=1}^{T}\phi_l \times \eta^l(b_j) = \phi_1 \times \eta^1(b_j) + \phi_2 \times \eta^2(b_j) + \cdots + \phi_T \times \eta^T(b_j) \tag{3-15}$$

3. 基于最小偏差的组合赋权法

目前对于客观赋权法的研究比较成熟,客观赋权法的原始数据来源于评价矩阵的实际数据,使系数具有绝对的客观性,即由评价方案差异大小来决定权系数的大小,但有时会与实际不符。在实际情况中,依据上述原理确定的权系数,最重要的指标不一定具有最大的权系数,最不重要的指标可能具有最大的权系数。如定权方法中提到的熵权法,信息熵最大的指标不一定是对煤炭高质量指标体系最重要的指标,因此,需要结合主观赋权法。这类方法的共同特点是各评价指标的权值是由专家根据自己的经验和对实际的判断给出,缺点是主观随意性强,这点并未因采取诸如增加专家数量、仔细遴选专家等措施而得到根本改善。采用单一种主观赋权法得到的权重结果可能会与实际情况存在较大的差异,因此,需要引进一种组合赋权的方法,综合考虑主观与客观权重,基本思想是以组合权重与得到的主客观权重之间偏差最小为目标建立模型,进而确定最优组合权重(舒欢和刘文娜,2013)。

基于最小偏差的组合赋权法计算步骤如下:

1)假设由主观赋权法得到的指标权重为 $v = (v_1, v_2, \cdots, v_m)^T$,由客观赋权法得

到的指标权重为 $u = (u_1, u_2, \cdots, u_m)^{\mathrm{T}}$，最终组合赋权法要求的指标权重为 $w = (w_1, w_2, \cdots, w_m)^{\mathrm{T}}$。

2）基于最小偏差思想，给出以下模型：

$$\begin{cases} \min Z = \sum_{j=1}^{m} \alpha(w_j - v_j)^2 + \beta(w_j - u_j)^2 \\ \text{s.t.} \begin{cases} \sum_{j=1}^{m} w_j = 1 \\ w_j \geqslant 0,\, j = 1, 2, \cdots, m \end{cases} \end{cases} \tag{3-16}$$

式中，α, β 为决策者对主观权值与客观权值的偏好程度。

具体计算如下：

$$\begin{cases} \alpha_j = \dfrac{v_j}{v_j + u_j} \\[2mm] \beta_j = \dfrac{u_j}{v_j + u_j} \\[2mm] \alpha = \dfrac{\sum_{j=1}^{m} \alpha_j}{\sum_{j=1}^{m} \alpha_j + \sum_{j=1}^{m} \beta_j} = \dfrac{\sum_{j=1}^{m} \alpha_j}{m} \\[2mm] \beta = \dfrac{\sum_{j=1}^{m} \beta_j}{\sum_{j=1}^{m} \alpha_j + \sum_{j=1}^{m} \beta_j} = \dfrac{\sum_{j=1}^{m} \beta_j}{m} \end{cases} \tag{3-17}$$

3）由拉格朗日乘数法即可求出组合最优权值 $w = (w_1, w_2, \cdots, w_m)^{\mathrm{T}}$。

三、综合评价方法

在数据标准化后，利用组合赋权法将客观与主观权值结合，而后寻找合适的综合评价方法，常用的综合评价方法有数据包络法、模糊综合评价法等。

1. 数据包络分析法

数据包络分析法（data envelopment analysis，DEA）是由美国著名运筹学家 A.Charnes、W.W.Copper 及 E.Rhodes 等学者于 1978 年首先提出的，之后由 A.Charnes、W.W.Copper、E.Rhodes 和中国的魏权龄教授等人进一步完善（邱林等，2005）。该方法以"相对效率"概念为基础，根据多指标投入和多指标产出对相同类型的单位（部门）进行相对有效性或效益评价的一种新的统计分析方法，是处理多目标决策问题的有效方法(刘禹力和张永位, 2007; 黄丽秋, 2010)。其中, C^2R 模型对决策单位规模有效性和技术有效性同时评价, 即 C^2R 模型中的 DEA 有效决策单元既是规模适当又是技术管理水平高的评价方法。为了正确估计有效生产前沿面, 1985 年 Charnes 和 Cooper 等又提出了 C^2GS^2 模型, 用于专门评价决策单元技术有效性(荀志远和乔淑芳, 2010; 郑建锋和王应明, 2021)。

C^2R 模型是 DEA 的第一个模型, 其计算方法如下:

设有 n 个从事同一生产活动的部门或企业(即决策单元 DMU), 每一决策单元都有 m 种类型的要素投入与 s 种类型的产出, 其投入、产出观测值分别为

$$
\begin{array}{l}
v_1 \rightarrow \\
v_2 \rightarrow \\
\vdots \quad \vdots \\
v_m \rightarrow
\end{array}
\begin{bmatrix}
x_{11} & x_{12} & \cdots & x_{1n} \\
x_{21} & x_{22} & \cdots & x_{2n} \\
\vdots & \vdots & \ddots & \vdots \\
x_{m1} & x_{m2} & \cdots & x_{mn}
\end{bmatrix}
$$

$$
\begin{bmatrix}
y_{11} & y_{12} & \cdots & y_{1n} \\
y_{21} & y_{22} & \cdots & y_{2n} \\
\vdots & \vdots & \ddots & \vdots \\
y_{s1} & y_{s2} & \cdots & y_{sn}
\end{bmatrix}
\begin{array}{l}
\rightarrow u_1 \\
\rightarrow u_2 \\
\vdots \quad \vdots \\
\rightarrow u_s
\end{array}
$$

其中, $i = 1, \cdots, m; j = 1, \cdots, n; r = 1, \cdots, s$。

x_{ij} 为第 j 个决策单元(DMU_j)对第 i 种输入的投入量。

y_{ij} 为第 j 个决策单元(DMU_j)对第 s 种输入的产出量。

对应于权系数 v 和 u, 每个决策单元 DMU_j 都有相应的效率评价指数 h_j:

$$
h_j = \frac{u^{\mathrm{T}} Y_j}{v^{\mathrm{T}} X_j} = \frac{\sum_{r=1}^{s} u_r y_{rj}}{\sum_{i=1}^{m} v_i x_{ij}}, j = 1, \cdots, n \tag{3-18}
$$

总可以适当地选取权系数 v 和 u, 使其满足 $h_j \leqslant 1$。

现在, 要对第 k 个决策单元进行效率评价, 则全部 DMU 的数组集合构成对 h_k 的约束, 得到分式规划:

$$
\begin{cases}
\max h_k = \dfrac{u^{\mathrm{T}} Y_k}{v^{\mathrm{T}} X_k} = V_P \\
\text{s.t.} \begin{cases}
h_j = \dfrac{u^{\mathrm{T}} Y_j}{v^{\mathrm{T}} X_j} \leqslant 1, j = 1, \cdots, n \\
u \geqslant 0, \ v \geqslant 0
\end{cases}
\end{cases} \tag{3-19}
$$

其中，$v = (v_1, v_2, \cdots, v_m)$，$u = (u_1, u_2, \cdots, u_s)$ 表示输入、输出权向量，在这里 v_i 为对第 i 种类型输入的一种度量（权）；u_r 为对第 r 种类型输出的一种度量（权）。$v \geqslant 0$ 表示对于 $i = 1, 2, \cdots, m, v_i \geqslant 0$，并且至少存在某 $i_0 (1 \leqslant i_0 \leqslant m), v_{i_0} \geqslant 0$；对于 $u \geqslant 0$ 含义相同。

利用 Charnes-Cooper 变换，即令

$$t = \frac{1}{v^{\mathrm{T}} X_k}, \ \omega = tv, \mu = tu \tag{3-20}$$

则式 (3-19) 转换为线性规划：

$$(P) \begin{cases} \max \mu^{\mathrm{T}} Y_k = V_P \\ \mathrm{s.t.} \begin{cases} \omega^{\mathrm{T}} X_j - \mu^{\mathrm{T}} Y_j \geqslant 0, j = 1, \cdots, n \\ \omega^{\mathrm{T}} X_k = 1 \\ \omega \geqslant 0, \ \mu \geqslant 0 \end{cases} \end{cases} \tag{3-21}$$

其中 ω、μ 与 v、u 含义相同。

在 C^2R 模型中，DEA 的有效性定义如下：

定义 1　若线性规划问题 (P) 的最优解 ω^0、μ^0 满足 $V_P = \mu_0^{\mathrm{T}} Y_0 = 1$，则称 DMU$_{j0}$ 为弱 DEA 有效。

定义 2　若线性规划问题 (P) 存在某个最优解 ω^0、μ^0 满足 $V_P = \mu_0^{\mathrm{T}} Y_0 = 1$，且 $\omega_0 > 0, \mu_0 > 0$，则称 DMU$_{j0}$ 为 DEA 有效。

Charnes 和 Copper 引进了非阿基米德无穷小概念，则具有非阿基米德无穷小量 ε 的 C^2R 模型为

$$(P_0) \begin{cases} \max \ \mu^{\mathrm{T}} Y_0 = V_P \\ \mathrm{s.t.} \begin{cases} \omega^{\mathrm{T}} X_j - \mu^{\mathrm{T}} Y_j \geqslant 0, j = 1, \cdots, n \\ \omega^{\mathrm{T}} X_0 = 1 \\ \omega^{\mathrm{T}} \geqslant \varepsilon \hat{e}^{\mathrm{T}}, \mu^{\mathrm{T}} \geqslant \varepsilon e^{\mathrm{T}} \end{cases} \end{cases} \tag{3-22}$$

式中，$\hat{e}^{\mathrm{T}} = (1, 1, \cdots, 1) \in E_m$，$e^{\mathrm{T}} = (1, 1, \cdots, 1) \in E_s$。

其对偶规划问题为

$$(D_0) \begin{cases} \min[\theta - \varepsilon\,(\hat{e}^{\mathrm{T}} s^- + e^{\mathrm{T}} s^+)] = V_D \\ \text{s.t.} \begin{cases} \displaystyle\sum_{j=1}^{n} X_j \lambda_j + s^- = \theta X_0 \\ \displaystyle\sum_{j=1}^{n} Y_j \lambda_j - s^+ = Y_0 \\ \lambda_j \geqslant 0, j = 1, \cdots, n \\ s^+ \geqslant 0, s^- \geqslant 0 \end{cases} \end{cases} \tag{3-23}$$

式中，s^+ 为松弛变量；s^- 为剩余变量。

若线性规划问题 (D) 的最优解为 λ^0、s^{-0}、s^{+0}、θ^0，则有：

1) 若 $\theta^0 = 1$，则 DMU_{j0} 为 DEA 有效。

2) 若 $\theta^0 = 1$，且 $s^{-0} = 0$，$s^{+0} = 0$，则 DMU_{j0} 为 DEA 有效。

若 DMU_{j0} 为 DEA 有效，则有对应的规划问题 (P) 的最优解 ω^0、μ^0 满足 $\omega^0 > 0$，$\mu^0 > 0$，$V_P = \mu_0^{\mathrm{T}} Y_0 = 1$。又由 $\omega^{0\mathrm{T}} X_0 = 1$，有平面 $\omega^{0\mathrm{T}} Y_0 - \mu^{0\mathrm{T}} Y_0 = 0$，称为弱 DEA 有效，DEA 有效的各决策单元 (X_0, Y_0) 均在此平面上。

若 λ^0、s^{-0}、s^{+0}、θ^0 是对偶规划 (D_0) 的最优解，设：

$$\begin{cases} \hat{X} = \theta X_0 - s^{-0} \\ \hat{Y} = Y_0 + s^{+0} \end{cases} \tag{3-24}$$

其中，X_0、Y_0 为 DMU_{j0} 对应的 (X_0, Y_0) 在 DEM 相对有效平面上的投影，显然有：

$$\begin{cases} \hat{X}_0 = \theta X_0 - s^{-0} = \displaystyle\sum_{j=1}^{n} X_j \lambda_{j0} \\ \hat{Y}_0 = Y_0 + s^{+0} = \displaystyle\sum_{j=1}^{n} Y_j \lambda_{j0} \end{cases} \tag{3-25}$$

若 DMU_{j0} 为 DEA 有效，则有 $\theta^0 = 1$，$s^{-0} = 0$，$s^{+0} = 0$，则 $\hat{X}^0 = X_0$，$\hat{Y}^0 = Y_0$。若：

$$\begin{cases} \Delta X_0 = X_0 - \hat{X}_0 \\ \Delta Y_0 = \hat{Y}_0 - Y_0 \end{cases} \tag{3-26}$$

则有：

$$\begin{cases} \Delta X_0 = (1-\theta^0)X_0 + s^{-0} \geqslant 0 \\ \Delta Y_0 = s^{+0} \geqslant 0 \end{cases} \tag{3-27}$$

可推论 DMU_{j0} 为 DEA 有效，则 $\mathrm{DMU}_{j_0} \rightleftharpoons \Delta X_0 = 0, \Delta Y_0 = 0$。

上述 C^2R 模型同时评价决策单元的规模有效性和技术有效性，还可判定被评对象的规模及收益：

1)若 $\dfrac{1}{\theta^0}\displaystyle\sum_{j=1}^{n}\lambda_j^0 > 1$，则 DMU_{j0} 规模偏大，收益递减；

2)若 $\dfrac{1}{\theta^0}\displaystyle\sum_{j=1}^{n}\lambda_j^0 = 1$，则 DMU_{j0} 规模最佳，收益稳定；

3)若 $\dfrac{1}{\theta^0}\displaystyle\sum_{j=1}^{n}\lambda_j^0 < 1$，则 DMU_{j0} 规模偏小，收益递增。

2. 模糊综合评价法

"模糊性"主要是指客观事物中间过渡中的"不分明性"。模糊综合评价是以模糊数学为基础，应用模糊关系合成的原理，将一些边界看不清、不易定量的因素定量化，从多个因素对被评价事物隶属等级状况进行综合评价的一种方法(张薇薇，2007；李欢，2010)。

模糊综合评价法的算法步骤为

1)给出备择的对象集 X。

$$X = (x_1, x_2, \cdots, x_t)$$

2)确定模糊综合评价因素集 U(或称指标集)。

$$U = (u_1, u_2, \cdots, u_m)$$

3)建立综合评价的评语集 V(或称等级集)。

$$V = (v_1, v_2, \cdots, v_n)$$

4)进行单因素模糊评价，并求得评价矩阵。

评价矩阵 R 可通过专家调查法或德尔菲法得到。首先成立一个由 L 位专家组成的评判组，每位专家针对每一个因素 $u_i(i=1,2,\cdots,n)$ 评定评价集 V 中的一个且仅一个等级 v_j。若 L 位专家中，评定 u_i 为等级 v_j 的有 L_{ij} 人，满足：

$$\sum_{j=1}^{m}L_{ij} = 1 \tag{3-28}$$

则可得出对 u_i 评价的一个模糊集 R_i：

$$R_i = \left(\frac{L_{i1}}{L}, \frac{L_{im}}{L} \right) = (r_{i1}, r_{i2}, \cdots, r_{im}) \tag{3-29}$$

此为评价矩阵的第 i 行，综合整理各因素的征求意见结果，即可得到评价矩阵：

$$R = (r_{ij})_{m \times n}$$

5）确定权数集 A。

$$A = (a_1, a_2, \cdots, a_m)$$

因素的权数集是表示各因素重要程度的权数所组成的集合，表示某因素在评价中的重要程度。可以用专家系统中的经验打分法得到。

6）建立模糊综合评价模型。

$$B = A \circ R \tag{3-30}$$

即把 A 和 R 进行模糊变换，得到评价矩阵 B。其中，"。"表示广义的合成运算，若要突出主要因素，则选择 M($\vee, \wedge$) 或 M($\cdot, \wedge$) 模型；若要适当兼顾各因素，则往往采用 M($\cdot, +$) 模型。

7）进行综合评价。

对 $B = (b_1, b_2, \cdots, b_m)$ 进行综合评价，一般有两个原则可遵循：

①最大隶属度原则：若 $b_k = \max(b_1, b_2, \cdots, b_m)$，则可判定对此事物的评价为 v_k。

②模糊分布原则：即用 B 直接作为评价结果，使人们对此事物的等级有一个全面的了解。

3. 逼近理想解排序法

逼近理想解排序法（TOPSIS），又称优劣解距离法、理想解法，由 C.L.Hwang 和 K.Yoon 于 1981 年首次提出，它是根据评价对象与理想化目标的接近程度进行排序的方法。TOPSIS 的原理是对归一化的原始数据矩阵，求出各指标的正负理想解，正负理想解分别构成最佳方案和最差方案，计算各评价对象与最佳方案与最差方案的距离，以此来评价各个对象或方案的优劣（杨展华等，2021）。

逼近理想解排序法的算法步骤为：

1）构造无量纲化的数据矩阵 $X = (x_{ij})_{n \times m}$。

2）构造加权决策矩阵 $Z = (z_{ij})_{n \times m}$。

$$z_{ij} = w_j \times x_{ij} (i = 1, 2, \cdots, n; j = 1, 2, \cdots, m) \tag{3-31}$$

式中，w_j 为综合赋权法得到的权值。

3）确定评价对象的正、负理想解 Z^+ 和 Z^-。

$$\begin{cases} Z^+ = (z_1^+, z_2^+, \cdots, z_n^+) \\ Z^- = (z_1^-, z_2^-, \cdots, z_n^-) \end{cases} \tag{3-32}$$

式中，$z_j^+ = \max_i(z_{ij}) = w_j$；$z_j^- = \min_i(z_{ij}) = 0$。

4）计算各评价对象到正、负理想解的欧氏距离 d_i^+ 和 d_i^-。

$$\begin{cases} d_i^+ = \sqrt{\sum_{j=1}^{m}(z_j^+ - z_{ij})^2} \\ d_i^- = \sqrt{\sum_{j=1}^{m}(z_j^- - z_{ij})^2} \end{cases} \tag{3-33}$$

5）计算各评价对象到理想解的相对贴近度 S_i^*。

$$S_i^* = \frac{d_i^-}{d_i^+ + d_i^-} \tag{3-34}$$

按照相对贴近度的大小对评价对象进行排序，贴近度越大，则评价对象越优，反之亦然。

4. 灰色关联分析法

灰色关联分析法（Grey Relational Analysis，GRA）是目前应用最广泛的评价方法之一，该方法是通过参考数列数据和若干个比较数列的几何形状相似程度来判断其联系是否紧密。若两个因素变化趋势一致，则曲线越相似，及两者关联程度越高，反之亦然。一般运用灰色关联分析法分析各个因素对于结果的影响程度，或用此方法处理随时间变化的综合评价问题。其核心是按照一定规则确立随时间变化的母序列（参考序列），把各个评估对象随时间的变化作为子序列（比较序列），求各个子序列与母序列的关联程度，依照关联性大小进行排序，进而得出结论（张晓刚，2008）。

灰色关联分析法的计算步骤如下：

1）确定参考序列与比较序列。

一般以各个指标中的最优值组合构成参考序列。参考数据列常记为 x_0，一般表示为

$$x_0 = \{x_{01}, x_{02}, \cdots, x_{0m}\}$$

关联分析中被比较序列常记为 x_i ，一般表示为

$$x_i = \{x_{i1}, x_{i2}, \cdots, x_{im}\}, \ i = 1, 2, \cdots, n$$

2) 无量纲化处理。

由于各个指标单位不同，不便于比较，因此在灰色关联度分析之前，要对数据进行无量纲化处理。

3) 计算第 i 个评价对象第 j 个评价指标的关联系数 ξ_{ij} 。

$$\xi_{ij} = \frac{\min_i \min_j \left| x_{0j} - x_{ij} \right| + \rho \max_i \max_j \left| x_{0j} - x_{ij} \right|}{\left| x_{0j} - x_{ij} \right| + \rho \max_i \max_j \left| x_{0j} - x_{ij} \right|} \tag{3-35}$$

式中，ρ 为分辨系数，$\rho \in [0,1]$ 。

引入 ρ 是为了减少极值对计算的影响。在实际使用时，应根据序列间的关联程度选择分辨系数，一般选取 $\rho \leqslant 0.5$ 最为恰当。

若记：$\Delta\min = \min_i \min_j \left| x_{0j} - x_{ij} \right|$ ，$\Delta\max = \max_i \max_j \left| x_{0j} - x_{ij} \right|$

则 $\Delta\min$ 与 $\Delta\max$ 分别为各时刻 x_0 与 x_i 的最小绝对差值与最大绝对差值。从而有：

$$\xi_{ij} = \frac{\Delta\min + \rho\Delta\max}{\left| x_{0j} - x_{ij} \right| + \rho\Delta\max} \tag{3-36}$$

4) 计算灰色关联度。通常将某一评价对象的各个指标的关联系数的均值作为灰色关联度 r_i 。

$$r_i = \frac{1}{m} \sum_{j=1}^{m} \xi_{ij} \tag{3-37}$$

5) 对各评价对象的关联度进行排序，据此得出评价结果。

四、GRA-TOPSIS 方法

1. 各种方法分析对比

综合评价是个十分复杂的问题，它涉及评价对象集、评价指标集、评价方法集、评价专家集，综合评价结果由以上诸因素特定组合所决定。对一个复杂对象的评价是否准确，不但受所遴选的专家群及描述被评价对象特征的指标体系的影

响，还受所选择评价方法的影响，对同一组对象使用不同方法进行评价其结论可能存在较大差异，所以要选择合适的综合评价方法。基于煤炭高质量发展水平受到多个指标的影响，单一的评价方法并不能科学地做出评价，并且因为一些方法的提出有其特殊的背景和意义，因而会有一定的应用范围和缺陷。

数据包络分析法的一个直接和重要的应用就是根据输入、输出数据对同类型部门、单位(决策单元)进行相对效率与效益方面的评价。其特点是完全基于指标数据的客观信息进行评价，剔除了人为因素带来的误差。它的优点是可以评价多输入、多输出的大系统，并可用"窗口"技术找出单元薄弱环节加以改进。数据包络分析方法一个最致命的缺陷是，由于各个决策单元是从最有利于自己的角度分别求权重的，导致这些权重是随决策单元的不同而不同的，从而使得每个决策单元的特性缺乏可比性，得出的结果可能不符合客观实际(刘禹力和张永位，2007；黄丽秋，2010)。

模糊综合评价法是利用模糊集理论进行评价的一种方法。优点是可对涉及模糊因素的对象系统进行综合评价。作为较常用的一种模糊数学方法，广泛应用于经济、社会等领域。然而，存在的不足之处是，它并不能解决评价指标间相关造成的评价信息重复问题，隶属函数的确定还没有系统的方法，而且合成的算法也有待进一步探讨。其评价过程大量运用了人的主观判断，由此各因素权重的确定带有一定的主观性。

逼近理想解排序法是一种有效的多指标评价方法。其基本思路是通过构造多指标问题的理想解和负理想解，并以靠近理想解和远离负理想解两个基准作为评价各对象的判断依据，因此该法又称为双基准法。现有文献在应用逼近理想解排序法解决多指标评价问题时都基于原始数据样本，分析的依据是数据序列之间的距离关系。然而，以距离作为尺度仅仅能反映数据曲线之间的位置关系，而不能体现数据序列的态势变化。在指标值相差较大的情况下，只要方案和理想方案之间的距离相近仍会得到方案优劣相近的结果。

灰色关联分析法是一种定性分析和定量分析相结合的综合评价方法，这种方法可以较好地解决评价指标难以准确量化和统计的问题，排除了人为因素带来的影响，使评价结果更加客观准确。缺点是要求样本数据具有时间序列特性。而且，基于灰色关联度的综合评价具有"相对评价"的全部缺点。现在常用的灰色关联度量化所求出的关联度总为正值，这不能全面反映事物之间的关系。因为事物之间既可存在正相关关系，也可存在负相关关系(杨展华等，2021)。

鉴于逼近理想解排序法中利用的欧氏距离与灰色关联度分析法中的灰色关联度分别从位置和形状相似性上反映了方案与理想方案的接近程度，并同时体现双基准的特性，弥补了灰色关联分析法只考虑正理想方案的缺陷，并且考虑了单纯用距离来描述方案差异性的不足。将二者相结合提出了一种基于灰色关联度和逼近理想解排序法的综合评价方法，为多指标评价问题提供了一种新思路。

2. GRA-TOPSIS 方法描述

由于煤炭高质量发展水平受到多个指标的影响，单一的评价方法并不能科学的做出评价，因此，将两种评价方法——灰色关联分析法和逼近理想解排序法结合进行评价。在数据标准化与求得组合权值后，采用 GRA-TOPSIS 综合评价法对近几年我国煤炭行业发展水平进行评价，GRA-TOPSIS 评价方法模型框图见图 3-3。

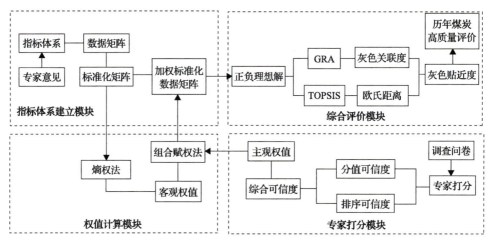

图 3-3 GRA-TOPSIS 评价方法模型框图

GRA-TOPSIS 综合评价法算法步骤为（下列公式与前面有重复，为反映完整性，全部列出）：

1）计算加权决策矩阵 $Z = (z_{ij})_{n \times m}$。

$$z_{ij} = w_j \times x_{ij} (i = 1, 2, \cdots, n; j = 1, 2, \cdots, m) \tag{3-38}$$

式中，x_{ij} 为数据矩阵中标准化后的数据；w_j 为综合赋权法得到的权值。

2）确定 Z 的正负理想解 Z^+ 和 Z^-。

$$\begin{cases} Z^+ = (z_1^+, z_2^+, \cdots, z_n^+) \\ Z^- = (z_1^-, z_2^-, \cdots, z_n^-) \end{cases} \tag{3-39}$$

式中，$z_j^+ = \max_i (z_{ij}) = w_j$；$z_j^- = \min_i (z_{ij}) = 0$。

3)计算评价年度与正负理想解的灰色关联系数矩阵 $R^+ = (r_{ij}^+)_{n \times m}$ 和 $R^- = (r_{ij}^-)_{n \times m}$。

$$
\begin{cases}
r_{ij}^+ = \dfrac{\min\limits_{i} \min\limits_{j} \left| z_j^+ - z_{ij} \right| + \rho \max\limits_{i} \max\limits_{j} \left| z_j^+ - z_{ij} \right|}{\left| z_j^+ - z_{ij} \right| + \rho \max\limits_{i} \max\limits_{j} \left| z_j^+ - z_{ij} \right|} \\[4mm]
r_{ij}^- = \dfrac{\min\limits_{i} \min\limits_{j} \left| z_j^- - z_{ij} \right| + \rho \max\limits_{i} \max\limits_{j} \left| z_j^- - z_{ij} \right|}{\left| z_j^- - z_{ij} \right| + \rho \max\limits_{i} \max\limits_{j} \left| z_j^- - z_{ij} \right|}
\end{cases}
\tag{3-40}
$$

式中，ρ 为分辨系数，ρ 越小，关联系数间差异越大，分辨力越大。一般 ρ 的取值区间为 $(0,1)$，当 $\rho \leqslant 0.5463$ 时分辨率最理想，通常取 $\rho = 0.5$。

4)计算评价年度与正负理想解的灰色关联度 r_i^+ 和 r_i^-。

$$
\begin{cases}
r_i^+ = \dfrac{1}{m} \sum\limits_{j=1}^{m} r_{ij}^+ \\[4mm]
r_i^- = \dfrac{1}{m} \sum\limits_{j=1}^{m} r_{ij}^-
\end{cases}
\tag{3-41}
$$

5)计算评价年度与正负理想解的欧氏距离 d_i^+ 和 d_i^-。

$$
\begin{cases}
d_i^+ = \sqrt{\sum\limits_{j=1}^{m} (z_{ij} - z_j^+)^2} \\[4mm]
d_i^- = \sqrt{\sum\limits_{j=1}^{m} (z_{ij} - z_j^-)^2}
\end{cases}
\tag{3-42}
$$

6)分别对欧氏距离和灰色关联度进行无量纲化处理,得到 D_i^+、D_i^-、R_i^+ 和 R_i^-，公式如下所示:

$$
D_i^+ = \frac{d_i^+}{\max\limits_{i} d_i^+}, \quad D_i^- = \frac{d_i^-}{\max\limits_{i} d_i^-}, \quad R_i^+ = \frac{r_i^+}{\max\limits_{i} r_i^+}, \quad R_i^- = \frac{r_i^-}{\max\limits_{i} r_i^-}
\tag{3-43}
$$

7)合并无量纲化后的欧氏距离和灰色关联度。由于 R_i^+ 和 D_i^- 越大，评价年度越接近于正理想解，R_i^- 和 D_i^+ 越大，评价年度越远离正理想解，因此通过下列公式将两者结合:

$$\begin{cases} T_i^+ = \alpha R_i^+ + \beta D_i^- \\ T_i^- = \alpha R_i^- + \beta D_i^+ \end{cases} \tag{3-44}$$

式中，α、β 为决策者对评价年度的关注程度，满足 $\alpha + \beta = 1$，且 α，$\beta \in [0,1]$，一般取 $\alpha = \beta = 0.5$。

T_i^+ 表示评价年度与正理想解的接近程度，其值越大，则评价年度越优；T_i^- 表示评价年度与正理想解的远离程度，其值越大，则评价年度越劣。

8) 构造评价年度与正负理想解的灰色贴近度。

$$S_i^+ = \frac{T_i^+}{T_i^+ + T_i^-} \tag{3-45}$$

按照灰色贴近度的大小对评价年度进行排序，贴近度越大，则评价年度越优，反之亦然。

第五节　评　价　模　型

根据对评价方法的分析，建立了基于 GRA-TOPSIS 的煤炭行业高质量评价模型。模型算法如下：

假设指标数据矩阵 A 为

$$A = \begin{pmatrix} x_{11} & x_{12} & \cdots & x_{1m} \\ x_{21} & x_{22} & \cdots & x_{2m} \\ \vdots & \vdots & \ddots & \vdots \\ x_{n1} & x_{n2} & \cdots & x_{nm} \end{pmatrix}$$

为了统一，首先需要对指标数据进行标准化处理，设 x'_{ij} 为标准化后的数据。

假设有 t 位专家，第 l 位专家 $E_l(l = 1, 2, \cdots, t)$ 对每个指标 $b_j(l = 1, 2, \cdots, m)$ 进行权值评估，$\eta_l = (\eta_{l1}, \eta_{l2}, \cdots, \eta_{lm})$ 为第 l 个专家给出的指标权值，第 l 个专家对于第 j 个指标的权值评价为 η_{lj}，且满足 $\eta_{lj} \geq 0, \sum_{j=1}^{m} \eta_{lj} = 1$（即保证每个专家给出的权值是非负且和为 1），得到的专家权重评价矩阵 D 为

$$D = \begin{pmatrix} \eta_{11} & \eta_{12} & \cdots & \eta_{1m} \\ \eta_{21} & \eta_{22} & \cdots & \eta_{2m} \\ \vdots & \vdots & \ddots & \vdots \\ \eta_{t1} & \eta_{t2} & \cdots & \eta_{tm} \end{pmatrix}$$

假设专家给出指标权值排序矩阵为 Y，第 l 个专家给出的权值排序为

$\gamma_l = (\gamma_{l1}, \gamma_{l2}, \cdots, \gamma_{lm})$，第 l 个专家对于第 j 个指标的权值排序值为 γ_{lj}，且满足 $\gamma_{lj} \geqslant 0, \sum_{j=1}^{m} \gamma_{lj} = 1$，得到指标权值排序矩阵为

$$Y = \begin{pmatrix} \gamma_{11} & \gamma_{12} & \cdots & \gamma_{1m} \\ \gamma_{21} & \gamma_{22} & \cdots & \gamma_{2m} \\ \vdots & \vdots & \ddots & \vdots \\ \gamma_{t1} & \gamma_{t2} & \cdots & \gamma_{tm} \end{pmatrix}$$

在上述三个数据矩阵的基础上，将主、客观赋权法结合，基于灰色关联理论与正负理想解的思想，建立煤炭高质量发展评价模型：

$$\begin{cases} S_i^+ = \dfrac{\alpha R_i^+ + \beta D_i^-}{\left(\alpha R_i^+ + \beta D_i^-\right) + \left(\alpha R_i^- + \beta D_i^+\right)}, \alpha + \beta = 1, \alpha, \beta \in [0,1] \\[3mm] D_i^+ = \dfrac{\sqrt{\sum_{j=1}^m (z_{ij} - z_j^+)^2}}{\max_i \sqrt{\sum_{j=1}^m (z_{ij} - z_j^+)^2}} \\[3mm] D_i^- = \dfrac{\sqrt{\sum_{j=1}^m (z_{ij} - z_j^-)^2}}{\max_i \sqrt{\sum_{j=1}^m (z_{ij} - z_j^-)^2}} \\[3mm] R_i^+ = \dfrac{\frac{1}{m}\sum_{j=1}^m \dfrac{\min_i \min_j |z_j^+ - z_{ij}| + \rho \max_i \max_j |z_j^+ - z_{ij}|}{|z_j^+ - z_{ij}| + \rho \max_i \max_j |z_j^+ - z_{ij}|}}{\max_i \left(\frac{1}{m}\sum_{j=1}^m \dfrac{\min_i \min_j |z_j^+ - z_{ij}| + \rho \max_i \max_j |z_j^+ - z_{ij}|}{|z_j^+ - z_{ij}| + \rho \max_i \max_j |z_j^+ - z_{ij}|}\right)} \\[3mm] R_i^- = \dfrac{\frac{1}{m}\sum_{j=1}^m \dfrac{\min_i \min_j |z_j^- - z_{ij}| + \rho \max_i \max_j |z_j^- - z_{ij}|}{|z_j^- - z_{ij}| + \rho \max_i \max_j |z_j^- - z_{ij}|}}{\max_i \left(\frac{1}{m}\sum_{j=1}^m \dfrac{\min_i \min_j |z_j^- - z_{ij}| + \rho \max_i \max_j |z_j^- - z_{ij}|}{|z_j^- - z_{ij}| + \rho \max_i \max_j |z_j^- - z_{ij}|}\right)} \\[3mm] z_{ij} = w_j \times x_{ij}', i = 1, 2, \cdots, n; j = 1, 2, \cdots, m \\[2mm] z_j^+ = \max_i(z_{ij}) = w_j, \ z_j^- = \min_i(z_{ij}) = 0 \end{cases}$$

$$
\left\{
\begin{aligned}
&\min g(w) = \sum_{i=1}^{n} \sum_{j=1}^{m} \left\{ [(u_j - w_j) x'_{ij}]^2 + [(v_j - w_j) x'_{ij}]^2 \right\} \\
&u_j = \sum_{l=1}^{t} \phi_l \times \eta_{lj}, \ j = 1, 2, \cdots, m \\
&\phi_l = p \left(1 - \frac{\sum_{k=1, k \neq l}^{t} \sum_{j=1}^{m} |\eta_{lj} - \eta_{kj}|}{t-1} \right) + q \left(1 - \frac{\sum_{k=1, k \neq l}^{t} \sum_{j=1}^{m} |\gamma_{lj} - \gamma_{kj}|}{t-1} \right), \\
&p + q = 1, p, q \in [0,1], l = 1, 2, \cdots, t \\
&v_j = \frac{1 + k \times \sum_{i=1}^{n} \dfrac{x'_{ij}}{\sum_{i=1}^{n} x'_{ij}} \ln \left(\dfrac{x'_{ij}}{\sum_{i=1}^{n} x'_{ij}} \right)}{m + \sum_{j=1}^{m} k \times \sum_{i=1}^{n} \dfrac{x'_{ij}}{\sum_{i=1}^{n} x'_{ij}} \ln \left(\dfrac{x'_{ij}}{\sum_{i=1}^{n} x'_{ij}} \right)}, \ j = 1, 2, \cdots, m \\
&x'_{ij} = \frac{x_{ij}}{\sqrt{\sum_{i=1}^{n} x_{ij}^2}}, \ x_{ij} \text{正向指标}, i = 1, 2, \cdots, n; j = 1, 2, \cdots, m \\
&x'_{ij} = \frac{x_{\max} - x_{ij}}{\sqrt{\sum_{i=1}^{n} \left(x_{\max} - x_{ij} \right)^2}}, x_{ij} \text{为负向指标}, x_{\max} \text{为} x_{ij} \text{的最大值}, i = 1, 2, \cdots, n; j = 1, 2, \cdots, m
\end{aligned}
\right.
$$

$$(3\text{-}46)$$

模型中，ϕ_l 为每位专家的综合可信度，u_j 为指标主观权值，v_j 为指标客观权值，w_j 为指标综合权值。z_j^+ 为正理想解，z_j^- 为负理想解，D_i^+, D_i^- 分别为无量纲处理后的样本案例与正负理想解的灰色关联度，R_i^+, R_i^- 分别为无量纲处理后的样本案例与正负理想解的欧氏距离，$S_i^+ \in [0,1]$ 为样本案例与正负理想解的灰色贴近度，同时表示煤炭高质量发展水平得分，S_i^+ 的数值越大表明该年度煤炭高质量发展水平越高。

根据 S_i^+ 的取值范围，结合产业发展阶段，可将煤炭行业高质量发展划分为如表 3-4 所示的五个阶段。

表 3-4　煤炭行业高质量发展等级划分

煤炭行业高质量发展等级	S_i^+ 分值
高水平	[0.90, 1]
较高水平	[0.80, 0.90)
中等水平	[0.60, 0.80)
较低水平	[0.40, 0.60)
低水平	[0, 0.40)

煤炭行业高质量发展评价 第四章

煤炭行业高质量发展评价有利于科学衡量和客观反映行业高质量发展水平，能引导激励行业各界增强信心、补齐短板，扎实推动高质量发展工作。本章根据煤炭行业高质量发展评价方法，选取 2011～2019 年的行业数据进行分析，得出了煤炭行业正处于高质量发展的中上水平起步阶段，提出了智能高效、多元经济是目前煤炭行业发展的短板。

第一节　数　据　处　理

根据构建的评价指标体系，通过查阅各统计年鉴，获取了近 10 年我国煤炭行业的指标数据。鉴于数据的可获得性，选取 2011～2019 年的数据作为样本数据进行分析，同一指标下的数据尽量来自同一出处，以保持标准统一，数据来自国家统计局、各统计年鉴、Wind 数据库等。其中，"智能化水平"指标数据是由专家对 10 个系统的智能化水平打分确定，包括：信息基础设施、地质保障设施、智能掘进系统、智能综采系统、主煤流运输系统、辅助运输系统、综合保障系统、安全监控系统、智能分选系统、经营管理系统等。

第二节　专家可信度计算

为了得到主观权重，研究设计了涵盖 23 个指标的调查问卷，邀请了煤炭开发、利用、经济管理等 30 余位不同专业方向的专家对此指标体系中的各个指标的重要性进行打分，重要程度分为 1～10 个等级。为了进一步规避个人对指标权重的影响，随机将 30 余位专家划分为 3 组，3 组专家的打分归一化数据情况如图 4-1 所示。图中 I1～I23 对应表 3-1 中的 23 个三级指标。除了考虑指标权值占比之外，还要考虑指标之间的相对重要性，于是对专家打分的指标权值大小进行排序，归一化的排序分值反映在图 4-2 中，其中同一色系的指标代表在同一维度下。

基于以上分值数据与排序数据，采用基于专家可信度的主观定权法，计算专家的可信度水平，如图 4-3 所示。

由图 4-1 可以看出不同专家对于 23 个指标的重要性评价均不同，但给出的权值分配相对比较平均，没有差异性特别明显的数据，打分平均值在七八分左右，

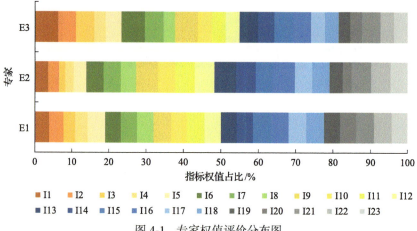

图 4-1　专家权值评价分布图

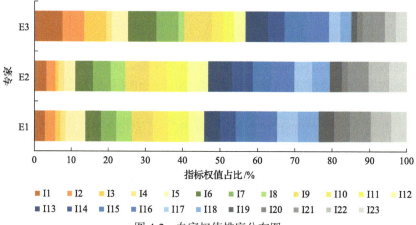

图 4-2　专家权值排序分布图

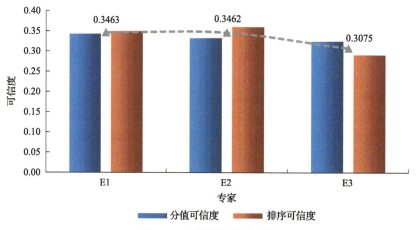

图 4-3　专家可信度对比图

验证了专家对我们建立的指标体系的认可度。图 4-3 给出了三组专家的可信度水平，可以看到专家组 1、2 的可信度近似相等，由此说明两组专家的打分情况是比较相近的，专家组 3 的综合可信度相对较低，为 0.3075。

第三节　指标权值计算

对于标准化后的指标数据首先需确定指标权重，基于最大信息熵原理计算客观权值。采用熵权法的计算步骤，得出煤炭行业高质量发展各指标层的权值，详细数据如表 4-1。

表 4-1　煤炭行业高质量发展指标客观权值

指标类别	一级指标	权重	二级指标	权重	三级指标	权重
动力变革	创新驱动	0.1098	研发投入	0.0536	R&D 经费占比	0.0185
					国家级研发平台数量	0.0125
					R&D 人员占比	0.0226
			成果及转化	0.0562	万人有效发明专利拥有量	0.0369
					行业科技贡献率	0.0193
效率变革	智能高效	0.0744	智能	0.0219	智能化水平	0.0219
			高效	0.0525	全员工效	0.0227
					平均单井产量	0.0298
	多元经济	0.3174	多元	0.0555	非煤产业占比	0.0313
					国际营收占比	0.0242
			经济	0.2619	营业收入利润率	0.1531
					资产负债率	0.0959
					产业集中度	0.0129
质量变革	安全健康	0.2508	生产安全	0.0478	百万吨死亡率	0.0478
			供应安全	0.0342	煤炭储备比	0.0342
			职业健康	0.1688	职业病人数	0.1223
					新增职业病发病率	0.0465
	清洁低碳	0.2478	清洁	0.0782	原煤入洗率	0.0110
					用煤适配度	0.0144
					综合排放水平	0.0528
			绿色	0.0737	绿色矿山率	0.0737
			低碳	0.0959	原煤生产综合能耗	0.0468
					碳减排量	0.0491

从上表可以看出，基于最大信息熵原理求得的指标客观权值差异性较明显。

相比于其他指标，职业病人数、绿色矿山率、营业收入利润率、资产负债率这几个指标由于数据间离散程度以及与其他指标冲突性较大，所得权值占比大。其他的一些比较关键的指标，例如 R&D 经费、R&D 人员占比，原煤入洗率等，都未体现出相应的重要性，为此，基于第二节求得的专家可信度计算主观权值，具体数据体现在表 4-2 中。

表 4-2 煤炭行业高质量发展指标主观权值

指标类别	一级指标	权重	二级指标	权重	三级指标	权重
动力变革	创新驱动	0.1865	研发投入	0.1155	R&D 经费占比	0.0443
					国家级研发平台数量	0.0384
					R&D 人员占比	0.0328
			成果及转化	0.0710	万人有效发明专利拥有量	0.0291
					行业科技贡献率	0.0419
效率变革	智能高效	0.1344	智能	0.0499	智能化水平	0.0499
			高效	0.0845	全员工效	0.0461
					平均单井产量	0.0384
	多元经济	0.2069	多元	0.0688	非煤产业占比	0.0364
					国际营收占比	0.0324
			经济	0.1381	营业收入利润率	0.0498
					资产负债率	0.0460
					产业集中度	0.0423
质量变革	安全健康	0.1882	生产安全	0.0556	百万吨死亡率	0.0556
			供应安全	0.0423	煤炭储备比	0.0423
			职业健康	0.0903	职业病人数	0.0460
					新增职业病发病率	0.0443
	清洁低碳	0.2840	清洁	0.1442	原煤入洗率	0.0502
					用煤适配度	0.0462
					综合排放水平	0.0478
			绿色	0.0518	绿色矿山率	0.0518
			低碳	0.0880	原煤生产综合能耗	0.0440
					碳减排量	0.0440

由表 4-2 可以看出，基于专家可信度的主观定权法求得的指标主观权值分布较平均，权值集中在 0.2 左右，弥补了熵权法求得的客观权值差异性较大的问题，但是带有主观因素与人为不确定性，所以将两种方法结合起来求综合权值。表 4-3 是基于最小偏差思想综合考虑主客观因素，求得的综合权值情况。

表 4-3　煤炭行业高质量发展指标综合权值

指标类别	一级指标	权重	二级指标	权重	三级指标	权重
动力变革	创新驱动	0.1718	研发投入	0.1082	R&D 经费占比	0.0351
					国家级研发平台数量	0.0354
					R&D 人员占比	0.0377
			成果及转化	0.0636	万人有效发明专利拥有量	0.0330
					行业科技贡献率	0.0306
效率变革	智能高效	0.1957	智能	0.0959	智能化水平	0.0959
			高效	0.0998	全员工效	0.0444
					平均单井产量	0.0554
	多元经济	0.1671	多元	0.0621	非煤产业占比	0.0338
					国际营收占比	0.0283
			经济	0.1049	营业收入利润率	0.0264
					资产负债率	0.0509
					产业集中度	0.0276
质量变革	安全健康	0.2194	生产安全	0.0517	百万吨死亡率	0.0517
			供应安全	0.0382	煤炭储备比	0.0382
			职业健康	0.1295	职业病人数	0.0841
					新增职业病发病率	0.0454
	清洁低碳	0.2458	清洁	0.1112	原煤入洗率	0.0306
					用煤适配度	0.0303
					综合排放水平	0.0503
			绿色	0.0427	绿色矿山率	0.0427
			低碳	0.0919	原煤生产综合能耗	0.0454
					碳减排量	0.0465

　　对比表 4-2～表 4-4 可以看出，基于最小偏差的组合赋权法求得的综合权值，结合了主客观赋权法的优点，弥补了两者的不足，将熵权法求得的客观权值的差距减小，加大了一些较重要指标的权值。

第四节　综合评价结果

　　根据第三章建立的评价体系，将标准化的数据代入评价模型中进行计算，求得 2011～2019 历年煤炭行业高质量发展水平的得分情况，如图 4-4 所示。各子系统的发展水平情况如图 4-5 所示。

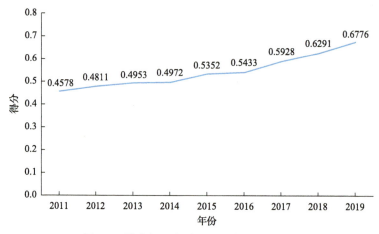

图 4-4 煤炭行业高质量发展水平总体情况

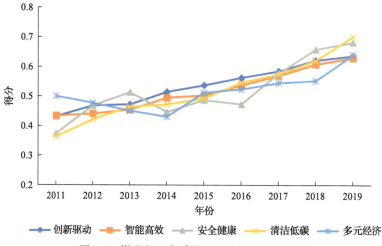

图 4-5 煤炭行业高质量子系统发展水平情况

从图 4-4 可以看出，2011～2019 年，我国煤炭行业高质量发展大体处在 0.4～0.7 并稳步升高，未来有继续上升的趋势，煤炭行业高质量发展前景广阔。同时也可看出，目前我国煤炭行业高质量发展得分仅有 0.6776，处于中等水平，距离高水平阶段还有较大差距，因此应该采取有效手段来加快煤炭行业高质量发展。

对比图 4-4 与图 4-5，可以看出创新驱动、智能高效、安全健康、清洁低碳等指标随着时间呈现波动上升的趋势。其中，变化最快的是清洁低碳指标，这说明近几年我国煤炭行业在绿色开采、污染物排放控制等方面采取了有效措施，煤炭行业的清洁化、绿色化水平不断提升。但是，对于多元经济指标而言，在 2011～2014 年出现不断下降的情况，这是由于 2002～2012 年是我国煤炭发展的 "黄金十年"，之后煤炭需求降低，煤价出现 "断崖式" 下滑，煤炭在一次能源消费中所占比重逐年下降，煤炭企业市场竞争力受限。之后随着煤炭企业的转型、多元化的经营手段，煤炭企业经济发展出现回升。

总体来看，我国煤炭行业高质量发展需求仍十分迫切。对比五个子系统，可以看出智能高效、多元经济是目前煤炭行业发展的短板。

在智能高效方面，下一阶段应该进一步发挥智能高效的引领作用，集中攻关煤炭行业智能高效关键技术。将物联网、云计算、大数据、人工智能、区块链、5G 等现代信息技术等与现代煤矿开发与利用技术相融合，创建煤矿全面智能、高效开发的全产业链运行新模式。从而提高行业智能高效水平，促进行业高质量发展。

在多元经济方面，下一阶段要提高行业集中度，优化煤炭生产成本，引入多元化经营管理手段，加强国际化交流合作，促进煤炭行业"走出去"，实现煤炭行业的全面转型升级，通过"补短板、强弱项"，最终推动行业质量水平提升。

典型案例分析 第五章

十九大以来，煤炭行业深入贯彻新发展理念，践行高质量发展要求，许多煤炭企业、煤矿对高质量发展进行了有效探索。本章介绍国家能源投资集团、陕西煤业化工集团等煤炭企业；同煤塔山煤矿、阳煤新元煤矿、中煤新集口孜东煤矿等矿井高质量发展的主要措施，以期为煤炭行业实现高质量发展提供典型示范。

第一节　国家能源投资集团

一、基本情况

国家能源投资集团有限责任公司（以下简称"国家能源集团"）是经党中央、国务院批准，由原国电集团和神华集团重组成立的中央直管国有重点骨干企业，是党的十九大后改革重组的第一家中央企业，2017 年 11 月 28 日正式挂牌成立。集团总资产 1.8 万亿元，职工 33.8 万人，是国有资本投资公司改革试点企业、国务院国资委创建世界一流示范企业，2019 年世界 500 强排名第 107 位。目前，集团拥有煤炭、火电、水电、新能源、运输、化工、科技、金融八大产业板块，具有独特的煤电路港航油一体化和产运销一条龙发展模式，是全球规模最大的煤炭生产公司、火力发电公司、风力发电公司和煤制油煤化工公司。

二、主要举措

国家能源集团党组坚决贯彻落实党中央重大决策部署，牢固树立新发展理念，践行"四个革命、一个合作"能源安全新战略，实施"一个目标、三型五化、七个一流"发展战略，建设具有全球竞争力的世界一流能源集团，企业高质量发展取得了积极成效。

1. 坚持转型升级

国家能源集团坚定不移贯彻新发展理念，服从服务于国家战略，保障国家能源安全，推进能源革命和供给侧结构性改革，加快产业转型升级，实现化石能源清洁化、清洁能源规模化，助力国家构建清洁低碳、安全高效的能源体系。

国家能源集团布局安全绿色高效现代化矿井群，建成世界首个 2 亿 t 级矿区——神东矿区。采掘机械化率达到 100%，井工露天生产规模、综采最高月产日产、掘进最高月进尺日进尺、工作面长度和采高、回采掘进最大工效等多项生产指标不断刷新世界纪录，多支矿山救援队被评为特级。据全国煤炭科学产能百强统计，国家能源集团拥有 30 席，前 10 名中占据 7 席。在绿色矿山建设方面，科学有序开采，加强矿区及周边环境保护，不欠新账、快还旧账，推进塌陷区治理、土地复垦和植被恢复，21 座煤矿入选国家级绿色矿山试点单位。神东矿区建成了 32 座地下水库，储水总量 2500 万 m³，荣获中国环保领域最高奖"第三届中华环境奖"等奖项。在发电方面，国家能源集团积极打造"绿色电站"品牌，推动煤电产业迈向清洁高效"升级版"。截至 2019 年 9 月底，集团煤电（含煤矸石）总装机 1.8 亿 kW，其中，百万千瓦机组 30 台；30 万 kW 及以上机组占比 94.0%；超（超）临界机组容量 1.02 亿 kW，占比 56.3%。全部机组完成脱硫、脱硝改造，超低排放机组共计 1.64 亿 kW，占煤电装机的 91%，高于全国平均水平。在煤化工方面，国家能源集团是全球唯一同时掌握百万吨级煤炭直接液化和间接液化两种煤制油技术的企业集团，已投入生产运营的煤制油化工项目 28 个，其中煤制油产能 526 万 t，煤制烯烃产能 393 万 t。当前，国家能源集团正加强化工产业科学规划布局，进一步延长产业链，提升价值链，研究发展可降解塑料等煤基新材料，实现差异化、精细化和高端化发展。

2. 坚持安全发展

对于能源企业来说，安全环保是底线和红线，更是生命线。国家能源集团牢固树立安全发展理念，围绕落实责任、严反三违、抓实科技、强化基础、严肃问责等重点工作，扎实推进风险预控与标准化建设，深入排查治理安全隐患，打造本质安全型企业。煤矿百万吨死亡率常年维持低水平，14 家煤矿连续安全生产 10 周年。电力产业加强安全生产标准化建设，实施人身安全风险预控，完成 76 家发电企业安全性评价工作。着力打好污染防治攻坚战，编制实施"污染防治三年行动计划"，开展重点企业控污减排，没有发生造成较大影响的生态环保事件。目前，各项工作扎实推进，安全环保形势总体保持稳定。

3. 坚持创新驱动

创新是企业发展的灵魂。国家能源集团始终把创新作为引领发展的第一动力，大力实施创新驱动发展战略，深入开展科技创新和管理创新，破除制约高质量发展的障碍，着力构筑未来竞争的新动能、新优势。国家能源集团积极推动信息技术与能源工业深度融合，大力建设智能矿山、智能电站、智能运输、智能化工、智能调度，建成世界首个 8.8m 超大采高智能工作面、国内首个数字化示范矿井。煤炭清洁高效生产、火电超低排放、低风速风电开发、煤制油化工、重载铁路运输、水电智慧企业建设等重大关键技术保持国际领先，有力驱动了核心产业的快速发展。

4. 坚持合作共赢

国家能源集团坚持共商共建共享，积极参与"一带一路"建设，服务国家倡议，参与全球能源治理，推动优势技术和服务"走出去"，提高国际化经营水平，提升在全球能源行业的话语权和影响力。

在俄罗斯、乌克兰、印尼、澳大利亚、希腊、德国、南非、加拿大、美国、蒙古国等 10 个国家，国家能源集团在运项目 12 个，前期项目 7 个。俄罗斯扎舒兰项目将建设 500 万 t/年规模露天矿，稳妥有序推进。印尼南苏 2×15 万 kW 燃煤电厂连续 7 年无非停，荣获"最佳 IPP 电厂奖"。印尼爪哇 2×105 万千瓦机组是中国制造出口海外的首台百万千瓦级机组，设计、制造和建设全面采用中国标准。

三、评价分析

国家能源集团的主要煤炭生产企业是神东煤炭集团，本文以神东煤炭集团为代表进行评价。将神东煤炭集团高质量发展评价指标数据代入模型进行测算，结果如图 5-1 所示。从图中可以看出，神东煤炭集团在生产安全、智能、绿色等指标的带动下，高质量发展水平呈现逐年上升的趋势，2019 年高质量发展得分已达到 0.8085，正在向高水平稳步迈进。

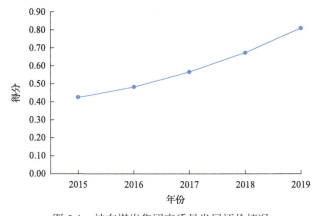

图 5-1　神东煤炭集团高质量发展评价情况

四、部分下属煤矿评价分析

1. 上湾煤矿

1）基本情况

上湾煤矿是神东煤炭集团骨干生产矿井之一，位于内蒙古自治区鄂尔多斯市伊金霍洛旗乌兰木伦镇境内。矿井总地质储量 10.36 亿 t，设计可采储量 6.67 亿 t。设计生产能力为 1600 万 t/年，服务年限为 32 年。

2) 主要措施

①建设智能综采工作面

矿井目前已经建成 12306 智能综采工作面，采煤机国产化改造实现了自动割煤，液压支架电液控制系统改造实现了自动推溜、自动移架、自动收打护帮板，建立了工作面集控平台，实现了刮板运输机自动张紧，应用了设备在线点检系统等。此外，矿井制定了智能矿山建设考核机制，按月对各区队智能矿山建设情况、自动化率等进行考核。12306 综采工作面自投产至今自动化率达 95%。

②推进主运系统、供电、供排水、主通风系统的无人值守、区域巡检

矿井实现了主运系统关键点视频全覆盖，对主运输系统滚筒、电机等设备加装了在线点检装置，实现了在线点检。目前集运二部机尾、集运二部机头已经实现无人值守、区域巡检。

与此同时，矿井供电系统、供水系统、主通风系统已经实现无人值守，排水系统目前正在建设，逐步替换具备数据上传功能的沿线设备，并分布安装采集器，将设备数据上传至生产数据管理平台，实现手机巡检、手机控制。

③建设智能化示范选煤厂

2018 年建成了上湾智能化示范选煤厂，在大数据采集及分析、设备智能监控与管理、智能装车关键技术等方面开展探索与实践，实现传统选煤向智能选煤跨越。通过智能化应用，一个洗煤厂减员 25 人，年电力消耗减少 8% 以上，生产效率提升 5%，日均生产时间缩短 1 小时，煤质稳定率由 83% 提高到 95%。员工接触粉尘、噪声的时间大幅缩短，工作环境显著改善(韩亮，2019)。

3) 评价分析

将上湾煤矿高质量发展评价指标数据代入模型进行测算，结果如图 5-2 所示。从图中可以看出，上湾煤矿高质量发展水平呈现总体上升的走势。主要原因是上湾煤矿不断提高 R&D 经费投入、智能化水平，导致吨煤成本不断降低、全员工效不断提

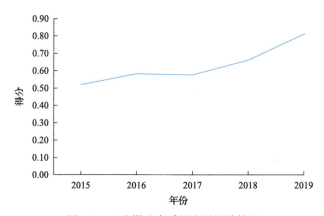

图 5-2 上湾煤矿高质量发展评价情况

升，从而促使矿井高质量水平的提升。2019 年上湾煤矿高质量发展分值达 0.8159。

2. 锦界煤矿

1) 基本情况

锦界煤矿位于陕西省陕北侏罗纪煤田榆神矿区二期规划区范围内，行政区划隶属榆林市神木县锦界镇和麻家塔乡管辖。矿井总地质储量 19.32 亿 t，设计可采储量 12.79 亿 t。设计生产能力为 1800 万 t/年，服务年限为 50.8 年。

2) 主要措施

①创新引领，推动智能矿山体系建设

锦界煤矿 2013 年完成了数字矿山示范工程建设，项目主要包括综合智能一体化生产控制系统、综合智能一体化生产执行系统、自动化子系统升级改造及井上下 IT 基础设施建设四部分。生产控制系统将井下各业务子系统整合在一个平台，具有基础功能、数据集成、远程监控、数据分析、智能联动、智能报警和诊断与辅助决策七大功能。生产执行系统是矿井煤炭生产全流程管理的信息化平台，共上线运行生产、调度、机电、"一通三防"、煤质、环保等 15 个功能模块、处理矿内各专业 319 种业务，采集煤量、进尺、水量等数据类型 80 余种。通过对底层设备自动化改造和 IT 基础建设，搭建了井下"信息高速公路"，实现人员定位、3G 通讯、IP 广播、视频监控系统多网合一，数据高速传输。采用先进的 ZigBee 无线技术，实现井下关键区域 5m 内的精确定位，随时清楚掌握每个人员在井下的位置及活动轨迹。该系统实现了对煤炭生产"人、机、环、管"全面监控，方便了各级管理人员工作的协调与落实，为煤矿安全生产提供了强大的信息化、自动化保障。

2020 年 3 月，公司启动了锦界煤矿智能矿山升级示范工程建设项目，在已建成的综合智能一体化生产控制系统和生产执行系统基础上，进一步进行智能化升级，将智能综采、智能掘进、固定场所无人值守、辅助运输智能化、安全环保、大数据分析等项目，均纳入智能化建设范围，同时研究应用矿山机器人，提高矿井智能化综合实力，为建设更加安全、环保、绿色的智能矿山提供技术保障。

②推进智能工作面建设

锦界煤矿立足行业前沿，创新采煤技术，在建矿初期就引进了成套综采设备，实现了全机械化开采工艺，并积极探索自动化开采技术，通过引进先进自动化割煤技术，与国内相关厂家合作、消化、吸收，研发出具有自主知识产权的智能自适应控制综采自动化割煤技术。采煤方式由现场干预、多人操作的单机控制模式，逐步提升为远程监控、少人干预的自适应智能控制模式。

综采工作面三机、泵站电控系统全部国产化改造，统一了接口标准协议，一套系统控制所有设备，控制点位 1426 个。采煤机、泵站等设备信息采用无线数据传输。控制系统实现了扁平化。自主研发出"十二"工步割煤工艺，实现长壁工作面采煤自动化。工作面通过设置复位磁铁，减少煤机定位误差，完善三角煤自动化割煤技术，支架联动采用压力与时间双冗余控制，分析割煤过程中采煤机倾角、滚筒位置及运行轨迹，极大提高了自动化割煤精准性。利用工作面视频监控技术的合成，在自移机尾处安装集控室，实现控制台电工、机头看护工、自移机尾司机三岗合一，生产班只需采煤机司机、支架工、三岗合一工、超前支护工，共 7 人即可正常组织生产。目前，综采自动化工作面三班全员 53 人，较标准定编 72 人减少 19人。生产班单班生产原煤达 9520t，月平均产量达 48 万 t，年产量 577 万 t。

③推广主运输系统无人值守

为实现机械化换人、自动化减人，锦界煤矿主运系统 9 部固定胶带机、3 部可伸缩胶带机实现集中控制，部分岗位实现无人值守。通过地面集中控制室实现各部胶带机视频监视、数据监测、矿用输送带纵向撕裂识别和钢丝绳芯无损检测、集中控制功能，同时，在胶带机卸载部、机尾、张紧部、胶带机控制器处安装高清摄像机，实现视频采集。在胶带机卸载滚筒、主驱动滚筒、机尾滚筒等重要部位安装温度振动传感器，其他滚筒安装温度传感器，实现各部温度监测。人员通过在手机上安装在线点检系统，可对胶带机主要设备实时点检，数据实时上传，发现异常故障时能够及时弹窗推送，提醒值班和巡检人员迅速检查处理。

主运胶带机实现无人值守以来，42 煤主井及延伸大巷、31 煤一部中驱及二部机头等岗位取消岗位工 12 人；随着无人值守系统的逐步完善，主运输系统实现全面无人值守后，最多可减少岗位工 23 人，提升主运系统智能化水平，降低矿井用工成本。

3）评价分析

将锦界煤矿高质量发展评价指标数据代入模型进行测算，结果如图 5-3 所示。从图中可以看出，锦界煤矿高质量发展水平呈现波动上升的走势。主要原因是2018 年，锦界煤矿的生产综合能耗、吨煤成本、职业病危害因素检测达标率等指

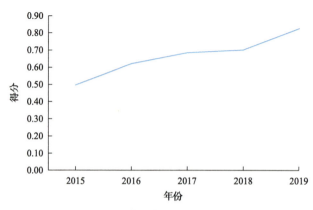

图 5-3　锦界煤矿高质量发展评价情况

标出现了波动，导致整体高质量水平出现波动。从总体看，2019 年，锦界煤矿的高质量发展分值达到了 0.8267，发展水平较高。

3. 双马煤矿

1) 基本情况

双马煤矿属于国家能源集团宁夏煤业公司，位于宁夏灵武市东南约 60 公里处，行政区划属灵武市、吴忠市盐池县管辖。井田范围北以马家滩矿区北边界为界，与鸳鸯湖矿区的麦垛山、红柳井田相邻；南至老庄子横断层；西以李新庄断层为界；东至马柳断层。井田东西宽 4.0~4.9km，南北长 13.7km，面积约 67.99km^2，矿井总地质储量 15.28 亿 t，设计可采储量 5.65 亿 t。设计生产能力为 400 万 t/年，服务年限为 96.4 年。井田内共有可采煤层 11 层，主要可采煤层 7 层，分别为 4-1、4-2、4-3、6、10、12、17 煤，正在开采的 4-1 煤平均厚度 3.8m，4-2 煤平均厚度 1.58m。

矿井采用斜井开拓，共布置 3 条井筒，即主斜井、缓坡副斜井、回风斜井。采用盘区式布置，分 4 个煤层组开采，在各煤组分别设置运输大巷、辅助运输大巷、回风大巷。主斜井、缓坡副斜井位于工业广场内，回风斜井位于工业广场西侧。井田地质构造类型为中等，总的构造形态为断裂构造发育的向背斜构造。

目前，矿井采掘布局为"2 采 5 掘进"，2 个综采面分别为Ⅰ0104106 综采工作面、Ⅰ0104203 综采工作面，5 个综掘面分别为Ⅰ0104107 工作面回风巷、Ⅰ0104204 工作面回风巷、Ⅰ0104108 工作面运输巷、Ⅰ0104205 工作面回风巷、Ⅰ01 采区排矸措施巷。

自 2018 年 9 月份以来，通过精心组织回采效率得到大幅提升，取消了夜班采煤作业。积极推广使用大功率岩巷综掘机，淘汰了爆破掘进工艺，采掘机械化率达到 100%。井下主变电所、主排水泵房均实现了"无人值守、有人巡视"。Ⅰ0104106 综采工作面自动化应用已进入常态化运行阶段。

2) 主要措施

一是Ⅰ0104106 综采自动化工作面惯性导航调直系统、支架电液控制系统、泵站集成供液、三机集控、操作台集控等、跟机视频等自动化系统均已安装联调完成，实现了自动跟机移架、一键启停、记忆割煤、自动调直等标志性自动化功能。其中支架姿态监测与自动跟机模块化软件系统属首次在宁煤公司调试成功并应用，目前该综采自动化应用已进入常态化运行阶段。二是双马煤矿已立项的科技项目《便携式矿用水力切割机》《煤层群开采采空区自燃发火防治技术研究》等项目均按期推进；三是双马煤矿封闭不良石油勘探钻孔的探查及治理研究科技项目，采用先从地面封堵油井，以阻断油井与油层的油气通道，再进行井下防治处理的废弃石油井危害防治技术方案，已经安全通过四口废弃油井。项目的实施有效解决了石油井给矿井安全生产带来的危害，有效预防了相关灾害的发生，提高了矿井的安全生产水平。

3）评价分析

将双马煤矿高质量发展评价指标数据代入模型进行测算，结果如图 5-4 所示。从图中可以看出，双马煤矿高质量发展水平呈现稳步上升的走势（2019 年得分为0.6788）。主要原因是双马煤矿对创新驱动、智能高效的重视，不断提高 R&D 经费投入、智能化水平等，从而促使矿井高质量水平的提升。

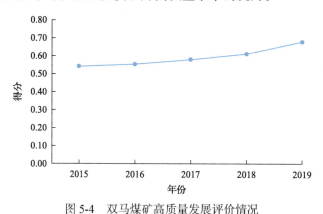

图 5-4　双马煤矿高质量发展评价情况

第二节　陕西煤业化工集团

一、基本情况

陕西煤业化工集团有限责任公司（以下简称"陕煤集团"）是陕西省委、省政府为落实"西部大开发"战略，充分发挥陕西煤炭资源优势，从培育壮大能源化工支柱产业出发，按照现代企业制度要求，经过重组发展起来的国有特大型能源化工企业，是陕西省能源化工产业的骨干企业，也是省内煤炭大基地开发建设的主体。目前，陕煤集团形成了"煤炭开采、煤化工"两大主业和"燃煤发电、钢铁冶炼、机械制造、建筑施工、铁路投资、科技、金融、现代服务"等相关多元互补、协调发展的产业格局。2019 年，陕煤集团全年煤炭产量 1.76 亿 t，化工产品产量 1770 万 t，粗钢产量 1240 万 t，水泥产量 740 万 t，实现营业收入 3025亿元，利润总额 155 亿元。

二、主要举措

近年来，陕煤集团坚持以"新"，即科技创新和体制机制创新双轮驱动为企业发展命脉；以"敢、快、谋"为创新保驾护航，"敢"于改革刮骨疗伤，"快"人一步化危为机，提前"谋"划超前布局；一系列漂亮的组合拳为新时代高质量发展交出"陕煤答卷",为能源行业发展贡献"陕煤力量"和"陕煤担当"。

1. 改革创新成就高质量发展

高质量发展必须坚持"质量第一、效益优先"两大原则,从企业自身来看,企业的基本目标就是通过资源的优化配置,实现利润最大化。陕煤集团促进企业高效益、高质量发展方面做出有益探索。

通过结构调整再造传统产业优势。紧紧抓住供给侧结构性改革的政策机遇,超前谋划、提前布局,通过老区减量和增量置换,腾挪出优质产能近6000万t,优质煤炭产能占比提高到95%以上。建立生产服务和煤炭交易互联网平台,提升了产业融合发展水平和服务质量。

在"去杂归核"中提升主业核心竞争力。发挥"市场在资源配置中的决定性作用",实施"去杂归核"战略。集中精力发展核心主业,在"一进一退"中布局千万吨级矿井集群,于产业链延伸中构筑高端精细煤化工材料产业群,投资上千亿元的煤炭分质利用制化工新材料示范项目开工建设,使主业更具竞争力和延展性。提出"以煤为基,能材并进,技融双驱,蜕变转型"的发展战略并逐步实施,加快战略性产业布局,新能源、新材料产业蓄势待发,煤炭、钢铁等主业竞争力显著提升,产业配套更具优势,朝着主业突出、新经济特色鲜明的现代能源企业阔步前进(杨照乾,2016)。

在治亏创效中,全面启动3年治亏创效行动,从稳增长、降成本、防风险、抓改革、优存量等方面入手,凭着对政策环境的敏锐洞察,在"三去一降一补"中下了先手棋,在追赶超越和转型创新中争取主动权,用不到3年的时间,关闭了18处矿井,退出产能1815万t,占全省煤炭去产能的62%;同时,全面挖掘和盘活存量,累计盘活闲置资产700多亿元。

在深化改革中激发体制机制活力。按照国有资本投资运营公司的改革方向,开展了"归位总部、做实板块、精简层级、放活实体"的改革工作,压减层级、归位放权,专业化、板块化、大部室化改革成效明显,有效降低了内部关联交易成本,提高了工作效率。

2. 科技创新引领高质量发展

高质量发展的动力主要从依靠资源和低成本劳动力等要素转向创新驱动,所以企业必须通过创新培育发展新动力,打造新的经济增长级。陕煤集团积极落实陕西省关于实施创新驱动发展的战略,推动能源生产科技革命,不断加快完善科技创新体制机制,加大科技方面人财物投入,构建全面的科技创新体系,取得了丰硕成果。

吸纳集成现代科技,改造提升传统产业。陕煤集团近年来实施重点科研项目

599项，完成科技投入162亿元，共获国家及省部级奖项44项。智能化开采技术、智慧矿井建设等举措，不断提高生产矿井的智能化装备水平，加快矿区循环经济建设。陕煤集团的新材料、新能源等自有技术走出实验室，正在迈向产业化。一批具有自主知识产权的高新技术转化已经在各自领域进入并跑、领跑阶段，为陕煤转型升级提供支撑。

优化科技创新生态，走创新驱动的路子。陕煤集团将营业收入的3%作为科研投入，配套1亿元/年的科技专项资金、100亿元的转型创新基金、2.8亿元的高新技术产业风险投资基金和3亿元的政府支持资金，为科技创新提供了雄厚的财力支撑(程靖峰，2019)。陕煤集团通过建机制、搭平台、促转化的方式，探索科学的科技创新发展路径，营造有利创新的环境生态。截至目前，陕煤集团参与科技创新人员总数达2.26万人。其中，高级专业技术人员达2500多人，专项科研团队600多个，成为企业高质量发展的"最强引擎"。

3. 人才兴企助力高质量发展

加强人才培育，走人才兴企的发展路子。陕煤集团通过高规格吸纳领军人才，高标准培养管理人员，高素质培育劳动大军的方式，正在探索一条"高端领军人才+劳动者素质全面提高"的人才兴企路子。逐步建立起外部高端人才引进、内部特殊人才激励、内外部人才联合创业和高水平创新的灵活高效机制；同时办好企业大学，以陕煤思创学院为平台，培养出更多的优秀企业家和职业经理人；另外培养和成就越来越多的技艺精湛掌握绝活的"陕煤工匠"。

三、评价分析

将陕煤集团高质量发展评价指标数据代入模型进行测算，结果如图5-5所示。从图中可以看出，陕煤集团高质量发展水平呈现上升的趋势，刚开始发展水平比

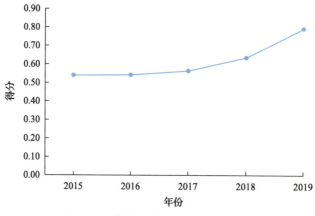

图5-5 陕煤集团高质量发展评价情况

较低，在 2018、2019 年职工收入、矿井综合单产、智能化水平等指标有了较大提升，导致高质量总体得分分别提高了 17.47%和 31.91%，2019 年高质量发展得分已达到 0.7888。

四、部分下属煤矿评价分析

1. 黄陵一号煤矿

1）基本情况

黄陵矿业公司一号煤矿始建于 1991 年 12 月，是国家"八五"重点建设项目和 20 项兴陕工程之一。2010 年 3 月通过了 600 万 t 生产能力核准验收，与之配套的选煤厂年加工处理能力达到 600 万 t。2019 年底矿井地质储量 36617.66 万 t，可采储量 28630.38 万 t。矿井采区回采率 87.74%，工作面回采率 98%，剩余开采年限 36 年。

近年来，一号煤矿紧密围绕"做精做优、求实创新、绿色开采，打造美丽和谐、平安智慧新矿山"的发展规划，聚焦高质量发展目标，坚持改革创新不动摇，广泛开展科技创新、管理创新和全员创新活动，提升了矿井发展软实力。一号煤矿先后荣获全国五一劳动奖状、全国安全文化建设示范企业、全国煤矿瓦斯治理先进集体、全国绿色矿山学习观摩基地等荣誉称号。

2）主要措施

近年来，一号煤矿以智能化开采为基础，不断深化技术变革，实现了煤炭开采智能化、现场作业自动化、固定设施无人化、运营管理信息化的建设目标。

一号煤矿在原智能化开采技术的基础上，创新开展了基于动态地质模型大数据融合迭代规划控制策略的智能化开采技术项目，率先建成并投用了 3D 透明化智能工作面，实现了由基于记忆割煤的智能开采 1.0 阶段向三维空间感知、智能规划和自主截割 3.0 阶段的技术跨越，达到国际领先水平；成功实施了主运输系统、变电所及水泵房智能巡检机器人研究与应用项目，现已完成一部皮带、二号中央变电所和水泵房机器人安装和调试运行工作，实现了设备工作状态、运行环境等数据的实时收集、智能分析、实时上传、智能预警的全方位巡视管理，确保了"少人则安、无人则安"理念落实落地。2020 年完成 24 套智能巡检机器人安装工作，全面实现矿井辅助生产系统的"远程集控+机器人巡检"管理模式；研究应用了 AI 智能视频监测系统，确保监测区域"三违"、设备故障、生产环境隐患等信息自主发现、自主上传、自主提醒，实现了单纯依靠人的管理向人工智能和大数据分析的重要转变。

3）评价分析

将黄陵一号煤矿高质量发展评价指标数据代入模型进行测算，结果如图 5-6 所示。从图中可以看出，黄陵一号煤矿高质量发展水平呈现波动上升的趋势。相较于前几年，2019 年煤矿发展得到了大幅度的提升，得分为 0.8209。主要原因是随着智能化开采技术的深入实施促进了矿井的高产高效，从而导致煤矿质量的飞速提高。

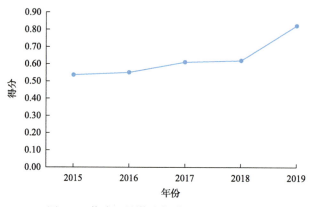

图 5-6　黄陵一号煤矿高质量发展评价情况

2. 董家河煤矿

1）基本情况

董家河煤矿是澄合矿业公司最早的三大主力矿井之一。截至 2020 年 8 月底，矿井剩余地质储量 6820 万 t，可采储量 2080 万 t，核定生产能力 120 万 t/年，剩余开采年限 13.3 年。

董家河煤矿先后被陕西省委、省政府授予"安全生产先进单位"、"文明单位"、"文明单位标兵"，2000 年荣获"全国煤炭地矿系统建功立业先进单位"，2003 年被中央文明委授予"全国精神文明建设先进单位"，2004 年被评为"全国煤炭环境保护优秀单位"。

2）主要举措

董家河煤矿始终贯彻绿色、环保的企业发展理念，多年来一直致力于矿区的生态环境保护和矿山的可持续发展。董家河煤矿通过对矿井水的安全管控和循环利用，实现了矿井水的资源化利用，变废为宝；通过对全矿山各系统的自动化升级改造工程，效果显著，走上了高质量发展之路。

① "安全、绿色、环保"是矿山可持续发展的永恒主题

董家河煤矿矿井水文地质类型属极复杂型，被陕西省列为承压开采大水矿井，矿井水综合治理与利用是矿山的一项核心任务。受承压开采影响，在做好水患治理的同时，经过科学设计，标准化施工，董家河煤矿在井下二水平建成内、外水仓，对矿井水实施三级沉淀排放，实现井下水在井下的达标治理，并用于公司的绿化、生产等各个方面，正常情况下矿井水均按达标排放，水治理工作取得了优

异成绩。按标准排放的矿井水还用于公司的绿化、生产、生活用水。既节约了水资源，又保护了环境，取得了社会效益和经济效益双丰收。2009 年董家河煤矿通过实施降风抑尘工程，在煤场建设高达 12m 的抑尘挡风墙和自动洒水喷淋装置，有效控制了矿区固体废弃物污染源，改善了矿区生态环境与大气质量。2019 年董家河煤矿地面西河污水处理站煤矿废水应急处理设施建成，采用高效澄清+无阀滤池工艺，设计处理能力 1000m³/h，计划下一步在井下应用磁分离水体净化设备，源头治理，清水入仓，彻底解决环保和清仓问题，摆脱矿井正常生产后顾之忧。

②自动化系统升级改造助力矿山安全高效生产

近些年来，董家河煤矿一直十分重视矿山系统与装备的自动化升级改造，使矿山的生产综合能耗由 2015 年的 22.5kW·h/t，下降至 2019 年的 19.2kW·h/t。矿井供电系统自动化改造，实现了对供电系统远程自动化控制(含遥测、遥控、遥调、遥信、保护、事故顺序记录等功能)，配备视屏监控系统，实现了供电无人值守、有人巡查，达到了减人提效的目的。采用现场监控设备、工业以太网络和工控计算机为基础的煤矿排水综合自动化系统，实现了自动监测井下水仓水位，自动控制每台水泵的运行，达到优化配置和自动排水的目的，实现无人值守、有人巡查。矿井通风、压风自动化系统，可实现上位机对 5 台压风机基于管道压力的优化循环运行控制、压风机的运行参数远程监视、运行参数无纸化记录、压风机冷却系统监控及监视、压风机房的整体情况视频监控等，达到远程操作通风机停止、启动、一键切换、反风、基础数据采集等目的。矿井地面煤流自动化系统，实现了顺煤流方向逐台停止、逐台启动、保护停机、保护复位、基础数据采集、视频监控等功能。正在实施的架空乘人装置自动化集中控制系统，升级改造完成后将实现远程集中控制、视频监控，保护显示告警、故障复位等功能。

3) 评价分析

将董家河煤矿高质量发展评价指标数据代入模型进行测算，结果如图 5-7 所

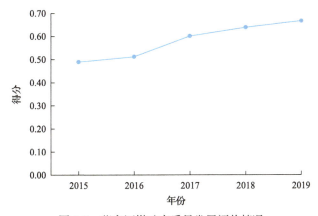

图 5-7　董家河煤矿高质量发展评价情况

示。从图中可以看出，董家河煤矿高质量发展水平呈现逐年上升的走势，2019 年得分为 0.6664。其中，2017 年是进步较大的一年，发展变化率达到了 19.32%，主要原因是 R&D 经费占比、职工年均收入的提高和吨煤生产成本的有效降低，从而导致矿井高质量水平的迅速提高。

3. 张家峁煤矿

1）基本情况

陕煤集团神木张家峁矿业有限公司成立于 2006 年 1 月 16 日，是由陕西煤业股份有限公司和神木市国有资产运营公司共同出资组建的国有股份制企业。矿井井田面积 51.98km²，地质储量 8.7 亿 t，可采储量 4.8 亿 t，核定生产能力 1000 万 t/年，剩余开采年限 41 年。

公司先后荣获全国煤炭系统文明煤矿、全国安全文化建设示范企业、2014～2015 年度全国煤炭工业先进集体、全国煤炭工业两化融合示范煤矿、陕西省五一劳动奖状、集团公司安全先进矿井及安全质量标准化先进矿井、榆林市文明单位标兵、多次获得神南公司"四好领导班子"荣誉称号等国家、省、市和集团荣誉 70 余项。

2）主要举措

近年来，张家峁矿业公司紧紧围绕建成国内一流现代化煤炭企业目标，全面深化"两化融合"，加快智能化矿山建设步伐，建成了地质—张图、智慧导航、智能化洗煤厂和工会管理等信息化系统，实现了信息采集全覆盖、数据资源全覆盖、统计分析全自动、业务管理全透明、人机状态全监控。

张家峁矿业公司正在进行智能煤矿建设，将建设智慧中心、智能化立体车库、云数据中心、综合管控平台、融合通信立体化智能调度、矿井智能通风、智能化综采工作面、智慧园区、智慧培训、全煤流智慧运输、矿井水资源智能综合管理系统、5G 移动通信、智慧安检、四维空间信息服务、掘进工作面数字化监控系统等 27 个子系统。张家峁智慧中心集智能调度中心、数据中心、智能会议系统、数字自控中心、沙盘及设备展示区、太阳能光伏发电系统、楼宇智能化系统、机械车库于一体，将实现各部门工作流程和各现场安全、生产环节的纵向贯通、横向关联、融合，并通过云数据中心，实现所有系统功能的接入及应用，各系统按照其承载的业务内容在应用平台上协同开展工作。

同时，在统一技术中台的框架下，开发用于煤炭生产、智能安全的智能煤矿生产系统场景化 APP 服务，实现煤矿的数据集成、能力集成和应用集成。

① 基于 UWB 技术，实现对井下人员、车辆静态 30cm、动态 1m 的精确定位；实现车辆精准测速、车辆实时位置监测和车辆的智能调度、自动派单与接单。

② 建设立体化融合调度系统。包括有线、4G 无线通信、应急广播、车载终

端和华宁扩音电话等调度方式；为井下工作人员配备智能化单兵装备，实现精确定位、照明、语音对讲、视频监控、气体检测等功能，提高人员安全保障能力。

③ 构建双重预防机制信息管理系统。依据双重预防机制内涵要求，综合利用物联网、大数据等技术开发信息化管理系统，形成具备风险动态评价的煤矿双重预防机制管理模式，实现大数据对多种安全信息的综合分析，提升安全管理水平。

④ 智能安全、健康及环境监测。将建成人员位置监测及安全保障系统，顶板岩层运移监测系统、智能防灭火系统、智能穿戴等。

⑤ 设备智能监控方面：将建成智能压风系统、电力监控系统、机电设备管理系统。

⑥ 资源供应配置方面：将建成智能经营、智能营销、智能物资、智能培训、智能人资、智能班组、知识管理等系统。

⑦ 园区智能生态方面：将建成智能园区综合系统、智能场景展示系统、工业设施智能保障系统、智能办公管理系统。

3）评价分析

将张家峁矿业公司高质量发展评价指标数据代入模型进行测算，结果如图 5-8 所示。从图中可以看出，张家峁矿业公司高质量发展水平呈现先低后高的波动上升走势。由于采区资源回采率、全员工效、吨煤生产成本等指标，2017 年发展变缓，而后随着智能化生产、创新研发等投入力度的加大，煤矿得到了飞速的发展，2019 年更是达到了 0.8294 的得分。

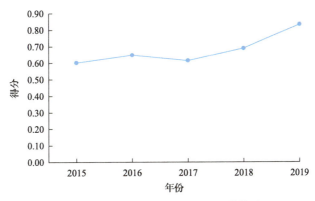

图 5-8　张家峁煤矿高质量发展评价情况

第三节　同煤集团塔山煤矿

一、基本情况

同煤集团塔山煤矿是我国煤炭行业第一个建成投产的千万吨级矿井，也是全国煤炭行业产业链条最完整的塔山循环经济园区的龙头企业，由大同煤业股份公司、大唐国际发电股份公司、大同煤矿集团公司三方共同投资建设，股权比例分别为51%、28%、21%。矿井总投资30.34亿元，设计年产量1500万t，服务年限140年。

企业先后荣获全国先进基层党组织、首批国家级绿色矿山、矿产资源节约与综合利用专项优秀矿山企业、全国煤炭工业特级安全高效矿井、国家级安全质量标准化煤矿、全国企业文化建设优秀单位、中国最美矿山等多项殊荣。

二、主要措施

塔山煤矿紧紧围绕"创新发展、智能生产、绿色发展"的战略发展方针，通过不断研发新技术、拓展新领域，推动矿井高质量发展。

以"智能开采"为先，激活发展动力。塔山煤矿以建设智能化综放工作面为切入点，着力实现生产过程少人化、无人化，当前井下8222综放工作面作为国家"十三五"重点研发计划项目"千万吨级特厚煤层智能化综放开采"示范工程，在实现智能化生产后将成为国内产量最大、技术最先进、作业人员最少的千万吨智能化综放工作面典范；同时，通过构建"管、监、控"一体化自动化系统平台，使主运输、排水、供电等系统具备无人值守功能。

以"绿色发展"为纲，实现降本增效。塔山煤矿坚持以开采科学化、提高资源回收率和矿山环境生态化为切入点，形成完整的特厚煤层综放工作面跳采、小（无）煤柱开采技术体系，进一步优化开采工艺和停采设计，提高资源回收率，使工作面原煤回收率提高5%；研发应用井下闭式水循环系统，实现矿井污水就地处理、循环利用并保障用水压力恒定满足矿井生产需求，同时缓解井上污泥处理等环保问题。

以"创新驱动"为首，保障安全生产。塔山煤矿坚持以科技创新为导向，致力于科技项目的自主研发和实施，特别是以煤矿机器人为主的新技术、新装备等科技创新手段的推广应用，提升了矿井科技含量，通过在主井皮带机和二盘区水泵房安装"智能巡检机器人"，最大限度地减轻井下员工的劳动强度和降低人员巡检的安全风险。

以"高端引领"为要，创新发展模式。塔山煤矿通过构建网络大平台基础，实现"连接无处不在、数据无处不在"的网络全覆盖，辅助运输系统实现井下车辆科学调度管理以及车辆运行效能的精准分析和辅助决策，建成通风瓦斯多因素综合分析数据模型、工作面周期来压规律数据模型，通过"加工"初步实现了数据"增值"。

三、评价分析

将塔山煤矿高质量发展评价指标数据代入模型进行测算，结果如图5-9所示。

从图中可以看出，塔山煤矿高质量发展水平呈现先下降后上升的走势。主要原因是因为 2015 年塔山煤矿的开采条件较好，随后开采煤层发生变化，资源条件变差，导致职工收入、采区资源回采率、吨煤成本均显著好于 2016 年。后期随着塔山煤矿智能化建设推进和管理水平的提升，克服了资源条件变差的困难，其智能化水平、吨煤成本、职工收入均呈现上升趋势，从 2017 年开始其总体发展水平得分超过了 2015 年，然后保持这种上升趋势，2019 年得分为 0.8179。

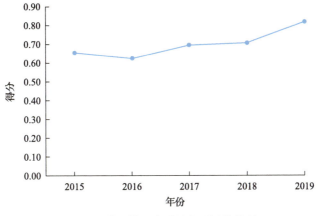

图 5-9　塔山煤矿高质量发展评价情况

第四节　阳煤集团新元煤矿

一、基本情况

新元煤矿隶属于阳泉煤业集团公司，设计产量 300 万 t/年。2020 年，由阳煤集团、中国移动、华为公司联手打造的全国首座 5G 煤矿在新元煤矿落成。

新元煤矿依托井下 534m "超千兆上行" 煤矿 5G 专用网，完成机电硐室无人巡检、掘进工作面无人操作、综采工作面无人操作三项场景应用，实现矿井无人化、自动化、可视化运行，解决了煤炭行业的诸多痛点问题。其中，机电硐室无人巡检应用，针对解决煤矿企业机电设备在长期运行过程中易发生故障的问题量身定制，降低了工作人员的劳动强度和风险，提高了巡检质量与效率。掘进工作面无人操作应用解决了传统人工作业操作危险系数高、劳动强度大的问题，可进行远程操作截割和支护作业，实现了掘进作业的远程安全精准操控。综采工作面无人操作解决了井下设备运行过程中线缆维护量大、信号经常缺失等问题，为远程操作人员提供全景高清作业视野，既有效降低危险作业区域安全事故发生率，也节省大量人力、物力(任志青，2020)。

二、主要措施

新元煤矿稳步推进矿井智能化、无人化安全开采，建成了以综采自动化开采技术为核心的现代化矿井，成为山西省首批通过鉴定的现代化矿井，走出了一条集约高效、科技引领、创新驱动的高质量发展道路。

1. 依托新技术实现综采自动化

新元煤矿自主研发出多种关键新技术。研发的采煤机具有自适应截割功能，实现了采煤机速度根据瓦斯浓度自动调节，破解了高突矿井综采工作面原本为防止瓦斯超限被迫采取的采煤机限速运行难题，解放了生产力；采煤机记忆割煤功能，让系统具有学习功能，在采煤机截割完第一刀后动作参数自动记忆，记忆截割功能将按上一刀的动作数据自动作业，实现了全工作面采煤机的记忆截割及液压支架的跟机自动作业；研究分析出实际生产中液压支架动作与乳化液流量、压力之间的关系，解决了自动化跟机作业时丢架的问题。2017 年 11 月 23 日，国内第一套直角转盘一体运输机首次在新元煤矿投入工业应用，是煤炭运输设备的里程碑式突破。

安全生产实践过程中，新元煤矿围绕技术创新和设备升级不断努力。自主研发的履带式自移式胶带运输机、无线数字瓦斯检测装置、瓦斯抽采在线监测、松软煤层顶板顺层岩石长钻孔多泵协调压裂增透关键技术等四个项目取得了国家专利。高瓦斯煤层松软围岩沿空留巷及瓦斯治理等技术均达到国际领先水平(梁春会等，2015)。突出煤层气相压裂瓦斯治理技术试验研究、综采工作面采煤运输集成控制和智能作业的研究与应用，达到国际先进水平。这些新技术的应用正改变着传统煤矿的发展模式。

2. 摆脱旧模式打造现代化矿井

为打造矿井综合自动化生产平台，新元煤矿应用现场通信集控装置，在调度室实现了矿井主要运输皮带机、给煤机等设备的远程集中控制；依托 PLC 控制技术实现了生产辅助系统的现场数据采集、检测与运算，实现了中央水泵房排水泵根据水仓水位、水位上升速度、用电负荷、电网峰谷电价差、水泵特性等条件自动控制水泵的启停功能，实现了中央水泵房的自动化排水；在地面和井下监控中心实现对井下采区水仓的远程集中控制，采区水仓实现无人值守；在地面调度室实现对井下配电室的集中监控，实现井下供电系统的"四遥"功能；实现对煤矿瓦斯抽采管路的全方位实时监测。

在此基础上，该煤矿通过采煤机运行轨迹数据、乳化液供液系统数据、瓦斯浓度与采煤机、刮板运输机、转载机复合数据、工作面矿压、支架立柱压力数据的分析，为安全生产提供了科学的数据支持。并建立数据库平台，利用 iFIX 软件实现了全煤矿各子系统的原始数据采集和集中处理，构建起全煤矿数据分析和信息发布的共享平台。

3. 全力抓安全，实施自动化减人

沿空留巷是煤矿实现无煤柱开采的关键技术。新元煤矿首次在阳煤集团成功采用无煤柱沿空留巷技术，改善了现场作业环境，提高了采区回收率。

瓦斯问题是长期以来制约煤炭开采的主要因素，为解决瓦斯突出问题，新元煤矿结合实际落实"7+3"瓦斯治理模式，加强与科研院所的"产、学、研"合作，优化煤层瓦斯抽采工艺，实施封联孔精细化管理，全员全力全覆盖治理瓦斯，大大提高了矿井煤层瓦斯抽采效果。在此基础上，积极试验、推广、改进 CO_2 气相压裂、水力造穴以及水力压裂等煤层增透技术，研究开展地面水力压裂、"3+2"水力冲孔造穴+CO_2 气相压裂、"9+2"100m 双孔 CO_2 气相压裂煤层增透技术，对安全掘进起到了不可替代作用。安装打钻监测系统，推进"一钻一视频"，实现钻、验地面远程监控，代替人工验孔，提高了工人的安全及工作效率(周磊，2015)。

三、评价分析

将新元煤矿高质量发展评价指标数据代入模型进行测算，结果如图 5-10 所示。从图中可以看出，新元煤矿高质量发展水平呈现逐步上升的趋势。主要原因是随着新元煤矿对发展质量的不断重视，其职工收入、智能化水平、全员工效、生产综合能耗、煤矸石综合利用等指标数据不断向好，进而推动了新元煤矿的高质量发展。同时由于 2018 年新元煤矿进行了智能化建设，加大了智能化研发，其研发投入占比显著高于评价期内任何年份，导致 2019 的综合评价分值达 0.8162。

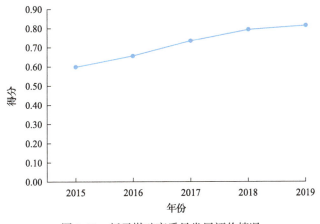

图 5-10　新元煤矿高质量发展评价情况

第五节 中煤新集公司口孜东煤矿

一、基本情况

口孜东煤矿是中煤新集公司开发建设的大型矿井之一，地处安徽省阜阳市颍东区。矿井于 2007 年 7 月正式开工建设，2014 年 12 月正式竣工验收。矿井保有资源储量 7.07 亿 t，可采储量 3.8 亿 t，核定生产能力 500 万 t/年，剩余开采年限 56.5 年。

自建矿以来，先后荣获国家科技进步二等奖、煤炭行业"太阳杯"工程、智能化矿井建设产业升级示范生产线等荣誉。目前，该矿已建成集地面控制、安全生产可视化、地质灾害预警监控等多功能于一体的"智能开采集控中心"。以"互联网+"为核心，辐射出采区千兆控制网、4G 无线通信网、wifi 无线通信网三条高速信息通道，开启了智能开采"新航速"。

二、主要措施

口孜东煤矿通过引进国内外先进的矿井自动控制技术、远程中央集控技术、传感器技术、物联网技术，以及世界先进的矿井安全生产过程控制技术，实现了矿井全过程自动化生产，并实现了远程集中控制。口孜东煤矿现已成为我国首个基于三级 SCADA 系统的管控一体化矿山，是同等地质条件下自动化程度最高的感知矿山，是物联网时代智慧型矿山建设的创新与实践。

1. 综采工作面的"一键式"启停

采煤工作面"一键式"启停设备主要包括工作面控制台、顺槽皮带、高压泵站、转载机、破碎机、刮板运输机、支架电液控制系统、采煤机等系统，通过工作面控制台的 Mining Master 实现对各系统设备监控信息的全面集成，并采用 MODBUS TCP 通信、红外线检测位置信息等进行集中控制，使采煤机、刮板运输机、液压支架等设备实现跟机自动化等生产流程。工作面控制台集成各系统信息并通过 Intranet 工业以太环网传输至矿井集控中心及远程集控中心，进行信息交流与通信控制；地面调度平台采用德国 PSI 公司三级 SCADA 系统作为统一的调度指挥平台。

2. PSImining 三级 SCADA 自动化系统

口孜东煤矿集控中心引进了德国 PSI 公司三级 SCADA 系统作为统一的集控平台，2012 年 6 月正式上线运行，对首采工作面、主煤流系统和矸石流系统进行全生产过程的远程在线监控、监测和远程操作。PSImining 系统由 BARCO 背投显示系统、LCC 操作员工作站、OW 服务器、存储系统、网络交换机、数据库服务器和备份服务器、OPC 网关等组成。口孜东煤矿 PSImining 三级 SCADA 集控平台汇集了首采工作面、皮带运输、供电等系统数据，全景展示整个煤流系统，矸石流系统，支持系统数据测试。PSI 集成了用户权限管理、数据统计与故障报警功能、穿透式查询、实时控制数据图形显示，并可进行远程参数化调整。

3. 信息化矿灯项目

KJ69J 型信息化矿灯项目，采用 RFID/ZigBee 技术，主要用于对矿井工作人员的定位、跟踪、考勤、管理、搜救等，能够实时、准确的查询到入井人员的信息、位置及行走轨迹。该项目主要通过在矿灯中加装人员定位模块，实现入井照明与人员定位的有机结合，解决了以往人员定位卡故障率高、电池更换频繁、防水性能差等诸多弊端，并进一步提升了整体系统的稳定性。

目前，口孜东煤矿井下布置大分站 18 个，接收器 43 个，分布于北翼轨道大巷、西翼轨道大巷、北翼轨道上山、01 工作面风机巷、05 工作面风机巷、121303 工作面风机巷及各采区变电所等处，实现定位准确率达 95%。

4. 安全生产可视化系统

为进一步提升矿井安全生产综合保障能力，夯实安全管理基础，口孜东煤矿全力推进安全生产可视化系统建设，已完成对北翼、西翼敷设 32 芯光缆 5km，12 芯光缆 8km；对北翼、西翼计划区域安装视频探头 30 路；配合完成地面视频监控室设备安装调试。该系统除具备日常视频监控以外，主要在于"一键抓三违"功能，有效地提升了矿井安全管理。该功能主要通过智能化分析软件对设置的危险区域、警示区域、违章范围进行自动判断、自动上传违章信息、图像等，并且能够根据设置的违章种类，进行自行判定。

三、评价分析

将口孜东煤矿高质量发展评价指标数据代入模型进行测算，结果如图 5-11 所

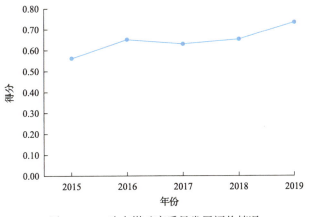

图 5-11 口孜东煤矿高质量发展评价情况

示。从图中可以看出，口孜东煤矿高质量发展水平在 2016～2019 年间呈现波动上升发展的走势（2019 年得分为 0.7427），主要是由 R&D 经费占比、采区资源回采率、全员工效等指标的波动调整导致。

第六节　山东能源集团唐口煤矿

一、基本情况

唐口煤矿是山东能源淄博矿业集团的"龙头企业"，位于济宁市任城区。2006 年 1 月投产，矿井地质储量 61642.3 万 t，可采储量 8775.1 万 t，核定生产能力 390 万 t/年，剩余开采年限 20 年。

唐口煤矿是国内目前唯一一座在同一厂区内布置主、副、风三个超千米立井的矿井。矿井投产以来，先后被评为安全程度 A 级矿井、省级卫生先进单位、省级花园式单位、山东省煤炭工业科技创新优秀矿井、全国文明煤矿，《千米埋深矿井建设技术及应用》荣获国家科技进步二等奖。

二、主要措施

面对发展新常态，唐口煤矿积极推进"一提双优、智慧矿山建设"工作。早在 2018 年年底，唐口煤矿就率先编制完成了系统性、针对性、可操作性俱强的三年实施规划，总投资 3.08 亿元。成立了"智慧矿山"建设指挥部，下设 11 个推进专班。2019、2020 年共确定了 45 项建设项目，累计投入资金 1.88 亿元，初步形成了安全管理系统、生产组织系统、生产辅助系统、灾害防治系统及经营管理系统五大系统的智能化建设，将互联网、大数据、人工智能与安全生产初步融合。

1. 工作面智能采煤、掘进装备助力减人增效

采煤工作面配备国内最新一代自动化控制系统、26 功能电液控制系统、双进双回供液系统以及国内最先进的智能化采煤机、液压支架、刮板运输机及转载机等回采装备。工作面具备远程一键启停、自动记忆割煤、自动截割三角煤、跟机拉架、时序放煤、故障自诊断、乳化液自动配比等功能，三机设备全部变频远程集中控制。实现"工作面自动控制为主，监控中心远程干预控制为辅"、"有人监控巡视，设备自动作业"的生产模式。6308、6309 工作面投产以来，智能化使用率达到 90%，单班作业人数由 16 人降至 10 人，人均工效由 60t/工提高至 90t/工。

建设井下远程可视化集控中心，具备对工作面设备的"一键"启停、视频监控、集中控制功能等，同时在远程可视化操作的基础上，建立地面监控中心，实现对综掘工作面设备的数据集成、处理、故障诊断、管理等功能。目前，已完成

所有综掘机的人机分离遥控作业，并对两个综掘工作面进行了远程控制升级，可实时视频检测机身位置、上下坡俯仰角、倾斜角等姿态参数及机身运行参数，通过提取上一个循环截割操作指令及其对应的检测数据，初步实现综掘机"仿形截割"。借助智能装备完成了皮带机司机和综掘机司机的并岗作业，进一步提高了作业效率，掘进工作面单班直接生产人数减少到 8 人以内，累计减员 51 人，综合掘进效率提高 25%。

2. 多位一体智能手段实现矿山灾害的协同管控

智能控员：在限员管理区安装人员智能识别基站和显示屏，实时显示限员管理区域人员数量，当区域内人员数量达到限员上限时，可自动报警提醒人员不得进入，同时控制闸机开合，避免人员误进入。系统及时将超员区域、超员人员等信息实时上传至地面监控室，最终达到智能管控人员数量的目的。

智能管控：开发了冲击地压智能管控闭合系统，该系统可实现检查问题、预警平台的智能化综合管理，在矿井防冲专业风险、隐患治理的基础上通过施工、检查、验收、检验等方式以图表、文字的方式进行体现，对未闭合的各类问题自动判断进行分级推送，实现管理治灾方面的闭合管控功能。

智能操作：实现自动装卸钻杆及远程操控功能，可远程监控施工过程，确保人员在安全地点远程操作钻车，实现井上操控。

智能检验：以远程监控与现场录像相结合，对现场隐蔽工程进行实时验收。建立了钻场监控系统，实时显示现场施工情况，采用图像识别技术，自动记录钻进深度，对深度异常的钻孔自动判别警示。

智能预警：建立唐口煤业公司冲击地压大数据预警平台，融合现有监测数据，动态显示各区域监测系统运行状态、数据采集质量等信息，对各区域冲击地压防控能力展开轮询，定量确定区域冲击倾向指标，同时系统采用"多级预警、分级推送"方式，形成了"检测—分析—预警—卸压—防护"全过程五位一体的闭合管控功能。

3. 辅助运输系统升级改造助力提产增效

2019 年以来，唐口煤矿致力于辅助运输系统升级改造，调研引进了"智能调度与物联网系统"，升级改造了单轨吊运输系统，实现了辅助运输效率质的提升，辅助运输效率提高 40%，减少辅助运输作业人员 58 人。

"智能调度与物联网系统"实现了运输车辆精确定位、物料自动跟踪与管理、智能调度和车辆移动视频实时上传、物料车辆网络化管理，提高了矿井智能化运输水平，运输效率提高 15%。构建了总长度 10500m 的单轨吊"天轨"辅助运输系统，使矿井运输由传统的"电机车+人工"升级改造为"大巷电机车、顺槽单轨吊"的现代化运输方式，淘汰了安全因素较多的调度绞车运输和人工运输，减少了卸料环节，实现了物料装、卸、运连续化，运输效率提高 25%。

三、评价分析

将唐口煤矿高质量发展评价指标数据代入模型进行测算，结果如图 5-12 所示。从图中可以看出，随着智能化水平、职业健康检查率、矿井水利用率、塌陷土地治理率等指标的提升，唐口煤矿高质量发展水平呈现逐年上升的走势，2019 年高质量发展得分突破 0.7（得分为 0.7264），未来随着全员工效、生产综合能耗的不断改善，有望继续延续这种走势。

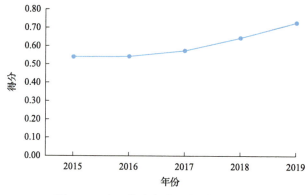

图 5-12 唐口煤矿高质量发展评价情况

第七节 冀中能源集团邢东煤矿

一、基本情况

邢东矿隶属于冀中能源股份有限公司，目前核定年生产能力为 125 万 t，剩余开采年限 15 年。

由于邢东矿地处市区，建井之初就高度重视环境保护与治理。为避免环境污染，不断加大绿色矿山建设，逐步从根本上治理了水、粉尘、噪音、电磁谐波等污染源，全矿绿化面积达到 41.8%，三季有花，四季有绿，建成了全国第一座低碳运行生态矿山，实现了矿山与环境、社会的和谐相处，被誉为"花园式矿山"。先后荣获"全国节能减排先进单位"、"全国环境友好单位"、"河北省园林式单位"和首批"河北省工业旅游示范点"等荣誉称号。

二、主要措施

自建矿之初邢东矿便确定了"地面不建矸石山、矸石不升井"的绿色生态矿山发展思路,于2002年成立了专项技术小组引进矸石充填技术,通过积极开展科技攻关、投入大量资金、引进先进技术,形成了巷道式矸石充填技术,实现了地面没有矸石山、矸石不升井的绿色开采模式,有效避免了矸石升井对邢东矿地面环境造成的污染,减少周边耕地资源浪费,开创了绿色矿井建设的新局面,实现了与周边生态和谐共存、共荣发展。

1. 巷道矸石充填

邢东矿巷道矸石充填系统包括:推车机、翻车机、给煤机、矸石充填输送机、皮带运输机各一部,容量为200m³的矸石仓一个。工艺流程为:岩巷掘进产生的矸石经破碎(把矸石破碎到≤150mm粒径)用矿车经轨道大巷,运至矸仓上口,由推车机、翻车机翻入矸石仓,再由给料机、650皮带运到充填巷工作面,经抛矸机抛射充填,工作面矸石在较干燥的情况下边充填边洒水,以利于矸石堆积。

2. 超高水材料采后充填

由于邢东矿地面村庄及建筑物较多,导致了大量建下压煤的存在,对矿井的生产布局、采掘接续安排与持续稳产均产生了极大影响,因此,邢东矿研究实施了超高水材料采后充填工艺(李岗,2019)。

超高水材料采后充填工艺技术是在水中添加超高水材料,配制成两种以水为主要成分的具有高流动性的浆体(水含量可达97%),在即将进入充填区之前进行混合,使流入采空区的混合浆体在可控时间内胶结、凝固,达到设计强度,以实现充填采空区,控制围岩变形,避免地表下沉的目的。

3. 工作面矸石充填

随着邢东矿核定产能的提高,矸石产量逐年增大,并且为降低原煤灰分,在井下建立了原煤筛分系统,该系统每天也会产生大量矸石,旧的充填巷矸石充填系统由于需要施工队伍多、巷道掘进工程量大等原因,已逐渐不能满足生产需要,因此研发了工作面矸石充填开采技术。

工艺流程:采用单一厚煤层一次采全高倾斜长壁后退式采煤法,用矸石充填方法控制采空区顶板。

1)采煤工艺顺序:双滚筒采煤机割煤→刮板输送机运煤→液压支架支护顶板→推移刮板输送机。

2)充填施工工艺:机尾拉移支架→运矸皮带与后运输机搭接→工作面中间依次充矸→依次捣实→机头、机尾充矸捣实。

3)充矸捣实过程:本架漏矸→本架捣实→本架漏矸→邻架捣实,多次漏矸,多次捣实,直至采空区充填物料充分接顶并充捣压实,达到设计压力为止。

三、评价分析

将邢东矿高质量发展评价指标数据代入模型进行测算，结果如图5-13所示。从图中可以看出，邢东矿高质量发展水平呈现波动发展的趋势。在2016年发展下降，直至2019年随着智能化水平、生产综合能耗、百万工时伤害率、矿井水利用率等指标的有效改善，发展才得到回升，但总体发展水平还较低，分值为0.6942，未来随着在智能、创新方面的提升，高质量发展水平将进一步提升。

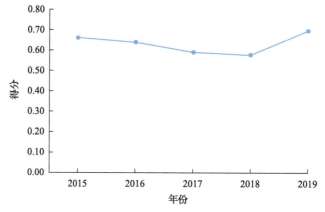

图5-13 邢东煤矿高质量发展评价情况

煤炭行业高质量发展战略 第六章

煤炭行业改变传统粗放式发展，实现高质量发展，需要强有力的战略引领。本章分 2025 年、2035 年"两步走"提出煤炭高质量发展的战略目标，明确建设"创新驱动的智慧煤矿体系、环境友好的绿色发展体系、清洁高效低碳利用体系、竞争有序的市场体系、合作共赢的全面开放体系、高素质的人才队伍体系、煤与其他能源有机融合体系、引领发展的示范工程体系"等战略路径。

第一节 战略蓝图

根据党《中共中央关于制定国民经济和社会发展第十四个五年规划和二〇三五年远景目标的建议》提出煤炭行业高质量发展的阶段划分、目标、路径及总体战略蓝图，从而指导我国煤炭行业高质量发展实践，使煤炭行业成为受人尊敬、安全、可靠、绿色的高科技行业。煤炭行业高质量发展的战略蓝图如图 6-1 所示。

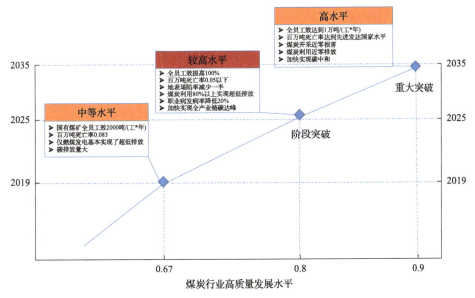

图 6-1 煤炭行业高质量发展战略蓝图

煤炭行业的高质量发展不是一蹴而就的，而应依托现有的基础和条件，循序渐进。中华人民共和国成立后，我国煤炭行业历经数个发展阶段，各项发展取得显著成效，行业发展质量达到中等水平。然而，新的发展阶段赋予了煤炭行业新的时代内涵和更高的历史使命，面对严峻的时代考验，煤炭行业可按"阶段突破—重大突破"的"两步走"实施战略，分步实施，最终实现跨越式发展。在"阶段突破"阶段，要推动智慧煤矿广泛应用、进一步提高煤炭利用全过程的清洁低碳水平，为煤炭行业向高端、低碳产业转型赢得时间。在"重大突破"阶段，要全国范围内全面实现智能化，并通过技术变革使煤炭成为环境近零损害、气候近零负荷的绿色清洁能源。

第二节　战略定位与目标

一、阶段性突破阶段

1. 战略定位

煤炭高质量发展取得阶段性突破的关键是围绕安全、高效、低碳等目标取得重大进展。实现智慧煤矿技术的突破和应用，加快提升煤炭利用全过程的清洁绿色水平，改善井下作业环境，为煤炭向高端、低碳产业转型奠定基础。

2. 战略目标

到 2025 年，煤炭高质量发展取得阶段突破，综合得分在 0.8 以上，达到较高水平。其中：全员工效比 2020 年提高 100%，地表塌陷率减少一半，职业病发病率降低 20%；百万吨死亡率降在 0.05 以下；加快实现碳达峰；80%的煤炭利用实现超低排放。

二、重大突破阶段

1. 战略定位

煤炭高质量发展取得重大突破阶段的关键是围绕碳中和目标取得重大进展。实现传统煤矿向智慧煤矿彻底转型，实现碳捕捉和封存技术的跨越式发展和广泛应用，加快实现煤炭全产业链碳中和。

2. 战略目标

到 2035 年，煤炭高质量发展取得重大突破，综合得分在 0.9 以上，达到高质量水平。其中：全员工效达到 1 万 t/(工·年)；百万吨死亡率达到先进发达国家水平；加快实现碳中和；煤炭开采近零损害；煤炭利用近零排放；不再新增职业病。

第三节　战　略　路　径

一、建设创新驱动的智慧煤矿体系

建设创新驱动的智慧煤矿体系就是要研究煤炭智能化开采的技术途径、配套装备及安全保障措施，提升行业现代化和安全水平。

1. 加强智慧煤矿关键核心技术攻关

智慧煤矿和智能化开采核心技术的研发已成为煤炭行业升级发展的强大推动力。然而，建设智慧煤矿不是简单技术改造就能建成的，其中包含的系列关键技术需要进行不断的探索和攻关，并借助新一代信息技术带来的发展机遇，借助第4次工业革命和新技术发展的成果，与煤炭开发技术深度融合，开创绿色、安全、智能、高效的煤矿发展新模式(王国法和杜毅博，2019)。

为此，要加强智慧煤矿科技创新的整体规划，突破自主知识产权技术瓶颈，加快新技术的投入。重点研发煤矿精准探测与地理信息精细建模技术、新一代矿井感知传感技术与装备、复杂条件综采(掘)装备智能协同快速推进技术、露天煤矿连续化作业关键技术、不同场景的智能运输技术、重大危险源与危险行为的智能感知与预警技术、大型设备故障诊断与综合健康管理技术等，为煤矿智能化发展提供技术保障。

2. 推进智能煤机装备研发应用

智能装备是煤矿智能化建设的基础，应大力推广国内外智能采掘装备新技术、新经验，加大我国智能煤机装备的研发投入，保持对高端装备引进与对外产业转移的双向开放，通过原始创新、集成创新和引进消化吸收再创新，在开放与创新中进一步优化、提升我国智能煤机装备水平。

一是重点研发智能自适应液压支架、智能采煤机、智能掘进机、综采(掘)智能控制装备等井下智能化大型机械设备，大力研发新材料、新工艺，提高综采(掘)设备的可靠性与智能化水平。加强煤炭智能地质钻探、智能高效绿色开采、智能洗选、智能灾害防控和应急救援等关键装备的攻关，培育煤矿智能制造新兴产业，不断提升关键零部件的加工精度、性能稳定性、质量可靠性和使用寿命，提高智能煤机装备成套化和国产化水平，为煤矿智能化建设提供有力支撑(王国法等，2019a)。

二是亟须开展井下煤机装备机器人研究，攻关煤矿井下智能机器人系统集成、设计、制造、试验检测等核心技术，攻克煤矿重载机器人运动和执行机构、井下极端环境下的导航与路径规划、井下机器人群协同管控平台等关键技术；加快制定一批井下机器人标准，按照急用先立、共性先立的原则，加快井下机器人关键技术标准和重点应用标准的研究制定。针对煤矿井下不同应用场景，重点研发一批井下作业类、安控类和应急救援类机器人产品，鼓励煤炭企业积极实施机器人代替人工作业(王国法等，2019b)。

三是引导支持有条件的煤机企业积极采用自动化生产线，提高全流程的数据采集、信息传递、智能分析和决策的反馈能力。推动重点企业在数字化生产、信息化管理基础上，集成应用先进传感、控制及信息管理系统，通过基于数字化模型的工厂设计、产品设计、工艺设计和工业数据分析以及对整个生产过程的持续优化，构建智能工厂，提高智能化煤机装备的制造水平(王国法等，2019b)。

3. 配套智慧煤矿保障措施

在攻克智能化开采技术难题的基础上，合理的政策措施、科学的生产管理亦是全面推进智能化开采的重要因素。

为此，加快完善煤炭资源管理与产能布局，将煤炭的安全高效绿色开采作为我国煤炭资源开发的基本产业政策，淘汰落后开采方法与产能装备。改革传统煤矿的运行和生产组织模式，推行智慧煤矿和智能化开采系统一体化解决方案、系统维护云端服务、智能采掘专业化队伍、市场化服务，解决煤矿人才、管理运行水平不平衡问题。加快建立智慧煤矿和智能开采的技术标准体系和运行管理规范、安全规程体系，解决现有安全规程制约智能无人化开采的问题(王国法等，2019b)。

二、建设环境友好的绿色发展体系

建设环境友好的绿色发展体系就是要坚持近零损害与近零排放的理念，最大程度减少煤炭生产和消费活动对生态环境的损害，让煤炭生产方式变绿、产品变绿、消费方式变绿(任冰洁，2018)。

1. 建立全生命周期的绿色发展理念

一是先进环保的绿色勘查理念，以"绿水青山就是金山银山"绿色发展理念为指导，综合考虑勘查区的生态环境、勘查成本、勘查劳动强度，合理选择节约、高效的勘查技术手段，综合开展煤系多矿种的协同勘查与综合评价，最大限度降低对生态环境的扰动和影响，最大限度地降低勘查成本及勘查劳动强度，以最少的成本取得预期的地质信息与成果(潘树仁等，2018)。

二是近零损害的绿色开采理念，以近零损害为导向，最大程度减少煤炭生产对生态环境的损害。

三是清洁低碳的绿色利用理念，煤炭资源得到全部高效充分利用。煤炭中碳氢元素得到高效利用，煤炭中伴生的铝、镍、硅等资源得到高效回收利用，煤炭共生资源得到高效开发利用。煤炭利用污染物达到超低排放，二氧化碳得到高效捕集和高效利用；煤炭转化实现环境友好，水资源得到循环利用。

2. 健全绿色矿山建设的标准体系

健全绿色勘查和绿色矿山建设技术标准体系。开展绿色矿山生产运行过程的管理标准研究制定，建立健全分行业、分地区标准体系，促进新技术、新工艺、新材料的推广应用。建设生态矿山，实现绿色开采，构建绿色煤炭发展长效机制。积极对接国外矿山建设先进适用标准，做好吸收转化，推动我国矿山建设标准步入国际先进水平(孙升林等，2017)。主动参与国际标准化工作，推动中国绿色矿山标准走向国际，贡献中国智慧和中国方案，提升我国标准的影响力和话语权。

3. 打造绿色开发与治理技术体系

绿色开发与治理技术体系主要涉及以下三方面：在开采方面主要包括充填开采、保水开采、地下水库、多相资源联合开采、地热资源利用等技术；在粉尘防护方面主要包括声波雾化降尘技术、磁化水降尘技术、预荷电喷雾降尘技术、泡沫降尘技术和高压喷雾降尘技术等；在煤矿区地表生态环境恢复治理方面，主要包括减轻地表损伤的条带开采、协调开采等减损开采技术，污染原位控制与生态恢复的一体化技术，生态系统重构与土地复垦关键技术等。

三、建设清洁高效的利用体系

建设清洁高效利用体系就是要加快提升煤炭利用全过程清洁化水平、建立健全煤炭高效节能政策管理机制、大力推动煤炭从基础能源向重要原料转化的进程。

1. 加快提升煤炭利用全过程清洁化水平

煤炭利用具有典型的全生命周期属性，密切涉及加工、流通、终端消费等多个环节。通过推进煤炭清洁利用全过程管理，将激发各环节的清洁化潜能，减少煤炭消耗、提升环境质量。加快提升煤炭利用全过程清洁化水平，一是进一步规范煤炭提质加工行业清洁化相关标准，加快建立煤炭加工、流通、重点消费各环节的清洁生产标准、污染物排放标准，分类细化中小型煤炭加工企业的清洁生产指导目录，实现按类别的精准管理。制定分级、分质利用的产品质量标准，提升分质利用清洁化水平；二是创新管理措施，根据各环节污染物排放标准限值，研究实行动态监管新办法，推进完善煤炭供应的订单式市场体系，增加产品精准性，加强对终端利用环节的衔接，推动形成煤炭优质、优价市场体系。研究制定供给侧和需求侧煤质关联办法，依托网络数据平台实现煤质数据的透明化，实现煤炭需求侧资源的适时调整，并为供给侧的精准供应提供参考。三是精准施策，建立低碳等新技术研发专项联合攻关机制，科学制定分布式用煤的管理政策，整合、设立新技术专项资金，增强税收优惠和资源配置力度，推进支持清洁利用全产业高质量发展。

2. 健全煤炭高效节能政策管理机制

煤炭高效节能是增加资源、降低污染的重要措施，我国坚持节约资源和生态环境保护相统一。要健全节能监察、节能审查、重点用能单位节能配套制度，提升节能工作法治化水平。强化标准引领约束作用，健全煤炭利用领域节能标准体系，加强节能执法监察，强化事中、事后监管，形成节能法律机制保障。要积极优化煤炭清洁利用产业结构，发展低能耗、高效率的利用产业，推动智能化、清洁化改造，健全节能监察执法和节能诊断服务机制。通过构建市场导向的煤炭清洁低碳利用技术创新体系，加快推广煤炭利用重点节能低碳技术与节能装备，全面提升煤炭高效节能水平。

3. 大力发展煤炭清洁转化技术，推动煤炭从燃料向原料转化进程

煤炭清洁转化能源转换效率高，可实现常规污染物超低排放，生产中高浓度、高压 CO_2 有利于进一步处理和利用，可将煤炭作为重要化工原料生产多种化工、能源产品，是煤炭清洁高效利用的重要方向和转型升级的重要路径。

一是发挥煤的特点，生产石油炼制难以获得或者高成本获得的原料产品。煤直接液化油品作为军用柴油、高密度航空煤油、火箭煤油等特种高端油品；间接液化费托合成中间产物生产无硫、低烯烃、低芳烃超清洁油品，高品质石蜡、溶剂油、α-烯烃、高档润滑油等高附加值产品；进一步丰富煤基含氧化合物产品种类，大幅提升产品高附加值。二是煤炭清洁高效转化过程中固废、高浓有机废水及高浓含盐废水处理等关键技术研发，达到煤转化过程超低排放；通过与 CCUS、与新能源协同耦合等多种方式，降低碳流失率，推进煤化工二氧化碳减排。三是煤炭清洁转化技术升级及系统集成耦合。加强煤炭催化气化/加氢气化等可大幅度提高煤炭转化效率的新技术研发，促进煤化工与炼油、石化化工、发电、可再生能源等系统耦合发展，实现煤转化能效与产品品质的显著提升，水耗、能耗等大幅降低。

四、建设煤与其他能源协同融合的低碳发展体系

建设煤与其他能源协同融合的低碳发展体系就是要通过煤炭与太阳能、风能、水能、生物能、核能等能源深度耦合，提升能源利用质量，开辟煤炭低碳发展新路径。

1. 加快降低碳贡献比例

在我国"力争 CO_2 排放于 2030 年前达到峰值，努力争取 2060 年前实现碳中和"的碳减排目标下，煤炭必须进一步采取有力措施降低碳贡献比例。

一是要加快提升碳捕集封存技术的经济性，依靠技术升级持续降低电力行业、化工行业、冶金行业、建筑行业等主要消费端的碳总量。二是进一步加强煤层气抽采利用。新的碳减排形势要求加快煤层气抽采利用关键共性技术研发，逐步探

索建立适用不同区域煤层气开发利用的技术、工艺和装备体系，大幅提升煤层气抽采利用规模、效率和质量，降低碳排放量。

2. 推进煤炭与可再生能源深度融合

立足煤矿自身特点和所在区位，推进煤炭与可再生能源深度融合。煤炭与可再生能源具有天然互补性，煤炭与可再生能源深度融合，可互为支撑，破解各自发展瓶颈。

一是完善和优化燃煤发电参与电网调峰的机制，突破煤炭与可再生能源深度耦合发电、制氢、化工转化技术，充分利用煤炭的稳定性，为可再生能源平抑波动提供基底，规避可再生能源开发利用的不稳定性；二是利用可再生能源的碳中和能力，为燃煤利用提供碳减排途径，在很大程度上减轻单纯燃煤利用的碳减排压力。特别是推进煤矿区以煤电为核心，与太阳能发电、风电和水电协同发展；推进采煤沉陷区治理与光伏发电融合，实现多种电力能源的协同高效开发利用。

五、建设产需协同的供应体系

建设产需协同的供应体系就是要优化产能结构，形成定制化精准供应体系，提升煤炭应急供应能力。

1. 优化产能结构

世界煤炭产业的发展潮流有两个特点：第一，世界煤炭工业实施战略性重组。澳大利亚、美国、加拿大及南非等国的煤炭企业逐渐重组为几家大型煤炭销售跨国公司，控制了世界80%的煤炭出口量；第二，煤炭生产趋向集中化、大型化。生产趋向集中化，带来世界主要产煤国家生产效率逐渐提高，生产成本逐渐降低，市场竞争能力逐渐增强，市场份额逐渐增大，导致煤炭企业大型化。

我国煤炭行业长期以来存在"多、小、散、乱"的局面，随之带来了资源浪费、生态环境破坏和安全事故频发等问题。煤炭产业高度分散的产业结构导致煤炭企业的过度竞争和煤炭产业与相关产业的不公平竞争，严重影响了我国煤炭市场的正常秩序。分散的煤炭企业进入市场后，为争夺市场份额低价倾销、竞相赊销，为抢夺资源乱采滥挖，导致了煤炭市场的恶性竞争(钱鸣高等，2018)。

为了消除煤炭市场的恶性竞争，应进一步优化我国煤炭行业产业结构。加快培育和发展亿吨级大型煤炭骨干企业和企业集团，把大集团建设作为促进煤炭行业产业组织改革重要举措。通过组建跨地区、跨行业的大型煤炭企业集团，改变煤炭行业地方割据状态，提高煤炭产业集中度。

2. 形成定制化精准供应体系

一是充分利用现代信息技术，推进煤炭供应与用户需求的精准对接，提升煤炭按需供应能力，根据用户需求，实行订单式生产。二是按照不同用煤用户的需求，建立产品品类分级制度，用不同品质、种类的产品精准适配不同的用煤方式和设备。不同用煤方式(如炼焦用煤、高炉喷吹、气化、水泥回转窑、发电煤粉锅炉、链条炉、民用散煤、民用型煤)对煤质的要求均存在差异，需要依托物联网、大数据等现代信息技术手段，创新煤炭质量精准管理机制，实现针对不同的技术和设备用煤规格提供定制化产品，推进煤炭供应侧与用户侧的精准对接。

3. 提升煤炭应急供应能力

一是推进煤矿灵活生产，建设一批高效、智能、少人的"柔性煤矿"，在短时间内能快速调节煤炭产量，增强煤炭供应的灵活性和应变能力。二是发展煤炭产销共建储备新模式。大力发展煤炭生产企业与煤炭用户(或当地政府部门)以合作方式在煤炭消费地共建储备基地的新模式。这种模式有利于调动承储企业积极性和可持续性，有助于解决生产、消费和储备企业各方储备难题。同时通过明确产销共建新模式的认定条件并通过贴息贷款、专项政府债、税收、发电企业优惠、资金等方式加快推动地方产销共建煤炭储备基地，加强引导、扶持、培育，促进市场化运行。

六、建设合作共赢的全面开放体系

建设合作共赢的全面开放体系就是要引进国际先进的技术装备和管理方法，提高我国煤炭工业的整体生产力水平。参与境外煤炭资源开发与贸易，加快走出去。不断拓展国际合作的广度和深度，打造全球煤炭投资、生产、贸易、运营等多元网络化合作体系，形成全方位煤炭国际合作新局面。

1. 依托能源国际合作机制，推动建立稳定的煤炭合作伙伴关系

随着政治经济国际化趋势的不断增强，国际合作机制在跨国投融资、国际发展合作、国际贸易等领域发挥着越来越重要的作用。当前我国能源国际合作机制包括国际能源高级论坛、双边或多边的能源合作。我国煤炭行业应紧紧依托国际能源合作机制，有效推动与其他国家或地区建立合作伙伴关系。

2. 围绕"一带一路"建设重点，深化煤炭合作

"一带一路"建设是我国扩大对外开放的重大举措和经济外交的顶层设计，已成为促进各国共同发展的重要公共平台。倡议提出七年多来，朋友圈不断扩大，沿线国家贸易、投资和工程承包合同额大幅增长，已经对全球经济治理机制产生深刻影响。

"一带一路"地区具有丰富的矿产资源。"丝绸之路经济带"涉及的中亚、西亚及北非、俄罗斯及东欧地区，以及"海上丝绸之路"涉及的东南亚、南亚

地区，均处于世界重要成矿带上，成矿条件优越，矿产资源种类全，勘查开发程度低、潜力大，与我国合作互补性非常强。主要煤炭国家包括俄罗斯、印度、哈萨克斯坦、印度尼西亚等。从其煤炭工业发展情况来看，由于主要煤炭国家基本都属于发展中国家，经济发展水平有限，煤炭工业的现代化水平也十分有限，煤炭开采和利用的技术与装备水平都有待提高(马瑶，2020)。因此，我国煤炭国际合作必须紧扣"一带一路"沿线国家的煤炭工业发展需求，推动合作深入发展。

3. 倡导煤炭安全绿色开发和清洁高效低碳利用，引领全球煤炭行业清洁转型

发达国家能源消费结构多元化，新能源和可再生能源快速发展，已成为一次能源消费中最具潜力的领域。但在广大发展中国家，尤其是金砖国家等新兴经济体中，经济发展动力强劲，煤炭仍然是经济社会发展的可及性最高的能源。为应对煤炭开采和利用带来的环境污染和生态破坏，我国煤炭行业必须在煤炭清洁高效利用、碳捕捉等领域与发达国家共同开展前沿技术研究，在煤炭安全绿色开发和清洁高效低碳利用领域与发展中国家展开国际合作，促进煤炭在各国家的清洁低碳转型。

4. "因地制宜"开展国际合作，根据国别市场差异建立相应的合作模式

当前，以英国、德国、美国等为主的发达国家已进入煤炭消费平台期甚至煤炭逐步退出阶段，但经过多年的发展，这些国家在自动化、智能化开采、碳捕捉和利用等方面仍掌握着世界先进的技术和装备。反观发展中国家，煤炭作为支撑经济发展的主要能源，煤炭工业的发展落后制约着煤炭开发和利用的潜力释放。针对煤炭开发和利用中各国的不同需求和条件，我国煤炭行业需要分门别类的制定不同的合作策略。

具体来讲，开展全方位国际合作需要具体分析世界主要煤炭产消国资源状况、煤类煤质、开发潜力、需求趋势、技术装备、基础设施、产业政策、贸易政策等条件，对于煤炭工业发展较为成熟的发达国家，以煤炭利用的前沿技术、关闭煤矿地下空间开发利用技术联合研发为主；对于煤炭资源非常丰富、具备开发成本优势的国家，以进口贸易、境外煤炭资源投资为主；对于煤炭开发技术装备不够先进的国家，以工程承包、技术服务、装备出口为主；对于经济发展迅速，煤炭消费为主的国家，以燃煤发电、煤化工等下游产业投资、技术服务为主。

七、建设高素质的人才队伍体系

建设高素质的人才队伍体系就是要提高人才与行业需求的契合度；培养"信息化、数字化、智能化"的新型人才。

1. 提高人才与行业需求契合度

改革学科专业结构，加快新兴交叉学科建设，通过专业改造等方式设置煤炭工业当前及未来所需的复合型专业。发挥煤炭行业协会与行业职业教育教学指导委员会作用，探索建立多部门协同的人才需求预测机制，制定煤炭行业人才评价标准；推动高校制定各专业人才培养标准和评价办法，实行产学研用协同育人，改革煤炭行业高校专业培养方案，构建符合煤炭工业战略发展的课程体系和学习支持体系；推动研究生培养模式改革，扩大重大基础研究、重大科研攻关方向、重大工程领域的博士研究生培养，紧密结合承担煤炭工业重大科研任务，提高煤炭行业人才与行业需求的契合度。

2. 提升煤炭工业专业技术人才素质能力

建成一支能够支撑和引领煤炭行业高质量发展目标、结构合理、素质优良、具有强大国际竞争力的煤炭工业专业技术人才队伍。

制定煤炭工业专业技术人才国家标准体系，不断提高煤炭工业专业技术人才的学习能力，以实施煤炭工业专业技术人才知识更新工程为龙头，开展煤炭工业专业技术人才继续教育，整合继续教育资源，发展网络和远程教育，建立煤炭工业专业技术人才教育网络，构建分层分类的煤炭工业专业技术人才继续教育体系（闫俊凤，2014）。

加快调整煤炭工业专业技术人才队伍整体结构。一是调整煤炭工业专业技术人才培养结构。根据经济社会发展需要，及时调整煤炭院校学科与专业设置，不断健全学科和专业体系，加大现代信息技术，包括大数据、云计算、人工智能等专业人才的培养力度。二是调整煤炭工业专业技术人才的学科领域分布。围绕国家重点发展领域，着力培养引进掌握核心技术、关键技术和共性技术的各类工程技术人才；抓紧培养引进熟悉国际规则、具有丰富实践经验的各类管理人才。三是引导煤炭工业专业技术人才向企业聚集。鼓励企业聘用高层次专业技术人才，引导科研机构和高等院校的科技人员进入市场创新创业，加强企业博士后科研工作站建设（闫俊凤，2014）。

3. 完善煤炭工业高技能人才培养体系

以煤炭行业产业调整和振兴发展为导向，制定煤炭行业高技能人才标准，制定战略性、动态性、开发性的高技能人才素质模型，建立健全煤炭企业、行业为主体、职业院校为基础的煤炭工业高技能人才培养培训体系。组织、引导煤炭行业和企业结合生产和技术发展需求，大力开展职工技能提升培训和新知识、新材料、新技术、新工艺培训，加大煤炭行业高技能人才培训力度，建设国家级示范性高技能人才培训基地。推动职业院校紧密结合市场需求和企业需要，通过深入开展校企合作，制定定向培训费用预算，深化煤炭院校教学改革，进一步提高技能人才培养的针对性和适用性。鼓励煤炭行业高校、行业、企业、科研机构、社会组织等主体组建职业教育集团，实现教育链和产业链融合。将煤炭行业高技能人才培养与产业调整和振兴计划、国家中长期煤炭科技发展规划以及其他重大工程项目的组织实施密切结合，使煤炭行业高技能人才培养与项目建设同步。

八、建设老矿区可持续发展的转型体系

1. 建立常态化的煤矿退出机制

建立系统化、常态化与市场化的煤矿退出制度，实现所有煤矿在资源枯竭时顺利退出煤炭生产领域转产发展和转移发展。主要包括以下两个方面：一是实现煤矿关闭政策的常态化。由政策性关闭转向正常关闭，需要制度创新，适时出台资源枯竭煤矿关闭条例，规范煤矿退出行为。资源枯竭煤矿的关闭与经营不善企业的破产是两个不同的概念，煤矿关闭应得到政府的援助。二是政府应制定资源枯竭煤矿关闭制度，明确煤矿从业人员再就业的保障措施，实现从业人员的顺利退出。同时，中央及地方财政应建立煤矿关闭专项基金，将资金来源制度化、常规化。各省可根据矿产资源发展规划，利用基金对资源枯竭煤矿的转产人员安置和矿业企业所在城市新项目的开发进行统筹安排使用（刘传庚，2008）。

2. 推进老矿区生产与转型的超前对接

一是整体考虑，明确老矿区资源枯竭后的转型途径或要求。建议在老矿区资源枯竭前，统筹考虑矿区所在地的经济发展、人文、地理位置、交通条件等因素，综合考虑矿区转型发展的适用方向，事先定位老矿区资源枯竭后的转型途径。根据老矿区资源枯竭后的转型途径指导矿的生产布局，有序推进矿区转型工作。

二是矿井设计时就应充分考虑矿区转型的要求。矿区转型不仅是废弃、关闭矿井要面临的问题，更是每个矿井都要面对的问题。因此，矿区转型必须要从矿区建设时就考虑。建议矿区自矿井设计之时起，就要充分考虑矿区转型发展等问题。在矿井设计方案中增加"矿区转型发展"章节内容，结合政府对矿区转型发展的途径或要求，提前设计矿区转型。

九、建设引领发展的示范工程体系

建设引领发展的示范工程体系就是要选择不同层级、不同地区的样例，开展煤炭高效、绿色、清洁、低碳等方面的生产利用技术示范，建设引领行业高质量发展的示范工程。

1. 绿色高效生产示范工程

晋、陕、蒙等作为我国煤炭主产区，面临着绿色开采及水资源保护的技术难题，需要在解决煤炭资源安全高效智能开采的前提下，重点开展超长工作面、超大采高、高强度综采(综放)条件下岩层移动控制技术与煤—水双资源共采技术示范工程。

2. 煤炭资源枯竭地区生态恢复示范工程

我国东北地区资源枯竭，长期掠夺式开采导致的生态环境破坏已成为当前可持续发展的重要障碍，需要研究酸性废石堆的治理技术、生态工程修复技术、生物复垦技术、水体保持技术等。采取保护优先、防治结合，景观相似、功能恢复，科技引领、注重实效的原则，开展东北寒冷塌陷区生态修复模式与关键技术工程示范；露天煤矿边坡侵蚀控制与景观重建技术工程示范等。

3. 西部脆弱区地下水系保护示范工程

选取西部脆弱区，开展矿山"保水"与"高质量"同步开采技术工程示范，矿山地下水污染监测预警及控制系统工程示范，矿山地下水清洁循环利用技术工程示范，矿山地下水库水资源蓄存利用技术工程示范，采煤塌陷积水区水土资源同步利用与生态湿地构造技术工程示范等。

4. 沉陷治理新模式示范工程

在沉陷治理方面，针对不同区域，寻求具有良好经济、生态和社会效益的新模式。如：西部脆弱区技术模式；东北稳沉区技术模式；华东积水区技术模式；建(构)筑物等损害修复与重建技术模式等。

5. 煤炭先进转化与近零排放示范工程

选择西部煤炭主产区进一步开展煤的先进原料转化示范工程，如开发液化油制取特种燃料及含氧清洁燃料与化学品工程示范、煤转化制取大宗含氧化合物示范工程、煤转化过程气体污染物控制废水处理与碳处置工程示范等。

6. 煤炭与可再生能源制氢耦合利用示范工程

针对煤化工碳排放问题，利用煤与可再生能源的协同耦合优化用能结构，降低煤的碳排放量。在煤炭与可再生能源丰富的叠合地区开展风、光等可再生能源制氢耦合煤转化示范工程。

煤炭行业高质量发展关键技术需求

第七章

煤炭行业必须依靠关键技术突破才能实现高质量发展，在高质量发展过程中，不同阶段的技术需求具有不同的标准和要求。本章从基础研究、智能开采、绿色开采、安全保障、清洁利用、节能减排、职业健康等方面提出了 2025、2035 年的技术攻关方向。

第一节 基 础 研 究

一、智能开采基础研究

煤矿智能化是适应现代工业技术革命发展趋势、保障国家能源安全、实现煤炭工业高质量发展的核心技术支撑，而井下狭小作业空间内人—机—环境的智能感知、分析、决策与预警是实现煤矿智能化建设的关键，感知数据的特征提取、深度挖掘、融合分析及高效利用是实现井下系统智能决策、控制的基础。

随着智能感知、通信网络、云计算等技术的飞速发展，以及井下智能可穿戴设备、远程运维等技术的推广应用，煤矿井下各智能系统产生了大规模的数据，其数据来源主要有以下几个方面：一是智能化煤矿生产过程中应用感知技术和物联网技术等获取的实时数据，包括生产过程中的综合自动化信息(如智能设备感知自控数据、机器运行参数等)、工程数字化信息(如井下各类监控监测、人员定位、采掘进尺、地质变化等数据)等；二是煤矿企业管理信息系统产生的日常经营数据，例如大量采掘机运通、销售、安全、财务、经营、环境等数据；三是煤炭运营相关的外部数据，尤其指与煤矿企业生产经营活动相关的企业外部信息，如地质、煤炭分布、信用、金融、消费情况、能源政策、预测产品市场的宏观社会经济等数据。

由于缺乏高效的数据特征提取、融合分析、数据建模等技术，目前井下海量数据的有效利用率很低，不足以为煤矿智能决策提供科学依据。煤矿大数据主要有以下特征：一是煤矿井下数据量大、数据特征多样，但集成度低，导致信息孤岛严重；二是煤矿条件复杂多样，不同应用场景的数学、力学机理不清晰，导致数据处理、融合分析难度大；三是煤矿井下数据产生的速度快，且噪声多，数据模型构建难度大，预测、预警精度低。

基于井下海量多源异构数据特征，对数据进行专业化处理与融合分析，提高

· 153 ·

对数据的"加工能力"，对于煤矿智能化建设具有重要意义，需要重点研究以下方面的内容。

1）智能化煤矿信息实体构建

煤矿信息类别繁多且相互之间关联关系复杂，涉及多个维度的属性。信息实体是从物理实体的原始描述中提取并抽象出物理实体的数据描述，即信息的元数据。信息实体在智能化煤矿信息网络系统中处于节点位置，构建层次清晰、分类明确的信息实体是构建煤矿信息网络，实现物理空间向数据空间映射的基础。

2）智能化煤矿知识图谱构建

通过信息实体的建立，实现从物理空间到数字空间的映射。这一映射不仅包括对采煤机、液压支架、掘进机等物理实体，也包含顶板来压、瓦斯超限、设备故障等时间实体及空间位置关系、围岩耦合关系等功能实体。通过语义网络可实现对于各信息实体之间基本关联的描述，但还需对关联关系的程度进行具体描述。通过 Apriori 算法对于各信息实体之间的关联规则进行挖掘，计算支持度和置信度，从而描述关联程度（王国法等，2020）。

3）智能化煤矿数据交互与推送

基于知识图谱，实现对于任务的分解，得到控制决策的本体知识。对于显示需求，基于检索条件对开采信息知识本体进行匹配度计算，得到推送最优解；对于隐性需求，基于粗糙集和模糊综合决策构建推送规则，并根据关联关系进行匹配度计算，约减属性决策表，将匹配数据推送给控制对象，并将控制结果和数据习惯记录进行规则迭代，解决推送信息和目标的交互、融合问题。

4）智能化煤矿数据架构

煤矿生产控制过程与环境信息产生强关联耦合，需要保障数据的可靠传输与响应速度。集中式数据处理的云计算架构将数据传输到云中心进行分析处理，难以解决海量工控数据传输的可靠性及控制信号传输时延造成的响应滞后等问题。因此，需要研究基于"云边端"的煤矿智能化数据处理架构。

5）智慧煤矿信息逻辑模型

信息的相互有效关联是智慧煤矿系统的基本特征和要求。虽然在前期研究过程中，初步建立了智慧煤矿不同系统内的数据关联，但并未形成统一、有效的数据信息编码格式及模型，难以完成更深层次的信息处理、知识挖掘与运用，因而无法建立更高抽象层次的智慧煤矿概念认知框架，无法实现物理对象、逻辑关联、特征信息的统一表征和处理。为此，需要建立一种层级清晰、分类明确、覆盖全面的智慧煤矿基础数据元。该数据元将实际煤矿的物理对象及相互关联关系统一抽象映射为一个信息"实体"，在此基础上提出信息"实体"之间交互、融合、联想、衍生的机理机制，才能为深层次研究煤矿海量信息之间的关联关系提供有效方法(任怀伟等，2019)。

6)高精度地质探测技术和数据反演分析

地质信息智能探测技术是实现智能化的基础，亟须研发煤矿精准探测与地理信息精细建模方法，采掘前端地质异常体高精度透地探测传感器，低速、高振动条件下基于光纤网络的采掘装备位姿智能传感器，具有自组网、自通信、自供电、自定位功能的极端环境物理场(瓦斯、粉尘、地下水、温度、有害气体、复杂围岩体、复合动力灾害等)原位监测智能微传感器及其物联系统。

7)地下开采装备精确定位和导航核心技术原理

井下狭小封闭作业空间信息传输距离短、信号衰减大，难以实现井下设备、人员的精准定位，制约了智能协同控制技术的发展，亟须研发低成本、高精度的适用于复杂磁场环境下的捷联惯性导航技术原理(激光陀螺仪、加速度传感器、里程计)，井下5G高速无线通信及高精度定位、基于精确定位导航的井下避障、掘进机精确制导、辅助运输车辆无人驾驶系统等原理与应用基础研究。

8)采场环境—开采系统耦合作用机制

采场环境的智能感知是智能化开采的基础，环境参数、工艺参数、设备参数的自适应耦合是智能化开采的关键，亟须建立综采强耦合设备群参数与工作面围岩稳定性的关联关系，对不同开采参数的敏感性进行定量分析与评价；研究压力、瓦斯、粉尘等因素对开采工艺、装备控制及系统行为方式的影响，建立数字矿山智能化模型与生产系统的信息交互机制，实现二者的有机结合与统一。

9)智慧逻辑模型框架下开采系统建模机制

煤矿开采由综采工作面采煤机、液压支架和刮板输送机等有强运动关联的设备群与运输、通风等辅助弱关联设备群协同工作，形成生产系统。煤矿智慧逻辑模型通过解决信息描述模型、信息交互方案以及进化更新机制三个基本问题，建立煤矿信息表达、数据处理及自动更新的基本框架，其根本目的是实现采煤过程信息的处理及智能决策。实现生产系统的智能决策控制，需在智慧逻辑模型框架下利用获取的信息实体数据建立整个综采装备群的内外部关系模型。

10)复杂条件智能开采模式

在煤层赋存较好的简单条件工作面，综采装备群在自动化系统控制下即可实现较高的生产效率，工人作业环境及劳动强度得到有效保障和明显改善。对于复杂地质条件而言，煤层赋存变化大、开采过程中突发影响因素多，自动化系统无法单独连续运行，必须随时人工干预才能完成开采工艺过程。这种方式不但开采效率低，而且人工控制的稳定性及作业安全都难以保证。因此，迫切需要创新复杂地质条件下的智能化开采技术，将工人的环境感知、分析计算及智能决策能力融入自动控制系统中，形成一个能够自主决策的智能化运行体系，从而与动态变化的开采环境自动适应，实现复杂煤层条件的安全高效开采。

11) 时变多因素影响下综采设备群协同控制机制

综采设备群全局最优规划路径方案和参数是总体控制目标，需要分解到每一台具体执行设备。目前，采煤机、液压支架及刮板输送机都是单独控制，近百架液压支架采用单台液压支架控制或多台液压支架成组控制方式，都无法自主完成总体最优控制目标，亟须开展时变多因素影响下综采设备群分布式控制方法，在单机智能控制的基础上实现设备群的整体协同控制，增强开采系统智能化控制的适应性和灵活性。

12) 开采系统健康状态评价、寿命预测与维护决策机制

开采系统设备的健康运行对煤炭安全、高效、智能开采至关重要。其工作环境恶劣、条件苛刻，一旦发生失效或维护不当，将造成严重的经济损失甚至引起人员伤亡等重大安全事故。研究系统多特征状态数据的约简方法，建立开采系统健康状态评价指标，研究基于数据驱动的系统健康状态评价模型，建立系统健康状态量化指数，获取系统健康状态演化机理的数据表征，揭示系统内部各子系统的相互耦合关系。研究开采系统的寿命衰退行为，揭示基于大数据表示的寿命衰退的演化机制；构建特征数据表示的寿命预测指标集，定量表征系统健康状态退化演化趋势；考虑工况变化对预测指标的影响，建立多因素预测模型，实现变工况下的系统寿命预测；通过开采系统中不同子系统之间的相互耦合关系，建立多模型混合策略实现系统的寿命预测。以系统维护安全损失最小、总维护成本率最低和总维修时间最少为优化目标，建立基于生产调度和维护行为的双层机会维修预知决策模型；研究相应的模型求解方法，揭示系统生产调度和维护行为与系统决策结果的关联关系，确定系统最优机会维护状态阈值(王国法等，2019a)。

二、绿色开采基础研究

1. 矿井水资源保护与综合利用基础理论

研究深部煤炭开采应力场、裂隙场和渗流场"三场"演化规律；研究东部富水区、西部干旱区煤炭与水资源协调开发理论与技术体系；开发导水通道精细探查与高效封堵防漏理论与技术；研究西部大面积覆岩弱化裂隙控制理论，降低导水裂缝带发育高度以减少采动对上覆含水层的影响；研究裂隙围岩改性加固理论与技术。

2. 生态脆弱区煤炭开采损害与控制理论

针对生态脆弱区煤炭开采覆岩与地表空间结构动态演化规律不清、煤层—覆

岩—地表协同控制理论缺乏、传统区域测量方法劳动强度和场地条件影响大等问题，建立基于空—天—地协同测量的采煤沉陷区地表生态演变高精度测量理论与方法；全面考虑煤层—覆岩—地表之间的相互作用，研究其开采损害动态演化机理，掌握煤炭开采后整个地层空间结构的移动变形规律。

3. 精准充填开采基础理论

针对煤炭开采造成的采动损害，以及全面积充填成本高、效率低、充填原料不足等制约充填开采推广难题，开展局部充填开采控制岩层移动理论研究；通过改良生产工艺、精准控制充填规模，研发新型低成本充填材料，开发智能精准局部充填开采成套技术。

4. 采煤沉陷区稳定性评价与规模化利用理论

针对煤矿采空区结构复杂、隐蔽性强、影响因素多、易活化等特点，现有条件下尤其是复杂地质采矿条件下采空区及其覆岩稳定性控制理论与手段不完善、评价方法针对性不强等问题，研究复杂地质采矿条件下采空区稳定性影响因素及活化机理，复杂地质采矿条件下采空区处理及覆岩控制理论与技术，基于传递函数理论、煤柱稳定性理论、模糊数学理论等全面分析的采空区稳定性评价体系；研究采空区部分充填、覆岩离层带充填、煤柱稳定性加固、覆岩关键层加固等基于围岩控制的采空区注浆理论与技术；构建煤矿采空区治理及地表建设开发利用全过程的智能化变形监测预警系统。

5. 采煤沉陷区生态演变与生态修复理论

针对西部生态脆弱区大型煤炭基地开发活动与生态环境极其脆弱特征，研究煤炭开采煤层—覆岩—地表空间结构动态演化机理、生态要素（土地、水、植被）采动损害时空演化规律及预测方法，基于"空—天—地"协同测量的采煤沉陷区地表生态演变高精度监测方法；研发干旱荒漠区大型煤炭基地微生物修复、干旱半干旱区生态自修复、废弃物资源化利用、沙尘控制、生物种群优化配置、改土增容等关键理论与技术。

三、安全开采基础研究

1. 煤矿瓦斯灾害防治基础研究

1）煤与瓦斯突出及煤岩瓦斯复合动力灾害致灾机理研究

研究深部复杂应力状态下煤岩瓦斯多物理场耦合作用时空演变规律，开展深部矿井大型煤与瓦斯突出及煤岩瓦斯复合动力灾害模拟试验，揭示突出煤—瓦斯两相流运移及致灾规律。构建深部瓦斯煤岩系统应力远场和瓦斯近场在采掘影响下的应力和能量耦合作用模型和突出煤—瓦斯两相流运移及瓦斯逆流精准判识模型，研究煤岩瓦斯复合动力灾害发生条件量化关系。

2)煤与瓦斯突出及瓦斯爆炸防治基础理论

研究井下长钻孔瓦斯参数测定方法，构建基于大数据的煤与瓦斯突出智能预警模型、爆炸风险智能判识模型，研究极薄煤层保护层开采卸压扰动规律及瓦斯流动特性，研究深部煤层煤巷条带强化卸压扰动规律及瓦斯流动特性，提出本煤层层内卸压扰动规律及瓦斯流动特性、瓦斯爆炸风险精准识别及智能抑爆方法。研究瓦斯参数随钻测定方法，研究煤与瓦斯突出智能预警及决策控制机理。构建瓦斯爆炸智能协同预警与联动防控模型，研究自动化连续煤层自卸压方法、瓦斯爆炸智能协同预警与联动防控方法。

3)瓦斯高效抽采基础理论

提出地面大范围超前预抽瓦斯技术基础理论、高产工作面瓦斯治理技术基础理论。研究井下煤层区域精准破岩增渗机理(水力化措施、化学增渗、超声波增渗等)。研究精确导向钻进方法，构建钻机自动控制模型、抽采管网智能决策模型、煤层群抽采效果评价模型。构建"排抽一体"井上下协同智能决策控制模型、井下区域钻压抽一体化协同控制模型，研究井下区域智能化增渗技术机理，研究瓦斯抽采管网智能决策及抽采效果评价方法。

2. 水害防治基础研究

1)煤矿水文地质精细勘查、三维建模与水害精准预测理论

基于天空、地面、井孔、地下、采煤工作面、长钻孔等多方位、立体式综合勘探理论及技术手段，研发全方位、多方法、多场信息融合的矿井开采水文地质条件精细探测技术和装备，实现对矿井开采水文地质条件的全空间、全过程精细探测，构建"井—地—空"全方位一体化信息网。采用"空—天—地"一体化勘查技术和高度自动化、智能化的快速高效测试分析技术，建立高精度"透明矿井"三维地质模型；研究基于透明矿井的煤矿水害精准预测理论。

2)煤矿应力场—裂隙场—渗流场高精度智能可视化测试理论与方法

针对煤矿井下应力场、裂隙场和渗流场的分布与演化，研究采动岩体裂隙动态演化规律、深部矿井突水动力灾害致灾机理，提出煤矿应力场、裂隙场、渗流场高精度智能化测试分析方法。研究煤矿各采区及全矿井范围内非钻孔的综合应力场全面探测原理及方法，结合物探的方法开发高精度裂隙场和渗流场探测方法，实现煤矿井下"三场"变化的全面、实时、透明化监测。

3)煤矿重大突水灾害智能化防控理论与技术

针对高地应力及高水压条件下深部煤层顶底板、老空区等重大突水灾害，揭

示重大突水灾害新特征及其孕育规律；研究多重水害防控模式；研究重大水害防控能力自评估方法；研究重大水害智能治理流程与过程监控方法；研究煤矿重大水灾数字信息与挖掘理论与方法，创建基于大数据的多源信息融合的防灾治灾方案专家库。

4) 突水灾害智能感知与预警预报方法

研究深部矿井、高强度开采矿井、多灾耦合矿井重大灾害新特征、新类型；研究基于数据驱动的重大灾害风险判识方法及监测理论；从数据维度揭示灾害孕育、发生和发展的时空演变特征及运移规律，建立灾害衍生指标及判识方法；创新预警预报指标体系及模型构建技术路线及方法，实现信息智能感知、灾害智能准确预警、临灾及时报警。形成煤矿重大灾害智能感知与预警预报理论模型与方法体系。

5) 煤矿重大突水灾害精准快速治理理论

基于远距离高效疏控水理论，研究超远距离自识别高效疏放水方法，实现水体、地层、含水体自识别，钻探轨迹自动决策等；通过机器学习，形成自动纠偏、智能决策等能力，形成顶底板智能化高效注浆控制理论与系统；研究单一重大灾害及复合灾害综合防控与效果评价方法；研究灾后防控机器人自学习、自适应算法。

3. 煤矿火灾防治基础研究

1) 煤自燃反应动力学机理

研究煤表面(裂隙)活性基团的本构特征，分析活性基团与氧分子复合作用过程，掌握煤低温氧化自燃链式反应种类、自由基和活性官能团与氧化放热的关联规律；研究煤在不同环境下的表面物化吸附特性，分析非结构堆积煤体自氧化过程中非稳态传热机制及比热与热流密度的变化特征，确定多因素耦合条件下煤自燃不同阶段的宏观热物理场效特性；研究煤自燃的多尺度表征方法与介尺度关联模型，分析煤自燃临界态特征参数的瞬态特性，建立煤自燃氧化动力学反应模型，揭示煤自燃火灾反应动力学机理。

2) 瓦斯与煤自燃风险共生环境下耦合致灾及演化规律

研究含瓦斯煤体在多元反应气体环境中的氧化自热和吸附解吸同步耦合作用过程，建立煤氧化自热与瓦斯吸附解吸耦合模型，探明两者耦合作用规律；分析不同火源产生的条件与辨识特征，研究瓦斯爆炸后致灾性气体的生成动力学机制与受限空间传播特性，提出火区封闭、启封、治理等不同阶段的爆炸危险性评价方法与指标，揭示矿井灾变区域受限空间条件下火与瓦斯爆炸复合灾害的叠加效应和转化机制。

3) 煤自燃前兆信息演化特征与预警理论

提出煤自燃活化性能测试方法与评价技术，确定煤自然发火期快速测试分析方法，建立环境气体本底含量异常等特殊生产技术条件下的预测预报指标；研究面向历史与在线数据的深度挖掘方法和压缩感知手段，研究灾害耦合演变过程中实时流式数据分析处理架构及人工智能预警算法，构建煤自燃诱发瓦斯爆炸灾害的风险预估模型和实时动态修正模型，形成煤自燃与瓦斯爆炸复合灾害的时空随机分岔概率意义下的风险辨识方法，推演灾害发生的风险概率、时空区域及危险等级。

4) 矿井火灾灾变通风热力学

研究矿井火灾时期非定常紊流条件下不同风流流态与矿井热环境的热交换特征，分析火灾发生后热负压的变化规律，建立巷道热力状态特征实时计算方法；研究通风构筑物对通风动力与通风阻力间的相互作用平衡机制的扰动效应，分析井巷网络系统中不同通风构筑物对风流热力学参数的影响规律，发展通风网络热风流全线路特性网络解算方法，建立矿井火灾灾变推演模型，提出基于热力学的矿井火灾灾变通风的控制理论。

5) 煤田火及矸石山火灾的防治基础理论

研究贫氧条件下煤低温氧化与高温燃烧(热解)过程及特性，分析露头火及隐蔽火区的燃烧与蔓延规律，探明煤田火区高温大热容量围岩的快速降温灭火方法的热量传递规律；研究煤矸石山自燃(阴燃)规律和主控因素，多尺度煤矸石山氧化放热特性，揭示矸石山由自燃向爆炸演化过程的内在机理。

6) 煤自燃防治材料的物化特性与适应性

研究煤岩多孔介质结构体在火灾演化过程中物理化学参数的变化规律，分析不同外加影响因素条件下的煤岩体宏观热物理场效特性；基于安全环保等生态约束性条件，开发具有靶向特征的新型气溶胶、无机泡沫阻化剂及胶体封堵剂等阻燃抑爆新材料；研究各种防灭火材料本征阻化特性和不同温度下的阻化特性，建立各种防灭火材料的本征阻化特性数据库，提出不同火灾危险环境条件下的防灭火材料的适用性。

4. 顶板灾害与冲击地压防治基础研究

1) 巷道顶板灾害防治基础研究

① 深部矿井综合应力场演化规律

研究深部井下原岩应力、采动应力、支护应力所构成的综合应力场演化规律；研究综合应力场演化路径及与煤岩体破坏模式的关系；研究综合应力场演化导致煤岩体损伤与灾变破坏机理；研究应力场突变诱发振动能量传播、衰减与作用规律(康红普等，2014)。

②深部软岩强采动巷道围岩大变形机理

聚焦深部高应力、强采动与软弱煤岩体的相互作用过程及矿压显现特征,研究深部高地应力与强采动应力叠加作用下巷道从开挖到报废全过程围岩应力场、位移场、裂隙场时空演化机制及其大变形机理;研究强采动煤岩体的物性劣化与强度衰减规律;研究深部软岩流变与结构大变形机理;研究深井复杂地质与工程环境下,高地应力与强采动应力对物性易劣化和强度易衰减巷道围岩的作用机制;研究深部软岩强采动巷道围岩扩容变形与不连续变形发生条件,揭示深部软岩巷道围岩在高偏应力作用下的破坏过程与机理,为深部软岩强采动巷道围岩大变形与顶板灾害控制提供理论基础(康红普等,2018)。

③深部软岩强采动巷道支护—改性—卸压“三位一体”协同控制理论

在深部巷道支护—改性—卸压“三位一体”协同控制理念基础上,进一步研究并形成“三位一体”协同控制理论。研究高预应力、高强度、高延伸率、高冲击韧性锚杆控制深部巷道围岩变形的机理,研究高压劈裂注浆浆液扩散机理,研究局部/区域水力压裂卸压机理。研究支护—改性—卸压协同控制作用下巷道围岩应力、变形、裂隙演化、岩层垮落形态,揭示出高预应力锚杆支护—注浆改性—水力压裂卸压协同控制围岩应力场、裂隙场、位移场机制。研究不同时间、不同注浆压力与范围、不同压裂方案下支护—改性—卸压时间、空间协同作用机理。针对不同矿区、不同地质力学条件,基于围岩分类,提出与之对应的协同控制方法(康红普等,2020)。

2)工作面顶板灾害防治基础研究

近年来,我国超长、超大采高、超大采放比等高强度开采工作面不断涌现,这些工作面一次采出空间大,顶板岩层活动范围急剧增加;同时,复杂地质条件、深部开采工作面也逐渐增多,覆岩活动规律更趋复杂,工作面各类顶板灾害无论频次还是规模均大幅增加。在顶板灾害基础研究方面,未来在如下领域尚需要开展深入研究:

① 工作面矿压海量异构数据深度挖掘基础理论与方法

井下条件复杂,矿压传感器易受割煤扰动、支架状态异常、调架或移架等活动影响,基于大数据处理方法,研究工作面海量矿压异构数据的整理、清洗和转换方法,获取真实支架围岩动态信息;研究矿压数据的差异因子、最优尺度、多元回归预测等多信息融合和建模方法,分析循环内支架工作阻力增阻特征,研究不同类别顶板矿压演化规律;基于对海量数据的深度挖掘和长周期分析,进一步研究得出采场顶板来压构成要素的时空关系和表征方法,实现矿压显现规律的多尺度和定量化分析。

② 采场顶板状态全息感知

针对海量支架工作阻力演化曲线,研究特异群组挖掘、图挖掘等新型数据挖掘技术，获取支架阻力—时间曲线隐含的围岩状态信息；创新多参量矿压信息深度融合方法，如工作阻力均化循环预测法等，分析不同支架—围岩关系条件下工作阻力演化规律；研究基于支架智能感知的采场顶板表观变形、位移与内在应力、损伤乃至断裂、失稳间的内在联动机制，研发基于矿压数据驱动的采场顶板状态全息感知原理与方法。

③ 覆岩结构失稳前兆信息识别

将远场覆岩活动与近场矿压显现相结合，研究远场结构失稳与近场顶板垮落的动力学机理；在远场覆岩活动实时监测方面，利用微震监测定位技术，分析基本顶及更高层位覆岩破断位置、层厚及能量分布特征；开发多场耦合推演程序，实现岩层断裂、结构形成及失稳等状态的实时反馈；在工作面近场顶板状态感知技术方面，分析基本顶失稳对液压支架工作阻力、活柱伸缩量和位态变化的影响；通过研究近远场矿压显现的协同机制，得出远场顶板失稳与近场采空区来压的时序、机制和联动效应，实现覆岩结构失稳前兆信息的精准识别。

④ 顶板灾害智能预警与处置

基于顶板状态全息感知及失稳信息识别方法，构建顶板灾害监测数据云中心，实现对远场覆岩的离层、断裂，近场顶板的垮落以及支架的位态和受力进行协同分析；研究工作面片帮冒顶危险区域早期识别方法，开发高危区域加强支护分级补偿机制；研究大面积切顶或压架顶板灾害致灾因素、致灾机理与预警准则，开发预警信息智能分析算法和模型，提出各事故类型预警指标；研发液压支架支护高度与位态、推移速度与拉架方式自适应调节的顶板灾害智能处置方法。

3）冲击地压灾害防治基础研究

① 冲击地压建设矿井冲击危险性评价与优化设计理论

近些年内蒙、陕西、甘肃不断出现新建冲击地压大型矿井，应加大新建冲击地压矿井排查，从设计角度，从源头开展冲击地压矿井总量控制，研究初始设计阶段冲击地压危险性评估与优化设计理论，减少新增或降低后期冲击危险性。

② 冲击地压煤层地质赋存条件精细化、可视化

要加强冲击地压治理，地质先行，加强防冲地质工作是做好冲击地压治理的重要保障。绝大部分冲击地压事故都与地质构造有关，如断层、褶曲、煤层厚度变化带等。应加强冲击地压煤层地质条件精细化、可视化研究，为冲击地压防控提供基础参数。

③ 冲击地压物理过程分解与靶向防治理论

由于受采矿活动时变特征和研究手段的制约，煤矿冲击地压预测目前做不到"时间、空间、强度"三合一的预测，但是诱发冲击地压的载荷来源却是可以监测到。如何使冲击地压丧失启动的载荷条件，是遏制其发生的根本性途径。因此，冲击地压基础研究应该从冲击地压物理演化过程分解着手，解析出历时仅仅几秒

钟的冲击地压演化时间序列、空间序列。原位或者通过实验室反演冲击地压事故发生过程，寻找冲击地压启动前的孕育征兆及其载荷条件，研发高精度动静载荷累积过程监测系统，研究采掘空间围岩材料、结构失稳极限准则，以诱发冲击地压启动的载荷源为靶点，研究局部靶向卸载方法。

④ 冲击地压智能防控基础理论与方法

以冲击地压发生理论为基础，分析基础静载荷对冲击地压发生的影响特征及作用规律；根据动静载类型及加载形式的不同，划分冲击地压类型，并建立各类型冲击地压发生的力学模型，由此建立冲击地压智能探测及防治的理论基础；并以基础静载荷为核心，构建冲击地压智能探测及防治体系。

⑤ 冲击危险性智能反演分析与防控决策方法

开发震动波初至自动拾取原理，实现震动波层析自动反演；建立根据震动波层析反演结果计算冲击危险性的理论模型，实现冲击危险性智能分析功能，建立冲击危险性智能反演分析方法。汇总全国多处冲击地压矿井地质、采掘条件及煤层卸压参数，通过数学方法建立各冲击危险区域内卸压孔间距、深度以及危险区域之间最优卸压路径等参数的多因素智能决策模型，进而构建冲击地压防控智能决策系统。

四、高效清洁低碳利用基础研究

1）"等密度"重介分选理论与工艺技术

开展原煤破碎解离特性对可选性、产品特性的影响研究；开展 $\rho_{分选}=\rho_{入料}\pm0.05$ 的"等密度"分选理论与实验研究；开展"等密度"重介分选关键装备与工艺技术的试验研究，确定旋流器"等寿命"设计理论，形成完善的"等密度"重介分选基础理论。

2）煤炭直接液化理论

研究煤直接液化反应机理，多相反应动力学及传热传质规律；煤在直接液化条件下的热断键、催化断键，溶剂供氢、氢气在催化剂作用下转化为活性氢供氢的作用机理，中间产物（沥青烯、前沥青烯）再加氢的催化反应机理；不同煤质组成的原料煤液化特性，煤炭液化高活性催化剂，反应器及反应体系，工艺条件对液化反应的影响。

3）煤炭清洁低碳高效转化理论

研究煤制清洁燃料与化学品新工艺及催化基础；煤直接液化与煤油共炼高性能催化剂制备理论与技术；新型煤基新能源负极材料、煤基高端碳材料制备理论与技术；煤炭液化在原料、工艺过程匹配和产品灵活调控等耦合规律；煤基大比例喷气燃料、煤基低凝点多功能军用柴油、煤基高闪点喷气燃料等多种军用及航空特种燃料的主要成分及其性质以及成分变化对性质的影响规律。

4) 煤化工废水膜分离理论与技术体系

基于超滤、纳滤、反渗透技术,针对煤化工废水二级生化出水研究煤化工废水膜分离理论与技术体系,分析有机物污染特征与结垢倾向,通过有机物分级评价有机物污染特征,用超滤膜筛分法测定纳滤膜及反渗透膜进水中有机物的分子量分布特征,评价不同分子量分布的有机物截留特性及对膜污染的影响。

5) 煤炭高效燃烧理论

研究大容量、高参数先进超超临界发电机组高温材料的理化性能、长时蠕变和持久性能、高温蒸汽环境下的氧化性能,在高温长期服役过程中的组织结构、力学性能、物理性能等的变化规律,失效机理。研究先进超超临界锅炉的炉内燃烧以及锅内的水动力特性、传热特性等,研究超临界循环流化床锅炉流态优化和重构理论。

6) 低阶煤分质利用理论

研究低阶煤分级转化反应动力学,热解过程中初次热解、二次热解的机理,氢重新分配机理,不同热解条件对煤焦油产率、组成的影响规律;不同加热方式对热解的影响规律,挥发物析出过程传质及二次热解的规律,传热方式及传质过程对热解产物组成与产率的影响规律;不同热解条件半焦结构及气化反应活性的变化规律,不同气化条件下的反应动力学行为。

7) 多种污染物一体化脱除理论

干法工艺中活性焦对 SO_2、SO_3、NO_x、HCl、HF、Hg、粉尘等污染物的物理吸附和化学吸附机理,饱和活性焦中污染物的解析机理;湿法工艺中同时脱除多种污染物的机理。研究 $PM_{2.5}$、汞等污染物检测、过程控制与深度脱除机理,特别是燃煤烟气中 $PM_{2.5}$ 的深度脱除机理、燃煤烟气中不同价态汞的脱除机理。

8) CO_2 捕集利用理论

研究 CO_2 化学吸收反应基础理论,CO_2 化学吸收反应的机理及路径,反应条件对于相平衡参数、反应速率的影响,建立相应的预测或模拟方法。研究 CO_2 吸收剂分子构型与吸收性能对应关系,吸收剂分子结构中主要官能团的位置、数量及电子特性对于吸收剂反应性能的影响。研究捕集设备设计及系统集成基础理论,物料投放、反应塔器结构、填料结构对于吸收过程传质与反应的影响,吸收反应过程中潜在的热回收位点。研究 CO_2 有效利用生产碳材料的基础理论。研究盐水层和废弃的油气井等地质封存潜能与适用性,探讨储层物性和注入速度对 CO_2 存储量和注入能力的影响。

9）以煤为燃料的化学链燃烧理论

研究化学链燃烧的反应历程和反应机理，明确化学链燃烧的气固初始快速反应阶段中固体产物层的成核生长过程及机理；研究制备环保、高效、廉价、易用的氧载体；进一步深入研究煤热解挥发分、煤灰以及煤与载氧体相互作用方面的机理；反应器对于整个反应都是十分重要的，需对增压反应器、适合固体、液体燃料以及化学链重整的反应器进一步研究，深入开展系统分析和数值模拟研究，建立起完善的氧化还原动力学模型，指导反应系统的设计优化。

第二节　智能开采技术需求

一、技术现状

改革开放 40 多年来，随着我国煤炭工业的快速发展，涌现出一大批生产科学化、管理现代化且具有可持续发展能力的大型现代化矿井，以这些煤矿为载体，我国煤炭工业在绿色煤炭资源勘探开发、煤矿综合机械化、信息化及智能化发展方面获得了巨大进步。尤其是在煤炭开采方面，我国煤炭工业全面发展以综合机械化为标志的现代开采技术，经过多年的持续科研攻关与创新实践，我国井工煤矿实现了由炮采、普采、高档普采到综合机械化开采、自动化开采的跨越，并在煤层赋存条件较优越的矿区探索实践了智能化、无人化开采技术，初步形成了具有我国煤炭资源赋存特色的开采理论、技术与装备体系，实现了煤炭资源的安全、绿色、智能开采，为我国经济社会的快速发展提供了稳定的能源保障。

煤炭智能开采是智慧煤矿建设的重要组成部分，针对不同煤层赋存条件，开发适用于不同煤层条件的智能化开采模式，是实现煤炭智能化开采的基础。经过多年的创新与实践，针对不同煤层赋存条件，提出了薄煤层刨煤机智能化无人开采模式、薄及中厚煤层滚筒采煤机智能化无人开采模式、大采高工作面智能高效人机协同巡视模式、综放工作面智能化操控与人工干预辅助放煤模式、复杂条件机械化+智能化开采模式等，通过在黄陵矿区、榆北矿区、神南矿区等推广应用，取得了较好的技术经济效益。

1. 薄煤层及中厚煤层智能化无人开采模式

薄煤层在我国广泛分部，其储量约占煤炭资源总储量的 20.42%，由于薄煤层普遍存在厚度变化较大、赋存不稳定、工作面作业空间狭小、设备尺寸与能力的矛盾突出等问题，导致许多矿区大量弃采薄煤层，造成资源浪费。针对薄煤层工作面存在的上述问题，开发出薄煤层刨煤机智能化无人开采模式与滚筒采煤机智能化无人开采模式，可有效改善井下作业环境，提高煤炭资源回采率。

对于煤层厚度小于 1.0m、赋存稳定、煤层硬度不大、顶底板条件较好的薄煤层，应优先采用刨煤机智能化无人开采模式。对于煤层厚度大于 1.0m、赋存条件较优越的薄及中厚煤层，则应优先采用滚筒采煤机智能化无人开采模式，与刨煤机智能化无人开采模式相比，主要是采用了基于 LASC 系统的采煤机定位导航与直线度自动调控技术、基于 4D-GIS 煤层建模与随采辅助探测的采煤机智能调高技术，实现采煤机对煤层厚度的自适应截割。

2. 大采高工作面智能高效人机协同巡视模式

山西、陕西、内蒙古是我国的煤炭主产区。煤层厚度为 6～8m 的坚硬厚煤层是晋、陕、蒙大型煤炭基地的优势资源，其产量约占该区域总产量的 30%。由于煤质坚硬、埋深比较浅，采用综放开采技术存在顶煤冒放性差、采空区易发生自然发火等问题，这类煤层非常适宜采用大采高一次采全厚开采技术。

采用集成智能供液系统实现工作面供液要求，通过系统平台和网络传输技术将智能供液控制系统有机融合，实现一体化联动控制和按需供液；采用智能变频与电磁卸荷联动控制功能，解决工作面变流量恒压供液的难题；通过建立基于多级过滤体系的高清洁度供液保障机制，确保工作面液压系统用液安全。通过采用液压支架初撑力智能保持系统及高压升柱系统，保障液压支架初撑力的合格率，提高液压支架对超大采高工作面围岩控制的效果。

综采装备群分布式协同控制的基础是综采设备的位姿关系模型及运动学模型，需要对综采装备群的时空坐标进行统一，并对单台液压支架、液压支架群组、综采设备群组的位姿关系进行分层级建模与分析。基于综采设备群智能化开采控制目标，分析液压支架、采煤机、刮板输送机等主要开采设备之间的运行参数关系，进行综采设备群的速度匹配、功率匹配、位姿匹配、状态匹配等，实现综采装备群的智能协同推进。

目前，大采高工作面智能高效人机协同巡视模式已在陕煤集团红柳林煤矿、张家峁煤矿、国家能源集团上湾煤矿等西部煤层赋存条件较优越矿区应用，实现了综采装备群智能开采为主、人工巡视为辅的智能化开采，大幅降低了工作面作业人员数量，回采工效达到 1050t/(人·天)，年产量超过 1500 万 t，实现了厚煤层大采高工作面的智能化、少人化开采。

3. 综放工作面智能化操控与人工干预辅助放煤模式

我国自 1982 年引进综放开采技术与装备，通过反复进行井下试验与创新设计，研发了适用于不同厚煤层条件的系列综放开采技术与装备，促使综放开采技术在厚及特厚煤层广泛推广应用。

对于煤层厚度较大、赋存条件较优越、适宜采用综采放顶煤开采方法的厚煤层，可采用综放工作面智能化操控与人工干预辅助放煤模式。由于放顶煤工作面采煤机截割高度不受煤层厚度限制，因此不需要采用采煤机智能调高技术，但仍然需要根据煤层底板起伏变化对采煤机的下滚筒卧底量进行智能控制。综放工作面智能化操控与人工干预辅助放煤模式的核心技术为放顶煤智能化控制工艺与装置。

根据放顶煤智能控制原理的差异，可按放煤工艺流程将其分为时序控制自动放煤工艺、自动记忆放煤工艺、煤矸识别智能放煤工艺，其中时序控制自动放煤工艺主要是通过放煤时间及放煤工艺工序对放煤过程进行智能控制，可分为单轮顺序放煤、单轮间隔放煤、多轮放煤等，当放顶煤液压支架收到放煤信号时，将放煤信号发送至放煤时间控制器，对放煤时间进行记录，并将放煤执行信号发送至液压支架控制器，通过打开液压支架放煤机构的尾梁插板进行放煤；当达到预设的放煤时间时，则将停止放煤信号发送至液压支架控制器，通过关闭液压支架放煤机构的尾梁插板停止放煤。由于采用放煤时间控制原理，所以时序控制自动放煤工艺适用于顶煤厚度变化不大的综放工作面。

4. 复杂条件机械化+智能化开采模式

对于煤层赋存条件比较复杂的工作面，现有智能化开采技术与装备水平尚难以满足智能化、无人化开采要求，应采用机械化+智能化开采模式，即采用局部智能化的开采方式，最大限度地降低工人劳动强度，提高作业环境的安全水平。

针对倾斜煤层及存在仰俯角的煤层条件，刮板输送机极易发生啃底、飘溜、上窜、下滑等问题，在配套智能自适应液压支架、智能调高采煤机、智能变频刮板输送机等装备的同时，还应配套刮板输送机智能调斜系统，通过监测刮板输送机的三向姿态、刮板输送机与液压支架的相对位置等，以预防为主，通过对采煤机的截割工艺、工序控制实现对刮板输送机的智能调斜。虽然智能自适应液压支架能够实现对液压支架的压力及三向倾角进行监测与控制，但当工作面倾斜角度较大时，仍然需要通过人工进行液压支架调斜。对于这类煤层条件采用机械化+智能化开采模式，虽然仍然需要一定数量的井下作业人员进行操作，但采用部分智能化的开采技术与装备，可以大幅降低井下工人的劳动强度，提高开采效率和效益。

目前，基于液压支架电液控制系统的液压支架自动跟机移架、采煤机记忆截割、刮板输送机智能变频调速、三机集中控制、超前液压支架遥控及远控、智能供液、工作面装备状态监测与故障诊断等智能化开采相关技术与装备均已日益成熟，这些技术与装备虽然尚不足以实现复杂煤层条件的无人化开采，但仍然可以在一定程度上提高复杂煤层条件的智能化开采水平，并且随着智能化开采技术与装备的日益发展进步，复杂煤层条件的智能化开采水平也将逐步提高。

煤矿智能化的发展不仅受制于物联网、大数据、人工智能等科技的发展进步，同时还受煤炭开采基础理论、工艺方法、围岩控制理论等因素的制约，是一个多学科交叉融合的复杂问题。在国家政策支持和技术创新驱动下，应加快推进信息化、数字化与矿业的交叉融合，积极推动智能化开采模式示范矿井建设，不断开创安全、高效、绿色和可持续发展的智能化开采新模式，切实提高我国煤矿智能化开采水平(王国法等，2019a)。

二、2025 关键技术需求

1. 精准地质探测与 4D-GIS 技术

煤层赋存环境精准探测是进行煤炭资源开发的基础，其探测精度与可靠性直接影响煤炭资源的安全、高效、智能化开采。由于受制于探测技术与装备的发展瓶颈，钻探、物探、化探的探测精度、可靠性、时效性等尚难以满足要求，制约了煤矿智能化的发展。

对综采(掘)工作面前方地质体进行超前探测是实现煤矿智能化开采的基础，应研发基于随掘、随采的矿山地质综合探测技术与装备，创新探测数据动态解释技术，开发探测结果实时处理、动态成像等技术，提高探测信息的时效性；构建综采(掘)工作面探测信息大数据分析平台，进行钻探、物探、化探数据的联合反演，实现综采(掘)工作面前方地质体的精准探测；开发综采(掘)工作面采动应力定量探测技术与装备，实现应力异常区的实时精准探测；研发煤矿井下智能钻探技术与装备，实现井下地质探测的地面远程可视化操控；研发矿井 4D-GIS 综合探测与应用系统，建立矿井地质信息时空状态数据库，实现对矿井地质历史信息的演变过程及未来变化趋势的预测；开发综采(掘)工作面地质信息综合管理系统，构建透明综采(掘)工作面三维地质动态模型，实现地质探测数据的统一协调管理与动态实时三维可视化展现，为实现煤矿井下智能综采(掘)提供地质探测技术与装备保障。

2. 基于 BIM 的智能规划设计技术

井工煤矿开拓规划与工作面设计是矿井建设的基础，需要编制大量的技术文件、设计图纸等，存在重复性劳动量大、修改调整工序复杂、图纸与文件标准不统一等问题，亟须进行井工煤矿智能化开拓规划与设计。

统一煤矿开拓规划原则与标准，明确煤矿规划设计目标，基于矿井地理信息系统，开发井工煤矿智能规划与工作面设计系统，基于矿井产量、设备现状、物料供应等，对接续工作面进行自动规划设计，实现巷道掘进施工设计、综采工作面开采系统设计、主/辅运输系统设计、通风设计、排水设计、供电设计等文字资料与设计图纸的标准化与智能化。

3. 智能建井技术

煤矿建设是煤炭生产的基础和保障，在大规模新井建设高潮退去后，矿建市场急速萎缩，煤矿建设与新一代信息技术的融合创新、融合发展势在必行。

在建井工艺、技术与装备方面，研发千米竖井钻井关键技术及装备、提控式沉井技术与装备、千米大直径反井钻机、智能电驱动反井钻机、千米级竖井全断面掘进关键技术与智能控制技术、适应于深埋斜井或巷道的全自动智能化掘进机、智能化全断面掘进机等，全面提升井巷施工智能化水平。

4. 巷道智能快速掘进技术

由于受制于巷道掘进工作面空间狭小、作业环境恶劣、临时支护困难等，巷道掘进工作面尚处于机械化作业阶段，普通煤巷的月掘进进尺一般仅为 200~300m，难以保障矿井的正常采掘接续，直接制约了矿井的安全、高效、智能、少人化开采。

基于目前巷道掘进技术与装备发展现状，应首先实现巷道掘进与支护的协调快速推进，在切实提高巷道掘进速度、支护速度与掘—支协同作业效率的前提下，开发巷道掘进设备的精准定位与智能导航系统，研发巷道智能超前探测系统，研发智能协同临时支护装置，研发巷道智能除尘系统，形成巷道掘进、支护、超前探测、除尘等一体化成套技术与装备，实现巷道掘进、支护的协同高效作业，大幅减少巷道掘进作业人员数量，实现煤矿井下巷道的智能、少人、快速掘进，切实解决煤矿采掘失衡造成的生产接续矛盾（康红普等，2021）。

5. 工作面智能少人开采技术

目前，在煤层赋存条件较优异的矿区已经实现了综采工作面采煤机记忆截割、液压支架自动跟机移架、刮板输送机变频协同控制等，并基于 LASC 定位导航技术实现了采煤机三维空间位置的精准定位及工作面直线度的智能调整，但井下综采设备的实时精准定位与导航、采煤机自适应智能调高、煤壁片帮冒顶自适应智能控制、刮板输送机智能调斜、煤流量智能监测与协同控制等尚存在技术瓶颈，制约了综采工作面由自动化开采向智能化开采迈进。

智能感知、智能决策和自动控制是智能化开采的三要素，针对综采工作面智能化发展存在的上述问题，应研发综采工作面三维扫描与地图构建技术，通过激光扫描、高清与红外摄像仪同步动态扫描等方法，获取工作面三维场景信息，采用井下三维模型构建与修改技术，构建井下三维地图；研究采煤机、液压支架、刮板输送机等综采设备的三维空间位置高精度检测和姿态精准感知技术，通过引入惯性导航、毫米波、机器视觉等多种传感技术，为工作面直线度调整及采煤机智能调高提供支撑；研究基于采煤机截割阻力感知的采煤机功率协调、牵引速度调控原理，开发采煤机与煤层自适应控制专家系统，研发采煤机姿态感知技术与装置，实现采煤机姿态的自动感知与调控，研发采煤机自动调高系统，实现基于煤层赋存条件的采煤机自适应控制；研发综采工作面分布式多机协同控制技术与系统，通过构建基于统一坐标系的综采设备群姿态、位置关系运动模型，研究综采装备群分布式协同控制原理；研究仰俯采等复杂条件下液压支架自动跟机移架、液压支架自适应控制、刮板输送机智能调速等，实现复杂条件下综采设备群的多机协同控制。通过综采工作面智能化开采关键技术攻关，切实提高综采设备与围岩的自适应控制及协同控制水平，实现井下综采工作面的安全、高效、绿色、智能化、少人化开采，并逐步实现有限条件下的无人化开采目标。

6. 智能主/辅运输技术

目前，基于图像识别、超声波探测、变频控制等技术与装备，基本实现了主煤流运输系统的异物智能检测、煤量智能监测、皮带撕裂智能监测等，在部分矿井实现了主煤流运输系统的自动化、无人化运行，但对于深部矿区的立井主提升系统尚存在自动化程度低、作业劳动强度大等问题。因此，应进一步大力推广图像识别、永磁驱动、变频控制等技术在主运输系统的应用，大幅减少主运输系统作业人员数量、降低煤流线运输能耗，推进研发立井主提升系统的自动化、智能化技术与装备，实现井上下全煤流运输的无人值守与经济协同运行。

目前，在煤层赋存条件较优越的矿区，无轨胶轮车已经成为矿区的主要辅助运输设备，极大地提高了矿井人员、物料、设备的运输能力与效率，并初步实现了无轨胶轮车的井下定位与综合调度，但无轨胶轮车的定位精度、运行管理模式等尚难以达到智能化、无人化的水平，且井上下物料的运输管理缺乏统一的标准与模式，尚处于起步阶段；对于轨道运输、单轨吊运输等其他形式的辅助运输系统，则主要处于机械化运输阶段，有待实现遥控式自动化运输。因此，应大力推广应用井下人员、车辆的精准定位与智能导航技术，积极推进无人驾驶技术在煤矿井下的应用，研发适用于不同运输场景的井上下智能辅助运输系统，开发井下物料智能运输模式，实现井上下人员、物料、设备的运输路线智能规划、自动运输、协同管理。

7. 井下危险源智能感知与预测、预警技术

目前，基于水量监测、束管监测与分布式光纤测温、瓦斯监测、风压与风量监测等监测技术，基本实现了对水、火、瓦斯、粉尘、顶板等灾害的在线实时监测，但受制于灾害发生的机理尚不明确、感知设备的精度与时效性较差、感知信息与防控设备尚未实现联动等，井下重大危险源智能感知与预警尚存在技术瓶颈。

针对现有井下重大危险源智能监测与预警技术瓶颈，应加强研发井下低功耗、高精度、多功能环境监测传感器，大力推进水、火、瓦斯、粉尘、顶板等灾害发生机理与防治技术攻关，有效提高围岩环境监测信息的可靠性及灾害预警的准确

性；研发基于温度与标志性气体多参量监测的采空区自然发火预测与预警技术，开发智能注氮、注浆装备，实现采空区自然发火的精准预警与防治措施的智能联动；推广应用井下固定排水点的智能监测与抽排技术与装备，研发移动排水点的水泵自动搬移、管路智能布设等技术，实现从小水窝、中转水仓、中央水仓的智能抽排；研发风量智能解算与自适应调节技术，实现瓦斯监测、预警与风量调节的智能化；加强对井下冲击地压等围岩动力灾害发生机理的研究，研发智能灾害预警技术，实现井下灾害的智能监测、预警与防治系统的智能联动；开发井下避灾路线智能规划系统，并与灾害监测与预警系统实现联动，为井下人员避灾与逃生提供系统保障。

8. 智能化综合管控平台及管理技术

推进煤炭行业物联网技术与通信网络(5G)、大数据、云计算等技术的融合发展，研发具有高带宽、低功耗、低延时、大容量、自治愈等特性的无线自组网通信技术与装备，对煤矿井下末端网络进行全覆盖，配合煤矿井下受限空间、强干扰、复杂巷道网络条件下的多传感信息融合处理和低时延、高速率、大容量共网传输通信技术，满足井下安全生产各类感知节点接入、信息传输与交互的需要。面向井下人员、设备、环境和各类子系统，研究基于物联网的井下目标(人员、设备)精确定位、运输物料的精确管控、生产环境的实时监测、车辆调度管理等系统。深化矿山物联网技术创新、应用创新和管理创新，实现煤炭企业跨部门、跨层级的业务协同和信息资源共享。

面向智慧煤矿建设的一体化感知、分析、决策、集中控制、展示等需求，加快构建开放、安全、数据易于获取和处理的智慧煤矿智能综合管理与应用平台，满足对煤矿底层子系统、传感器、智能设备等数据信息的无缝接入与深度融合处理，同时为上层应用业务模块提供数据共享与系统联动控制支撑。通过构建实时、透明、清晰的矿山采、掘、机、运、通等全系景象平台，实现对智慧煤矿各子系统的集成操控，解决煤矿智能化建设过程中数据兼容性差、可靠性差、信息孤岛、子系统割裂等问题。

三、2035 关键技术需求

1. 井下复杂极端环境信息感知及稳定可靠传输技术

环境、设备状态的感知是实现智能决策、控制的先决条件。然而，井下狭长、潮湿、粉尘易爆、复杂电磁环境严重制约着探测技术的应用。亟待突破的技术包括：煤岩识别技术；井下低照度空间视频感知技术；极端环境物理场(瓦斯、粉尘、温度、有害气体、复杂围岩体、复合动力灾害等)原位监测微纳米纤维智能传感器及可穿戴技术；磁共振矿井水害隐患探测传感器，利用地磁场磁共振和电磁波传感对矿井工作面、顶底板和两侧的水害隐患探测预警，实现工作面前方无盲区含水量、出水量、孔隙度等参数的直接探测预警；具有自组网、自通信、自供电、自定位功能的智能微传感器等技术。

2. 井下复杂环境机器人技术

目前，井下机器人研制还处于起步探索阶段，部分固定作业岗位尝试了井下机器人巡检作业，但井下防爆机器人特殊环境及自我状态辨识技术、井下复杂空间的防爆机器人平衡状态控制及自主避障技术、机器人信息融合及空间路径规划技术、井下防爆电源长时可靠供电及自馈电技术、井下多机器人联合通信及协同控制平台等技术亟待攻克。

3. 井下大型设备故障智能自诊断与远程运维技术

实现煤炭开采的连续、可靠、自动运行是智能化开采的核心要求，而工作面设备故障的及时发现和自动化处理是保障其连续可靠运行的核心技术。目前对工作面设备系统级的复合故障和自动化处理方法缺乏研究，严重制约了智能化开采的发展。亟须开展数据驱动的开采系统健康状态评价方法、开采系统衰退行为与变工况下的剩余寿命预测、融合生产调度和维护行为的开采系统双层机会维修预知决策等技术(王国法等，2019a)。

第三节 绿色开采技术需求

一、技术现状

针对我国以煤为主的能源结构，我国一直将煤炭开发利用技术作为国家科技计划的重点支持方向。"十五"以来，在煤炭绿色开采等方面进行了持续支持，形成了一批创新平台，培养和汇聚了一批高水平的煤炭绿色开采技术创新人才和团队，取得了一系列重要成果，支撑了我国煤炭开发技术向绿色安全高效方向发展。但在部分关键核心技术和产业化规模方面与国际先进水平仍有一定差距，尚不能满足我国作为煤炭生产和消费大国的需要。随着国家对于生态环境问题的重视，进一步加强了对于煤矿绿色开采技术的研究，煤炭开采方式正向绿色化方向发展。一是开采方式向低损害开采方向转型，尽可能降低对生态环境的扰动，实现无害化开采；二是实现矿井水和低质煤层气等的综合开发利用，在减少污染和温室效应的同时实现资源化利用。实现煤炭安全绿色开采，降低开采对环境所产生的不良影响。

1. 保水开采技术

在国外，生态环境保护和智能化开采是煤炭无害化开采的重点。在水资源保护方面，国外就煤层开采对地表水、地下水、矿区及区域内生物种群等的影响进行了比较深入的观测和研究，提出了长壁开采引起的地下水位下降的可恢复性。但在煤炭开采水资源保护方面迄今还没有明确提出保水开采理念，也没有提出具体的开采方法。国内针对地表水、含水层水等不同水体，在我国的陕西、内蒙古、新疆、河北等省份的多个矿区开展了保水采煤的系统研究，取得了诸多研究成果。针对特殊保水开采区，提出了局部充填开采隔水层控制技术、再造覆岩关键隔水层的技术、注浆加固和强化采空区围岩结构技术、以及煤矿地下水库等技术。

2. 充填开采技术

国外 20 世纪波兰、德国应用充填开采较多，以水砂充填技术为主，充填材料主要是河砂，研究重点是充填工艺，并成功进行了城市下采煤。在 20 世纪末，金属矿山的胶结充填、膏体泵送充填技术取得了长足的发展，针对矿井开采过程中产生的固废，基本实现了全部资源化、无害化处理。但由于煤矿生产削减，国外充填研究主要集中在设备上，如置后充填支架、充填泵等。我国 20 世纪 60 年代在抚顺、新汶等矿区开展了水砂、风力充填的试验研究工作，并成功进行了抚顺城市下开采，其研究重点为水砂充填工艺与减沉效果。80 年代煤矿受限于成本，充填技术研究基本处于停滞状态。进入 21 世纪，随着煤炭价格提升和环境要求的提高，借助于金属矿山充填技术的进步，煤矿充填开采技术得到迅速发展，对充填材料与充填工艺进行了多方面的研究，形成了固体充填、膏体充填、高水材料充填等多种充填开采技术，提出了充填沉陷预计的等效采高等理论。目前，受采充开采工艺的限制，国内以矸石为骨料的充填均采用全面积充填，由于充填生产效率和成本等问题，充填技术并未得到大面积推广应用。

3. 建筑物保护及减沉技术

国外针对控制减沉方面，多采用房柱式开采技术达到覆岩及地表减沉的效果，针对开采强度控制及减沉机理方面研究较少，缺乏现场实验条件，且随着煤炭生产的萎缩及环保要求的不断提高，相关研究趋于停滞。国内在减少地表沉陷和生态破坏方面，形成了条带开采、限厚开采、协调开采、充填开采以及宽条带开采等为主的覆岩控制和减沉技术。形成了基于关键层理论的建筑物下采煤设计，将保证覆岩主关键层不破断失稳作为建筑物下采煤设计的基本原则，基于覆岩中的关键层位置、离层与破断特征参数，提出了注浆减沉钻孔布置、注浆工艺设计及配套技术。

4. 采煤沉陷区治理技术

在采空区治理技术方面，国外对采空区的处理多采用传统的注浆处理，在精准治理及在采空区上进行建设的较少。国内在采空区注浆治理方面，多采用全部充填采空区的方法，传统的注浆材料主要为水泥粉煤灰。在沉陷区内的工程建设方面，国内主要是通过对采空区不良地质的地基稳定性评价，采用建设抗采动影响建(构)筑物和对采空区或者覆岩进行注浆加固的方式进行建设，实现了在浅部老采空区、条带开采老采空区场地的综合利用。沉陷区内抗采动变形的砖混结构建筑物已在多个矿区规模化应用，已基本形成了集采空区勘察技术、地基稳定性评价技术、沉陷区注浆治理及抗采动影响技术为一体的沉陷区工程建设成套技术。但是对地质条件复杂场地(部分开采、浅部不规则开采、断层露头等)稳定评价与控制方法，线性构筑物、高层建筑群抗变形设计方法，采空区部分充填、煤柱稳定性加固、覆岩关键层加固等基于围岩控制的采空区注浆处理方法与工艺等技术还需进一步深入研究。

5. 土地复垦与综合利用技术

国外关于煤矿区生态演变、修复和生物演变理论的研究起步较早，且已形成了较为丰富的理论体系，在此基础上关于矿区生态微生物修复、生物多样性保护和采煤沉陷区生态提升等方面均作了大量的工作，其保护理念值得借鉴。国内采煤沉陷区生态修复理论与技术已取得了一定进展，但基础理论较为薄弱。20世纪七、八十年代开始关注矿区土地资源的利用以及相关的基本环境工程的配套问题。20世纪末，在矿区生态恢复与重建问题上更多地强调了生态学方面的观点。20世纪以来，以矿区生态系统健康与环境安全为恢复重建目标的矿山恢复与重建技术日益得以重视，其中包含了矿区土地复垦、景观再造、矿山环境治理等多种手段联合恢复重建的新技术。初步形成了适用于我国井工煤矿主产区沉陷治理、受损土壤改良、微生物复垦、植被生态修复等技术，支撑了煤炭资源与环境的协调开发。

6. 煤与瓦斯共采技术

我国煤层普遍具有变质程度高、渗透率低和含气饱和度低的特点，一旦煤层开采引起岩层移动，即使是渗透率很低的煤层，其渗透率也将增大数十倍至数百倍，为瓦斯运移和抽采创造了条件。若在开采时形成采煤和采瓦斯两个完整的系统，即形成煤与瓦斯共采技术，则不仅有益于矿井的安全，而且采出的还是洁净能源。因此在开采高瓦斯煤层的同时，利用岩层运动的特点将煤层气开采出来将是我国煤层气开发的一条重要途径。在煤与瓦斯共采技术方面，提出地面井和井下抽采瓦斯相结合的方式，充分利用保护层开采卸压效应，提高瓦斯抽采效率。开发出无煤柱沿空留巷围岩控制技术及沿空留巷Y型通风瓦斯综合治理技术，为煤与瓦斯共采提供了有效途径(袁亮等，2013)。

7. 减少矸石排放技术

采矿引起的矸石排放对环境形成影响，减少矸石采出量是煤矿清洁生产的重要内容,既可节约土地,又可减少矸石对环境影响,达到绿色开采。减少矸石排放的主要措施是将巷道布置在煤层内,由此提出了根据煤层赋存条件采用全煤巷开拓、控制顶板矸石掺入和进行地下煤炭气化等措施来有效减少或消灭煤矿矸石排放量的途径。通过提升工程技术和工艺优化,建设煤矸分离通道、充填巷道等矿建工程,有效减少了矸石排出。采用煤矸石不出井的采煤工艺,填充采空区,通过优化充填工艺、充填关键装备、提高充填工作面自动化程度等,发展以处理矸石为目标的煤矸石高效自动化充填处理技术,减少矸石排放量和地表下沉量。煤矸石综合利用技术的研究也取得了一定的成果,国内外已经研发了包括煤矸石发电、铺路、生产建筑材料、生产化工原料及应用于农业生产等方面的地面处理方法,但目前我国煤矸石的实际利用率并不高。

8. 煤炭地下气化技术

煤炭地下气化是将地下煤炭直接进行有控制的燃烧,经热化学反应后转化为煤气,然后由钻孔排到地面,供给各类用户。地下气化不仅是一种造气的工艺,而且也是一种有效利用煤炭的方法,实际上提高了煤炭的可采储量。此外,地下气化可从根本上消除煤炭开采的地下作业,将煤层所含的能量以清洁的方式输出地面,而残渣和废液则留在地下,从而大大减轻采煤和制气对环境造成的污染。由于地下煤层的构成及其走向变化多端,至今尚未形成一种工艺成熟、技术可靠、经济合理的地下气化方法。

二、2025 关键技术需求

1. 煤矿水资源低损害开采智能防控技术

研究覆岩弱化采动裂隙控制技术,远距离自识别高效疏控水技术,顶底板含(隔)水层智能注浆改造与加固技术,突水灾害智能感知与实时监测预警技术。

2. 智能高效充填开采技术

研究基于岩层结构控制的充填开采机理、充填开采定量化设计及开采沉陷预计方法;开发以固废为基料的速凝早强低成本充填材料,研究地面充填站与井下充填状态动态协调机制,研发高效智能减量化充填与无煤柱开采技术与装备。

3. 采煤沉陷区稳定性综合评价及利用技术

研究基于空—天—地监测数据的地表沉陷信息分析与提取技术;基于多源空间数据融合的沉陷区变形监测技术;基于海量数据高速传输的地表沉陷智能实时预警技术;采空区智能探测技术;采空区全周期稳定性评价技术;采空区围岩注浆加固处理技术;建(构)筑物地基—基础—上部结构协同变形、监测和抗变形影响设计技术。

4. 采空沉陷区多参量全周期广域智能一体化监测预警技术

研究采空沉陷区空—天—地井一体化监测技术，研发可更换/长寿命深部监测仪器，构建采空沉陷区多参量全周期广域智能一体化监测系统，通过数据融合分析，结合大数据技术进行预测预警。

5. 生态脆弱矿区煤层开采源头控制失水技术

研究工作面与疏水钻孔尺度含水层失水量精细动态预测技术，开发安全绿色精细控制疏水技术；分析煤层采动覆岩永久/临时损伤区、地下水优势失水通道，开发柔性遇水膨胀型注浆减渗材料，研发基于煤层顶板超前区域注浆的保水关键层修复与再造关键技术；开发基于地下连续墙、防渗膜的强富水强补给含水层的帷幕保护技术。

6. 生态脆弱矿区水资源智能管理与优化配置技术

以生态脆弱矿区水资源需求为导向，分析区域生态环境和地下水资源等约束条件，基于供水保证率、外排水量和供水成本等要素，开发面向生态、生活、生产的矿区水资源量和水质评价技术，构建矿区水情信息监测系统，提出矿井群水资源多目标联合智能调度管理模型和水资源调控方法。

7. 煤矸石山生态环境风险一体化防控技术

研究煤矸石山失稳破坏特征、矸石山自然发火机理及矸石山表层植被生长规律，融合煤矸石山注浆加固、矸石灭火及表层生态修复技术，研发煤矸石山加固、防灭火及生态修复综合一体化治理技术，煤矸石山稳定性及发火监测预报技术，建立煤矸石山生态环境风险一体化防控技术体系。

8. 深部多相资源联合采选和低生态损害开采技术

研究在井下构建煤炭多相资源联合开采、煤矸分选技术体系，形成深部煤炭采—选—抽充防协同生产模式，实现深部煤炭及伴生资源的安全高效及绿色开采。

9. 采空区高效充填治理技术

研究控制采空区变形的基本原理，开发采空区变形控制设计方法和程序；研究充填材料在输送端、充填端的细观与宏观运动规律，提炼其运动的控制因子，并反向优化全过程控制工艺，形成采空区高效充填的工艺技术与配套设备。

10. 西部生态脆弱矿区生态修复与景观构建技术

构建生态环境质量预测方法；形成自修复区域科学分区评价方法；研发基于

生态水资源保护的土地复垦模式、植被优选与配置技术、微生物-化学添加剂联合提升植被及土壤质量技术;探索西部采煤沉陷区高效经济作物种植模式及景观生态效应,最终形成采前生态环境预测评价、采中生态环境减损、采后生态环境全面治理的技术体系。

三、2035 关键技术需求

1. "星—空—地—井"一体化矿区生态环境监测预警系统

针对煤矿区地表环境类型多样、动态损伤、尺度跨度大的难题,研发星—空—地—井(卫星—无人机—地面—井下)"四位一体"监测手段,确定不同地表环境损伤因子、不同监测尺度的最优监测手段,突出地下采煤信息的先导作用,实现井上下立体全过程监测。建立多源异构矿区生态扰动监测大数据融合处理与知识挖掘理论体系,确定矿区生态环境临界判据,形成矿区生态灾害的形成演化、临灾预警及控制的理论与方法。

2. 采煤塌陷地裂缝减缓与顶板水疏放优化技术

研究煤炭采前、采中、采后全过程中煤层覆岩、松散层、地表土壤结构变形破坏以及地下水和土壤含水率的变化特征;研究不同结构类型的表土替代材料的力学性能、保水特性及固沙性能;分析综采工作面的长度、宽度、推进速度、煤层厚度等因素与导水裂缝带发育高度的关系;开发塌陷地裂缝填埋、毁损地整治装备及工艺;基于孔组和单孔疏放水量、残余水头、影响半径等要素构建疏放水效果定量化评价指标和判别准则,结合地下水优化管理模型得出顶板水疏放的优化方法和模式。

3. 煤与煤系伴生资源共采理论与技术

研究煤与煤系伴生资源共采的关键技术问题,包括共采工艺、叠加采动影响下的岩层移动与围岩控制技术,矿井通风与安全技术,污染元素扩散与环境控制技术等,开展煤系伴生资源的综合勘探与共采示范工程。

4. 深部矿井降温与地热利用的"煤热共采"技术

开发深部矿井水地热利用与矿井降温相结合的系统,以矿井水为冷热源,在蒸汽锅炉和冷水机组的辅助下为矿井降温,并满足井上多种用能需求。

5. 难采煤层的地下气化技术

针对薄煤层、深部煤层和高硫、高灰、高瓦斯煤层难开采的问题,开发规模化煤炭地下气化技术,提高产气效率与质量。

第四节 安全保障技术需求

一、技术现状

近年来，我国在煤矿安全领域突破了一批核心技术和装备，促进了安全生产形势的不断好转，但事故总量仍然较高，区域发展极不平衡。随着矿井开采深度的增加，安全保障面临严峻考验，特别是煤与瓦斯突出、冲击地压等矿井灾害呈现出新的变化，出现了多种灾害耦合，增大了灾害的复杂性，防治难度更大。总体上来看，现有的风险评估、监测预警、事故防控及应急救援理论、技术和装备已无法完全满足安全生产重特大事故防控新需求。

1. 复杂煤田地质条件要求更高的勘探精度

我国煤炭资源分布广，煤层赋存条件差异大，且地处欧亚板块结合部，地质构造复杂，对地质勘探程度和精度要求更高。目前我国初步形成了具有中国煤田地质特色的勘查理论体系，"以地震主导，多手段配合，井上下联合"的立体式综合勘探体系逐渐成熟。但随着煤层埋藏深度的增加，煤层上覆岩层厚度增加，下部煤层上覆采空区的存在使得浅部煤炭地质勘探的技术方法受到严重限制。主要表现在地球物理信号的衰减与屏蔽、钻探工程量激增、钻孔穿越采空区困难、井下钻探受高地应力与高压水的威胁等。随着信息化技术的快速发展，透明矿井的概念已经提出，目前的勘探程度和精度还难以满足要求。

2. 矿井灾害防治技术亟待突破

在瓦斯防治方面，"两个四位一体"煤矿突出综合防治技术体系日臻完善；井下高压水力割缝、长钻孔分段压裂、水力自进钻孔网等水力化增渗技术进步迅速；煤矿安全综合监控预警系统平台搭建完成，实现了激光甲烷传感器高稳定性量测、有线+无线综合传输、突出灾害预警准确率 95%以上；井下松软煤层螺旋钻进、中硬煤层千米长钻孔钻进、自动化钻机自主导航定位钻进等钻孔技术及装备发展迅速，实现了松软煤层钻进 300m、中硬煤层 3353m 和无线遥控自动钻进等重大技术突破；采动区地面井、顶板大直径长钻孔井上下联合高效抽采瓦斯技术有效支撑了瓦斯"0"超限。但是，井下低延时、高速率数据传输和多源灾害耦合预警技术缺乏，井下松软低透气性煤层增渗效果依然较差，临危作业普遍，钻机智能化识别、管控水平和钻进作业配套的智能化系统不足。

水害防治方面，从探测、监测、预测、治理、矿井水资源化与综合利用等方面入手，形成了顶板水疏水降压、底板灰岩水注浆改造与加固等水害治理技术。井工煤矿开采涌水量预测的"动—静储量法"、"倒置大井法"等解析法取得重要进展，突破了经典井流理论仅适用于地面抽水井的局限；光纤光栅传感、多频连续电法系统耦合充水水源监测技术和"井—地—孔"一体化微震系统导水通道监测技术创新了底板水害监测模式，使充水水源监测深度达到 70m、导水通道监测精度提高至 5m；煤层底板灰岩超前区域隐伏导水通道探查与注浆治理技术基本消除了底板奥灰水的突水灾害，正在进一步发展基于长距离钻探预裂与注浆改性的顶板水害控制技术；突水巷道地面携袋钻进—单孔双袋控制注浆实现了矿井水灾的有效控制。但是，深部岩溶突水危险性评价方法适用性不强，矿井涌水量预测和顶底板突水危险评价方法精度与动态性不足，水害监测装备分辨率不高，智能预警尚处于试验阶段，预警技术在顶板水和老空水等的应用需要进一步开展，西部生态脆弱矿区水害防治与水资源协同控水技术亟待突破。

冲击地压方面，冲击地压"三因素"理论和"启动理论"逐步完善；多参量综合预警平台打破了传统预警方法数据类型单一的局限，能够实现应力、微震、电磁辐射、钻屑量、巷道变形量等多种监测数据的综合处理，动态划分冲击危险区域及危险等级；完全国产化的 KJ768 微震监测系统目前总体市场占有率约 10%；以大直径钻孔卸压、煤层卸压爆破、顶板水力压裂、顶板爆破、煤层注水等为主要手段的冲击危险区域卸压解危技术趋于成熟。但是，冲击地压关键指标原位测试技术缺乏，监控系统海量监控数据受限于分析能力而未得到充分挖掘，卸压解危工艺及装备临危作业要求普遍，冲击地压的智能化分析、无人化作业水平亟待提高。

火灾防治方面，煤自然发火预测预报综合指标体系基本完善，光纤测温技术在采空区温度监测方面也取得了一定进展；基于光谱技术的煤矿气体分析仪器及在线式火灾束管监测系统成功推广到国内各大矿区；采空区帷幕注氮(二氧化碳)防灭火工艺应用范围较广，但出现了部分矿区火源点层位、位置难以判定和惰气分布不均，惰化效率低的问题。而且，大采高、高瓦斯等复杂环境下煤自燃的形成过程、防控技术亟须攻克；煤自燃隐蔽火区多元信息探测技术，集煤矿火灾早期监测、火灾预警与专家决策分析系统为一体的煤矿火灾综合预警系统，煤田火灾防治和监控新技术等已成为行业急需解决的难题。

3. 耦合灾害防治理论和技术还需进一步深入研究

随着开采深度的增加，出现了多种耦合灾害，防治难度更大，相关研究尚未深入。目前我国煤矿开采深度以平均每年 10～25m 的速度向深部延伸。特别是在中东部地区，煤炭开发历史较长，浅部煤炭资源已近枯竭，许多煤矿已进入深部开采(采深 800～1500m)，全国 50 多对矿井深度超过 1000m。与浅部开采相比，深部煤岩体处于高地应力、高瓦斯、高温、高渗透压及较强的时间效应的恶劣环境中，煤与瓦斯突出、冲击地压、承压水害等动力灾害问题更加严重。

4. 应急救援技术装备不健全

近年来，我国在应急救援技术装备方面有了很大的提高，研发出避难硐室、避难舱、应急救援指挥系统等应急避险系列产品；攻克了抗爆密闭、供氧、净化、温湿度控制、长时供电、动力供给、生命保障等技术难关；开发出了适用于不同人数规模的固定式避难硐室、移动式救生舱、逃生过渡站等紧急避险装备及配套的通信、长时自救器、呼吸器等设备；建立了移动式矿井重大灾害应急救援指挥系统，可完成气体采集、监测、危险性判别等信息、救援方案制定、应急措施执行等。但面对突发且复杂的矿山灾害事故，事故预判报警及快速响应机制还不健全，矿山应急决策、救灾技术与装备是矿山应急救援的薄弱环节，还不能及时有效地展开协同救援工作。事故发生后决策部门不能及时准确地掌握事故发生地、类型、受灾范围等，常常因难以得到灾区环境的准确信息，无法准确掌握遇险人员的具体位置；同时，我们在拥有一大批高精尖设备的情况下，其安全可靠性、成套性、适应性方面还有所欠缺，严重影响救援效果。因此，目前在煤矿应急救援的事故预判、报警及响应、应急处置、事故原因还原及再现、应急救援规范化、标准化等方面还存在许多不足，还有很多共性关键技术需要攻克，需要进行智能化、一体化、成套化及安全可靠性方面的研究。

二、2025 关键技术需求

1. 煤矿瓦斯灾害防治技术

煤矿瓦斯灾害防治主要针对煤与瓦斯突出、窒息中毒和瓦斯爆炸等三种类型。避免瓦斯事故发生的根本是消除危险源，为此瓦斯参数(浓度、压力或含量)是关键监测对象。降低巷道(网络)瓦斯浓度，可以有效降低瓦斯爆炸和窒息中毒事故，合理管控煤层瓦斯压力或瓦斯含量，可有效避免煤与瓦斯突出，降低灾害风险。

提升煤矿瓦斯灾害防治技术，目前主要从预测预报、煤层增透、抽采消突和通风技术等方面进行提升，主要技术包括：

1) 适应现代采煤技术的采煤采气一体化开发技术；
2) 井下智能化瓦斯抽采技术；
3) 瓦斯富集区及储层特性参数精准探测技术；
4) 低渗煤层卸压促流增透技术；
5) 深部复合动力灾害防控技术；
6) 井上下瓦斯抽采精准对接立体防控技术；
7) 煤与瓦斯突出危险性多元复合预测预报技术；
8) 矿井通风智能管控技术。

其中瓦斯预测预报技术是基础，是发现、辨识危险源的基础，煤层增透是关键途径，是消除灾害风险必要手段，而瓦斯抽采消突是去除灾害的关键技术，三者形成瓦斯灾害防控的主体。

2. 煤矿水害防治技术

1) 水害探测技术与装备

老空水、垂向导水断层和陷落柱精细探查技术与装备研发；井下高压水探放技术与装备研发。

2) 水害评价与预测技术

深部煤层底板突水危险性评价技术研究；突水预测技术研究；奥灰顶部坚硬岩层高效定向钻进技术与装备研发。

3) 水害治理技术与装备

矿井注浆技术模拟实验与装置研究；奥灰顶部利用及注浆改造技术研究；矿井突水水源快速识别及分析技术。

4) 水害监测预警技术与装备

矿井水害实时高精度监测和预警技术研究；不同水害类型监测方案、预警判据等关键技术研究；形成矿井水害监测预警方法及技术体系。

5) 水害应急救援技术与装备

地面大口径救援钻孔快速施工技术及配套装备研发。

3. 煤矿火灾防治技术

煤矿火灾防治包括预防与治理两个方面。重点在煤矿火灾早期监测预警与控制、煤矿输送带及电缆等外因火灾监控、矿井火灾治理和火区处理、火灾应急救援、基于大数据的矿井内外因火灾危险综合评价方法及配套管理平台等技术装备方向开展研究。

1) 矿井隐蔽火源精确定位技术及装备

融合现有电磁、测氡等火区探测技术优点，研发井下隐蔽火源探测技术及装备，研究火区探测技术影响因素作用规律，开发数据信息处理及分析系统，实现对矿井隐蔽火源的精确探测。

2) 火灾一体化预警、治理技术及装备

研究煤自然发火特征判识技术，研究长距离工作面煤自然发火束管监测技术，研究煤自然发火预警和治理技术，研究煤矿封闭火区监测管理技术等，建设系统平台，形成煤矿自然发火一体化监测预警及自动化治理体系。

3）智能开采矿井外因火灾判识、处理技术及装备

研究煤矿井下智能化开采条件下，煤矿井下作业环境对外因火灾影响的规律及监测监控系统，研究基于皮带、电缆以及新型煤矿开采、运输设备的火灾自动识别、成像和处理技术及装备，实现对胶带运输机等运输和开采设备断电、报警、控制喷水降温等灭火措施。

4. 煤矿顶板灾害和冲击地压防治技术

1）大型地质体控制型矿井群冲击地压协同防控技术

大型地质体（大型断层、大型褶曲、巨厚砾岩、直立岩柱等）控制型矿井群井间相互扰动强烈、联动失稳效应明显，其冲击地压灾害的防控变得日益迫切。现有的冲击地压防控方法与技术，大多针对单一矿井，且仅考虑采场范围内地质构造对冲击地压灾害的影响，没有考虑大型地质体存在条件下因井间开采扰动而造成的结构体时空力学响应行为和联动失稳特征。

以揭示大型地质体控制型矿井群冲击地压的结构和应力作用机制为出发点，建立矿井群数值模型和"井—地—空"一体化多元信息的矿井群冲击地压监测系统，揭示大型逆断层、褶曲构造及上覆巨厚岩层等影响下因井间开采扰动而造成的结构体时空力学响应和联动失稳特征，提出以控制矿井群煤系地层结构效应和阻断井间应力链为中心的冲击地压防控新方法与新技术，实现大型地质体控制型矿井群协调安全开采。

2）深部矿井冲击地压精准预测技术

深部煤矿开采动力灾害发生频率高、突发性强，缺乏能精准快速探测危险区域的技术与评价方法。传统的浅部煤矿灾害探测技术无法及时反馈具有极强突发性灾害的危险等级信息及范围，亟须开发新的快速探测及评价技术。针对深部煤矿开采环境，探索采掘扰动作用下煤岩动力灾害危险性区域快速探测技术，开发适应于深部矿井工作面危险区精确分级及评价新技术，建立深部开采动力灾害危险区多参量精准等级划分及评价技术，形成工作面应力、构造、瓦斯等危险性指标参量可视化表征技术，实现深部煤矿采场危险性区域透明化、精准化。

3）深部冲击地压载荷综合控制技术

在我国东部煤矿普遍进入深部开采的情况下，深部矿井冲击地压防控技术与装备亟须研发。传统的适应于浅部矿井的冲击地压防控方法与技术适用范围小，注重局部解危技术，防控方法具有局限性。深部冲击地压不仅受近场围岩顶板垮断动载和煤层、底板高集中静载作用影响，而且远场大范围覆岩结构破坏扰动影响不可忽视。

深部开采冲击地压防控不仅要考虑回采和掘进工作面自身的近场采动作用，

还必须考虑矿井其他采面、采区甚至是相邻矿井的采矿扰动作用。因此，深部开采冲击地压防控的核心和关键就是实现对近场采动和远场扰动动静载荷的有效控制，而目前缺乏深部区域、局部动静载调控技术与装备。针对多尺度分源防控深部冲击地压关键技术问题，探索矿井尺度冲击地压动静载调控技术，开发采掘工作面尺度冲击地压动静载控制技术与装备，形成深部矿井冲击地压多尺度分源防控技术与装备体系。近场以控制顶板、煤层、底板应力为目标，远场以控制覆岩结构稳定性为目标，实现深部冲击地压灾害的有效防控。

4) 深部开采冲击地压巷道吸能支护技术与装备

冲击地压造成巷道瞬间严重变形甚至合拢，支护作为被动防控的主要措施，是巷道抵抗冲击地压破坏的最后一道屏障。传统支护设计方法与支护手段主要基于静力学理念与方法提出，不适应巷道围岩破坏的动力学特征。合理支护形式是提高巷道抵抗动力破坏能力的前提与基础，其核心和关键是从动力学角度揭示冲击地压发生过程中支护与围岩的动力耦合作用机制。建立深部开采冲击地压巷道吸能支护理论，研发新型吸能支护材料与装备，明确吸能支护强度与可抵抗冲击地压震级之间的关系，研究吸能支护设计方法，最终形成深部开采冲击地压巷道吸能支护成套技术与装备。

5) 西部矿压采场围岩破裂与运动过程精准识别及可视化分析技术

我国西部矿区煤层具有埋藏较浅、基岩薄、松散层厚的特点，开采过程中顶板不易形成稳定的铰接结构，覆岩破坏往往波及地表，矿压显现十分强烈。神东、伊泰等浅埋矿区已发生多次切顶压架、溃水溃砂事故，造成综采设备损坏、生产中止、甚至人员伤亡，经济损失巨大。采场围岩破裂及运动是采煤工作面矿压显现的力源，研究西部矿区采场围岩破裂及运动过程精准识别技术是有效解决顶板灾害的关键。

从西部矿区采场微震事件及矿压规律出发，研究建立西部矿区浅埋采场围岩结构及运动理论模型。研究矿压大数据与顶板运动的时空对应关系，研究微震事件与采场围岩的破坏位置、破裂大小、破裂方向、震动能量等特征的对应关系，建立数据驱动的西部矿区采场围岩破裂及运动过程精准识别模型。开发西部矿区采场围岩破裂及运动过程精准识别及可视化分析技术。

6) 支护质量实时评价及顶板灾害实时预警技术

随着一次开采范围的显著增大以及开采速度的加快，煤层开采强度显著增加，采场矿压显现显著增强，一些高强度开采工作面频繁发生片帮冒顶、切顶压架等事故。液压支架是采场围岩控制的关键设备，提高液压支架支护质量是防治采场顶板灾害的有效措施。基于理论分析，研究提出液压支架支护质量评价指标，研究支护质量评价指标的实时分析算法，建立评价模型和预警准则。研究顶板来压实时分析及预测方法，开发支护质量实时评价及顶板灾害实时预警技术。

5. 煤矿应急救援技术与装备

在应急救援方面将开展灾区信息侦测技术及装备、灾区多网融合综合通信技术及装备、灾区遇险人员探测定位技术及装备、生命保障关键技术及装备、快速逃生避险保障技术及装备、应急救援综合管理信息平台等研发。主要包括以下研究内容：

1) 煤矿重大灾害感知技术和装备

研究重大灾害的快速感知和多元信息融合技术，进而研发水灾、火灾和瓦斯煤尘爆炸感知报警装置，为水灾、火灾和瓦斯煤尘爆炸事故的快速发现和应急系统快速响应提供必要的技术和装备。

2) 智能应急预案及应急救援辅助决策技术和系统

在水灾、火灾和瓦斯煤尘爆炸事故区域辨识、破坏效应评估和波及范围预测模型和方法研究的基础上，研发基于大数据的智能应急预案技术、应急预案快速启动技术、应急救援辅助决策技术、事故模拟推演技术等；研发智能应急预案系统、应急救援辅助决策系统、应急救援指挥系统等；为应急救援快速响应科学施救提供技术支撑。

3) 灾害矿井应急通信及人员定位技术和系统

研究煤矿井下水灾、火灾和瓦斯煤尘爆炸等灾变环境下，应急通信及人员定位特点；研发系统抗爆炸冲击、高温、水淹等技术；研发系统本质安全防爆技术；研发事故后，煤矿井下全部停电、电缆和光缆全部断缆后，应急通信及遇险人员精确定位技术；为遇险人员应急通信、遇险人员精确定位提供可靠的装备保障。

4) 煤矿重大灾害紧急逃生与引导技术和系统

研发火灾和瓦斯煤尘爆炸灾后风流智能控制技术和装置；研发电缆和光缆断缆后风流智能控制技术；研发广播通信、人员定位、语音通信、视频监视、监测监控等多系统协同联动逃生引导技术和系统；研发单兵智能逃生引导装置，为遇险人员提供安全逃生通道、逃生引导；研发 GIS 多人协同应急救援演练技术和系统，为煤矿井下作业人员和救护队员培训提供演练平台。

5) 煤矿灾变环境信息侦测和存储技术及装备

针对矿井灾后巷道底板有冒落物和积水等实际情况，研发本质安全防爆灾后环境侦测飞行机器人，包括飞行机器人导航技术、避障技术、防碰撞技术、远距离通信技术及大挂载量、长飞行距离和续航时间技术；研发灾后环境气体遥感技术、爆炸危险性智能分析技术等。

6)煤矿重大灾害抢险救灾技术与装备

为满足煤矿井下防爆要求，研发不含铝、镉、锌、镁等便携式破拆和支护技术及装备。研发适应煤矿井下灾后环境、小型逃生通道快速构建系统及装备；研发具有挖掘、清除、剪切、破碎、支撑、移位等多功能一体化抢险救灾技术和装备；研发抢险救灾作业环境安全保障技术等(孙继平和钱晓红，2017)。

三、2035 关键技术需求

2035 关键技术侧重从开发源头控制煤矿灾害，协调资源开发与灾害治理，加强复合灾害的综合治理和区域治理。进一步实现隐蔽灾害的精确定位、监测、预警，应急救灾机器人研制，构建井下安全生产系统和灾害管控可视化监控体系。

1. 煤矿瓦斯灾害防治技术

1)面向多业务的高可信度面域化大融合煤矿安全监控技术

着力解决煤矿安全监控系统的多业务融合、高可信度监测数据、面域监测、分布式供电、多网融合通信、多系统融合联动、低功耗无线传输技术等难题，研发矿用智能传感器(具有自校零、自校正、自补偿功能)，矿用高精度低下限超声波时差法风速风向传感器，全断面风速测量装置及装备，低功耗传感器光电传输模组，煤矿综合监控系统，全矿井空间位置服务系统，煤矿安全信息管控平台，瓦斯抽采系统智能化监控系统，煤矿安全物联网大数据采集共享系统及矿用瓦斯巡检机器人等，提高我国煤矿安全监测监控智能化技术水平。

2)煤与瓦斯突出及瓦斯煤尘爆炸综合智能预警

开展煤层瓦斯基本参数地面及井下深孔快速测定技术研究；研究采掘影响下瓦斯地质构造多源信息融合高精度探测技术与多属性小构造动态预测技术；研究煤与瓦斯突出灾害多源信息融合智能预警技术；研发瓦斯煤尘爆炸智能预警系统、隔抑爆区域联控技术及装备。

3)智能化煤层瓦斯高效区域防突技术

开展煤与瓦斯突出的大型模拟实验及量化分析技术研究，为煤与瓦斯突出机理研究提供验证手段；研究地面钻孔"排抽一体"连续抽采、采动区井上下联合定向抽采技术；研究超高压射流水平切缝、保压强化消突及静态爆破释能技术等，形成深部煤层自卸压防突技术；研究碎软煤层定向长钻孔钻进、护孔技术；研发大直径定向钻孔钻进装备；研发煤矿井下智能化定向钻孔机器人；研究煤层自动化超高压水力切缝增透、井下自适应定向水力致裂增渗、井下水力喷射小曲率径向压控式外旋自钻进、瓦斯驱替、静态爆破致裂等一系列低透气性煤层井下高效精准增透技术。

2. 煤矿水害防治技术

着力解决中东部大采深矿井高承压岩溶突水及西部矿区顶板水区域化治理问题。提出适用性强的突水危险性评价与动态预测预报方法，研发长距离定向劈裂注浆、长距离定向钻孔与井下群孔控制疏水治理技术；开发充水水源多频连续电法、导水通道微震智能监测预警系统；研制单孔多袋突水通道快速封堵等核心技术与装备，推动水害防控装备升级换代，提升水害监测、预测预报精度及智能化水平。

3. 煤矿火灾防治技术

1）煤矿火灾环境信息感知与治理

加强地球物理探测方法在煤田火区探测领域的应用研究，准确确定隐蔽火源三维空间范围；研发基于 MEMS 无线网络技术的煤矿井下胶带运输机火灾预警与控制系统，煤矿火灾视觉识别监测系统，防爆式本质安全型气相色谱分析装备，基于 NDIR 技术的网络化密闭区域高精度监测技术及装备，实现对井下环境信息一体化实时感知及预警；研发具有阻燃抗静电特性的破碎煤岩体固结材料，大型移动式模块化多功能快速应急注浆系统；研发煤低温氧化复合阻化材料与装备，微反应热、耐高温、远距离快速封堵材料与装备，实现对火区精确探测及综合治理。

2）矿井智能通风与灾变应急控制

着力解决矿井通风系统风量智能调控水平低的问题，研发矿井通风动力装备智能控制技术，井巷风量快速准确测试技术，井巷绝对气压准确测试技术，井巷风阻准确快速在线测试技术，井下风量定量调节远程智能控制技术及装备，实现全矿井通风系统风量智能准确调控；研发灾变条件下矿井通风系统自恢复技术、灾变隔离技术，攻克灾变通风系统控风减灾能力弱的难题，初步形成矿井通风系统灾变风流应急调控技术体系。

3）煤田火区热能高效利用技术及装备

针对煤田火区产生的有毒有害气体和高温热能，建立气体萃取、导热棒或其他新能源利用技术及装备，对煤田火区产生的可燃烧性气体和大量的热能进行综合利用和转化，用于供给周围村民燃气或用电等。

4）退出矿井火区绿色治理技术及装备

针对退出矿井已知火区位置及未知发展火区位置，开展注浆、注惰性气体及其他新的绿色治理技术为主的火区治理措施，避免火区复燃。在火区治理的基础上，开展生态恢复和绿化技术，恢复退出矿井生态环境。

4. 煤矿顶板灾害和冲击地压防治技术

重点解决冲击地压监测与防控预警指标单一、多类型信息采集不全、海量数据挖掘不充分及高风险区域临危作业等难题。研究海量数据挖掘分析算法，构建危险区域高精度冲击地压多参量综合智能预警平台；研发大功率智能钻机等高危区域无人化作业技术及装备。

5. 煤矿应急救援技术与装备

研究复杂灾变环境精确定位与智能感知、通信网络快速自组网、高效生氧及二氧化碳去除技术、坍塌岩体高效破岩等关键技术，研制灾区复杂环境爬行侦检机器人；研发灾后救援多网聚合快速自组网装备，救援人员单兵多信息集成可穿戴式装备；研发井下坍塌松散体中救援通道快速构建技术及装备，解决灾情不明、灾后组网速度慢、救援通道效率低等问题，提高应急救援装备的整体智能化水平。

第五节　清洁利用技术需求

一、技术现状

我国煤炭清洁利用技术主要包括煤炭洗选、清洁燃煤发电、清洁分散燃煤、煤炭清洁转化、污染物控制与资源化利用等方面。

在煤炭洗选方面，我国炼焦煤选煤厂发展快、技术先进、装备较好，而动力煤选煤厂整体发展比较慢，尤其是适用于低阶煤洗选的工艺、装备有待完善提高。目前新建选煤厂洗选工艺主要以重介洗选工艺为主，煤质适应能力强、入选粒度范围宽、分选效率高、易于实现自动控制、单机处理能力大，技术指标达到国际先进水平。但大型重介浅槽分选机、大型振动设备进口依赖度高，拥有自主知识产权的国产设备规格偏小，选煤装备可靠性差。

在清洁高效燃煤发电方面，我国燃煤机组参数、机组数量、能效指标、污染物排放指标均进入世界先进行列。但超高参数（650℃、700℃）发电机组的关键部件高温验证没有完成，系统设计、关键设备设计、制造尚无经验。已经开展了超临界 CO_2 循环发电相关研究，但目前没有完全掌握超临界 CO_2 物性和热工水力特性，CO_2 循环发电系统没有经过验证，关键设备的设计和制造也刚刚起步。

在清洁分散燃煤方面，高效煤粉燃烧技术及煤粉工业锅炉系统已日趋成熟，可将工业锅炉热效率提高 20%～30%，达 90%以上。但技术产品相对单一，竞争优势不够明显，需要在不断优化升级现有技术的同时进行新技术的开发和储备；洁净型煤质量不断提升，需要推广新型固硫、固氮和吸附挥发性有机物的洁净型煤产品；近 20 年来逐渐发展起来的生物质与矿物燃料耦合燃烧技术，在欧美发达国家比较成熟，但也面临诸如生物质燃料成本偏高、燃烧效率低、锅炉受热面积灰腐蚀等问题。

在煤炭清洁转化方面，相继开发了多种煤气化技术，如多喷嘴对置水煤浆气化、两段干煤粉气化等，实现了大型气流床煤气化技术和装备的国产化；对氢、甲烷等不同目标产品的超临界气化、加氢气化、催化气化等新型煤气化技术也进行了研发；煤制天然气集中于合成气甲烷化工艺及催化剂的开发，但尚未有自主知识产权的合成气甲烷化工艺及催化剂在大型工程中的应用；煤液化方面，自主开发的煤直接液化和间接液化技术均已实现"百万 t/年"规模工业示范，尤其煤直接液化制特种燃料油品方面，弥补了石油燃料的不足。需要进一步提高能效、降低水耗和开发新型高效、缓和条件的低成本催化剂，实现产品精细化和高值化；煤经甲醇制烯烃(MTO)技术处于国际领先地位，先后开发成功两代 MTO 技术，在世界上率先开展了工业化生产；开发成功煤合成气制乙二醇技术，已建设并成功推广多套 20 万 t/年装置；甲醇制芳烃流化床技术及甲醇甲苯烷基化制对二甲苯技术完成了中试放大，但是尚未进行工业示范。

在污染物控制与资源化利用方面，我国燃煤电厂大多数的污染物控制技术从国外引进，通过消化吸收，已经实现国产化，达到国际先进水平；矸石利用领域，主要有煤矸石发电、煤矸石制建筑材料、煤矸石复垦和充填采空区、煤矸石生产高附加值产品等，其中煤矸石发电、煤矸石制砖产业发展最成熟，此外还有制备化工产品、筑路、农业应用、井下充填等；粉煤灰的利用主要包括传统的粉煤灰制砖、生产水泥和调配混凝土等"替代型"开发利用模式和从粉煤灰中提取多种化工产品和稀散金属的"提取型"开发利用模式。

二、2025 关键技术需求

1. 煤炭智能分选关键技术与装备

针对离心机在入料适应性、智能控制方面存在的问题，通过入料特性与产品指标的关系研究，确定运动参数与振动系统的关系，优化振动系统结构，研发自动控制系统，研制高效、高可靠性、大处理能力的卧式振动离心机；针对密度控制误差较大，无法自适应原煤指标变化的问题，研发分选密度在线预测技术、原煤可选性在线预测技术、密度精确检测技术、多参数自适应控制策略，实现高精度、高稳定性自动密度控制系统；针对当前选煤厂块煤自动排矸系统存在的识别准确率低、处理量小等问题，研发 3D 图像智能煤矸识别、分选环节自动力控称重、分选环节物料平铺等技术，形成煤矸智能分选技术与装备。

2. 煤炭规模化高效提质关键技术

研发褐煤流态化脱灰脱水一体化技术，低阶煤煤泥高效提质及能源化利用技术，中煤及尾煤深度解离精细化高效分选技术，低品质煤制备高附加值碳产品及矿物质材料技术，动力煤煤泥及浮选尾煤基高性能复合材料制备技术，煤气化灰渣深度分离分质及材料化利用技术；研发催化热解等新兴热解技术，开发可产出高品质油气产品的热解工艺；研发低阶煤热解与气化/燃烧耦合技术，煤与其他物质(秸秆、污泥、废电路板、废轮胎、生活垃圾)共热解技术，热解油气/焦粉分离技术与装备，焦油、半焦、热解气分质加工技术与装备。

3. 高灵活性燃煤发电技术

研究降低燃煤发电机组最小出力关键技术，包括：锅炉低负荷稳定燃烧技术、宽负荷 NO_x 控制技术、低负荷辅机和控制系统适应性等；研究大型工业锅炉灵活特性及关键技术，包括全负荷能效保障技术、多能量形式转化系统集成技术、系统智能化监测和互动仿真平台等；研究供热机组热电解耦技术，包括储热技术、蒸汽流程优化技术、多方式供热技术等；研究提升负荷响应速度技术，包括基于汽水流程优化的负荷提升技术、协调控制技术等；进行机组灵活运行安全性研究。

4. 煤及有机固废分布式燃烧关键技术与装备

研究高温似流态化燃烧机理，开发高温似流态化燃烧技术与装备，实现锅炉系统及烟气净化技术的集成，并结合发电机组，实现热电联供；开发适用于难燃煤及生物质的燃料储供系统、燃烧器及锅炉本体，完成 20t/h 级别的二元粉体耦合锅炉系统技术开发，达到超低排放，作为天然气锅炉的替换产品，满足我国北方村镇规模的清洁供暖需求。

5. 百万吨级煤炭分级液化成套技术

煤的分级液化是基于煤的结构特征，结合了直接液化和间接液化的优势，可提高现有煤液化过程的能源和资源的利用率。研发直接液化煤干燥预处理、高效催化剂及溶剂加工等关键技术；流化焦化固体产物和液化废水的气流床水煤浆共气化技术；加氢液化中间产物制备清洁汽柴油和航空煤油催化剂、工艺及关键技术；煤温和加氢液化、高质油品加工、液化残渣高效利用等单元技术；与已有的高温浆态床费托合成间接液化技术耦合，解决直接液化反应条件苛刻、液化残渣比例高、间接液化能效低、化学结构单一等难题，形成百万吨级煤分级液化成套技术。

6. 煤油共加氢制芳烃和高品质燃料油成套技术

开发煤油共加氢制芳烃的高效催化剂，煤油共加氢制芳烃的工艺及关键技术，形成煤油共加氢制芳烃和副产高品质燃料油的成套技术，并进行煤油共加氢制芳烃和高品质燃料油成套技术的中试验证；研发制备高品质燃料油的催化剂和工艺，并开展产品的应用性试验；研发煤油共加氢的氢化沥青制高品质沥青、黏合剂、碳材料等高品质材料工艺，并开展应用性试验；将煤油共加氢原料的匹配性技术、芳烃制备、高品质油品加工、氢化沥青的高效利用等单元技术进行全系列集成，形成百万吨级煤油共加氢制芳烃和高品质燃料油的成套技术。

7. 煤化工废水典型污染物去除与再生利用关键技术装备

研制煤化工废水降酚脱氮一体化装置，分析其对主要污染物的去除机理和特性，获得工艺快速启动方法，研究配水方式、水力停留时间、环境因子对处理效果的影响，获得关键工艺参数，通过多参数协同控制实现氨氮、总氮、总酚及化学需氧量 COD 的高效去除；分析含盐废水中有机物降解的抑制规律，针对高盐废水有机物脱除，开发高耐受性微生物，基于生物倍增与高级氧化技术研发生物化学协同降解技术；研究高效臭氧氧化催化剂，开发高盐废水催化氧化耦合吸附成套处理技术，开展废水资源化利用有机物分级强化降解技术试验研究。

8. 煤转化烟气处理技术与示范

开发新型半干式烟气脱硫、脱硝、除尘、除重金属一体化脱除技术及装备；针对中小气量工业窑炉烟气，研究吸附—催化氧化/还原脱硫脱硝机理，开发低成本高强度炭基催化剂；研究不同烟气工况、脱除工艺参数对脱硫脱硝性能的影响，开发基于炭基催化剂的干法联合脱硫脱硝新工艺；研究反应器内气流场与物料场分布，优化反应器内部构件及气—固传递与分布，开发新型固定床/移动床脱硫脱硝反应器；研究再生工艺对炭基催化剂性能的影响，开发催化剂原位再生技术及再生尾气中 SO_2 制含硫化学品新工艺；研发炭基催化剂脱硫脱硝工业示范装置，开展工业试验研究，形成成套技术。

三、2035 关键技术需求

到 2035 年，面向煤炭洗选、新型燃烧、清洁转化和碳减排领域，主要进行干法智能选煤、700℃及以上超超临界发电、燃煤与其他能源耦合利用、新一代煤炭清洁转化以及化学链燃烧脱碳等一系列技术的研发和应用，实现煤炭高效清洁低碳利用技术变革。

1. 全流程干法智能选煤工艺技术与装备

从干法选煤工艺、块煤智能干选机、粒煤干选机的优化、末煤空气跳汰机四方面开展研究，通过自主创新和合作开发，突破全流程干法选煤工艺、末煤风选、分选过程自动控制等关键技术，研制大型高效全流程干法分选技术与装备。

2. 700℃及以上超超临界发电技术

研究 700℃超超临界燃煤电站锅炉机组紧凑布置方式,确定 700℃超超临界锅炉设计关键参数;研发 600MW 等级 700℃超超临界汽轮机,研究 700℃机组高效、经济的设计参数,完成系统设计和设备制造,进行 600MW 等级 700℃超超临界二次再热蒸汽发电机组的工程示范。

3. 燃煤与太阳能耦合发电技术

燃煤与太阳能耦合发电技术可从原料侧降低煤耗及污染物排放,主要采用聚光型太阳能发电(CSP)与燃煤发电进行耦合,太阳能作为辅助,在保障太阳能发电效率的前提下尽量降低煤耗率、汽轮机热耗率、汽耗率。研究太阳能光热与燃煤耦合运行条件下机组动态响应规律,太阳能光热的高比例耦合原理及设计方法;研发煤与太阳能光热耦合发电的关键技术,并进行系统集成。

4. 化学链燃烧脱碳技术

化学链燃烧是一种洁净、高效的新一代燃烧技术,它打破了传统的燃烧方式,在 CO_2 减排方面极具开发前景,是清洁能源与环境的创新突破口。由于化学链燃烧过程中燃料和空气没有进入到同一个反应器中,因此产生的 CO_2 不会像在传统燃烧方式下那样被空气中的氮气所稀释,从燃料反应器中得到的烟气经过较简单的冷凝、纯化过程即可得到高纯度的 CO_2,便于利用或封存。它在提高能源效率、回收 CO_2 和控制 NO_x 排放等方面具有非常大的优势。应加强化学链燃烧关键技术的攻关,包括氧载体的寿命及处置、固体燃料、反应器等,降低系统整体成本,实现规模化应用。

5. 煤炭温和液化技术

传统的煤液化工艺通常在高温、高压(温度 450℃以上,压力 20MPa 左右)下进行的,直接导致设备投资和操作费用高,也使得煤液化燃料在价格上无法与原油相竞争,因此研究煤温和条件(温度低于 450℃,压力小于 10MPa)液化技术非常必要。需要重点开发温和条件下促使煤中芳烃加氢、C-C 键断裂和 C-O、C-N、C-S 键氢解的催化剂,研究温和液化技术;针对直接液化复杂的多相流动体系,开发直接液化反应器;研发煤油共炼技术;开发具有较强移热能力、避免催化剂失活、提高产物选择性的费托合成反应器;加强浆态床工程化技术和长周期运行技术及高温流化床和固定床的产业化关键技术研究。

6. 催化气化、加氢气化、油气联产柔性气化等新一代煤气化技术

研发催化气化反应催化剂,开发新型加压流化床工艺和反应器;高压煤粉密

相输送、高温高压氢气加氧喷嘴、加氢气化炉等关键技术；煤与城市垃圾、生物质共气化技术，高温垃圾气化装备，共气化示范装置；面向大规模煤制工业清洁燃气的灵活气化技术，低焦油或无焦油的新型固定床气化技术；开发直径 6m、投煤量 3000t/天的适宜于油气联产的大型柔性气化炉装置；研究大型气化炉不同温度区间的反应段结构，调整产物分布；研究含尘焦油的回用分布器或反应器顶部的内件结构，使大型化气化炉生产洁净焦油；不同水质污水的回用技术。

7. 煤制芳烃升级技术

煤制芳烃技术除了煤基合成气间接制芳烃(先把合成气转变成甲醇再芳构化制取芳烃)，还有煤基合成气直接制芳烃技术(在合适的催化剂下将合成气直接催化转化为芳烃)。与间接制芳烃相比，直接制芳烃反应过程更加简洁，在降低装置投资和运行费用方面更具潜力。但是煤基合成气直接制芳烃技术目前还存在一些问题，需要重点突破高效催化剂及制备技术，并实现产业化。

第六节　碳减排碳中和技术需求

一、技术现状

目前煤炭开发利用过程碳减排技术主要集中于节能、瓦斯抽采利用、碳捕集利用与封存(CCUS)等技术。但各类技术发展程度不同，经济性和适用性差异较大。

煤炭开采节能控制技术方面，我国每开采 1t 煤炭，平均能耗 9.5kg 标准煤，而发达国家仅为 2.5kg 标准煤，我国煤炭开采平均能耗是发达国家的近 4 倍，节能空间巨大。煤炭生产主要包含采掘、运输、通风、排水、洗选及其他辅助工作，各工序的能耗根据煤炭开采技术水平、地质条件、管理水平等不同有很大的差别。目前，煤炭企业节能主要包括"源性节能"、"显性节能"和"隐形节能"(葛世荣等，2018)。一是通过采用合理的开采方式、开拓部署与巷道布置、优化采煤方法和回采工艺、简化矿井生产系统与生产环节而达到的节能效果。二是通过采用与机电设备、设施直接相关的技术方案、技术措施而达到的节能效果，如矿山供电中的节能、矿山机电设备优选与运行中的节能，加强用电管理中的节能等。三是提高煤炭开采所产生的水、气、热、矸石、伴生矿等资源利用率，充分利用设备再制造技术、矿井再利用技术等提升煤矿剩余价值，减少隐性能耗。总体来看，碳减排新形势要求煤炭开采过程中既要做到技术先进，又要做到工艺流程优选，达到全过程优化节能、全进程技术节能、全物资利用节能的目的，实现节能降耗。

碳捕集利用与封存(CCUS)方面，作为一项有望实现化石能源大规模低碳利用的新兴技术，CCUS 可能成为未来我国减少 CO_2 排放和保障能源安全的重要战略技术选择。近年来，通过政府、企业研发投入以及国际合作，我国 CCUS 技术的发展取得了较大进步，在 CCUS 技术链各环节都已具备一定的研发与示范基础，部分 CCUS 技术已初步具备大规模产业示范条件和产业发展基础。CCUS 产业化应用将实现煤化工和煤电等传统产业的低碳化，提高其可持续发展能力，并延伸产业链，促进 CO_2 捕集大型装备与新材料、新型的封存勘测和监测设备等产业的发展。目前 CO_2 捕集技术成本和能耗高，CO_2 捕集、运输网络、封存和利用关键技术尚不成熟。为实现碳达峰碳中和目标，"十四五"时期急需围绕 CO_2 峰值目标提供商业化 CCUS 技术支撑。目前 CCUS 仍未形成规模化产业示范。国内众多机构围绕 CCUS 开展了基础理论研究、关键技术研发与中试示范项目建设，在 CCUS 各技术环节均取得了显著进展，已开发出多种具有自主知识产权的 CO_2 捕集技术，并具备了大规模捕集、管道输送和利用封存系统的设计能力。

二、2025 关键技术需求

1. 采掘装备运行节能技术

采掘装备节能技术包括：软启动技术、机电一体化及变频技术、结构优化技术、最优润滑技术等；采煤工作面系统优化、采掘工艺优化、智能化无人开采技术等。

2. 运输装备运行节能技术

运输装备节能技术包括：动态分析技术、高速托辊技术、CST 技术、软启动传动技术，变频控制技术；运输能量回收技术，结构和材料优化技术，自动化和智能化技术等。

3. 通风排水节能技术

通风节能技术包括：通风网络优化，通风自动化与智能化技术；大断面、多巷道、大风量矿井高效通风节能技术，CNS 节能装置。

排水节能技术包括：CNS 节能装置；自动化和智能化技术。

4. 洗选装备节能技术

洗选装备节能技术包括：高能源利用率的洗选装备；自动化和智能化技术；变频控制技术；结构和材料优化技术等。

5. 供热采暖节能技术

供热采暖节能技术包括：余热回收技术；高效煤粉工业锅炉技术；水热与地

热利用技术；太阳能等清洁能源利用技术；建筑节能技术等。

6. 煤与光能耦合发电技术

煤与光能耦合技术重点开发槽式太阳能—燃煤发电耦合系统，塔式太阳能—燃煤发电耦合控制系统与关键装备(任世华和曲洋，2020)。

7. 高经济性 CCUS 技术

开发高吸收效率、低解吸能耗的化学吸收剂，研究特大型系统的高效新型吸收工艺及其关键技术；开发 CO_2 高效定向转化技术及关键设备，实现 CO_2 的高值转化和利用；开发高效的光/电解水与 CO_2 还原耦合的光/电能和化学能循环利用方法和技术；研发高效低成本的固碳优良藻株的大规模培育及高效生物光反应器放大技术；研究煤阶、煤质及地质条件对 CO_2 驱煤层气与封存性能影响规律，确定驱煤层气与封存场地的筛选标准；研究 CO_2 高效矿化天然矿物和工业固废技术，实现 CO_2 矿化固定、矿物与固废高效综合利用与高值产品选择性分离的耦合工艺。

8. 煤炭与生物能耦合利用技术

开发直接耦合燃烧和气化耦合燃烧新技术，尽力消纳田间露天直燃秸秆，规模化协同处理污泥，实现燃料灵活性，降低存量煤电耗煤量，提升可再生能源发电量。重点突破煤与生物耦合发电关键技术瓶颈，解决生物质属性缺陷带来的一系列技术问题。加强煤与生物质耦合制备化学品研究，研究煤与生物质共热解、气化、液化的协同反应机理，建设大规模工业化示范项目。

9. 煤矿瓦斯高效利用全流程技术

发展民用、压缩天然气(CNG)、液化天然气(LNG)、瓦斯浓缩、瓦斯发电、乏风瓦斯氧化等多种技术，实现煤矿瓦斯梯级利用和规模化利用。建设低浓度瓦斯浓缩利用、低浓度瓦斯清洁高效发电、分布式瓦斯利用等工程示范。持续提升瓦斯利用率，降低排放强度。

10. 先进煤化工技术

煤化工具有减少碳流失的作用，可以作为煤炭低碳发展的重要路径之一。煤化工中煤制油、煤制天然气碳基本流失，但易于捕获转化过程中的高浓度二氧化碳，节碳率大幅提升。煤制甲醇、烯烃、乙二醇等工艺路线，部分碳元素进入产品，可以起到30%至40%的固碳作用，具有天然的节碳能力。推进煤炭转化与可再生能源、碳捕集利用和封存等耦合利用，建立低碳循环、清洁高效的现代煤化工产业体系。继续推进煤炭焦化、气化、煤炭液化(含煤油共炼)、煤制天然气、煤制烯烃等关键技术攻关和示范，延伸现代煤化工产业链，推动煤基新材料开发和规模化发展。

三、2035 关键技术需求

1. 绿色生产链技术

按照"减量化、再利用、资源化"原则，以采煤、掘进、运输、提升为主线，打造一条绿色高效的生产链：研究与应用变频电力拖动技术，提高能量转化效率；研发润滑材料及润滑技术，减少摩擦磨损消耗；研究制动能量回收新技术，提高能源回用率。以风、水、矸、热等非煤物质为主体，形成绿色生产链的全物质循环经济：就地减排降耗；就地循环利用；废弃物再利用。

2. 新型碳汇技术

利用矿区地理优势，提前部署碳汇建设，通过大面积植树造林，吸收煤炭清洁高效利用后产出的 CO_2，修复早期矿山开采造成的生态环境危害。重点开发矿区造林与再造林技术、土地恢复和土壤固碳技术，形成矿区、电厂零碳示范区。

3. 煤与风能/水能耦合利用技术

通过氢能从产业链上整合可再生能源与煤转化，替代煤化工原有制氢路线，还可与煤化工的 CCS 集成，将煤化工捕获的 CO_2 与氢反应制备甲醇等，形成综合转化技术。进一步研发大规模制氢技术、控制系统，完善氢储存与运输装备及体系。

4. 新型固碳技术

研究新型的经济高效固碳技术，包括将 CO_2 作为资源，利用太阳能将 CO_2 和水合成甲醇等燃料的技术；利用地壳中存在的天然矿物和工业固废作为原料，将 CO_2 进行矿化，生产高附加值的化工产品或建筑材料的技术；CO_2 与氨在一定反应条件下生产三嗪醇等高价值固体产品的技术等。

第七节　职业健康技术需求

一、技术现状

健康中国战略明确将"大健康"嵌入了创新、协调、绿色、开放、共享新发展理念的有机版图。把健康融入所有政策，人民共建共享。从"被动治病"到"主动保健"，用社会治理"大处方"做永续动力。随着中国特色社会主义进入新时代，把人民健康放在优先发展战略地位，建设健康环境，全周期保障人民健康。在全社会普遍关注和共同努力下，我国职业健康促进和维护工作取得了明显成效，实现了持续稳定好转。然而，职业健康形势仍然非常严峻，职业病危害的接触人数、新发病例数、累计病例数和死亡病例数均居占世界首位，特别是工业粉尘仍然高居职业健康危害的第一位。2019 年全国共报告各类职业病新增病例 19428 例，职业性尘肺病及其他呼吸系统疾病 15947 例（其中职业性尘肺病 15898 例）。

煤矿工人尘肺病不仅会影响矿工的身体健康，更会给企业带来沉重的经济负担。未来社会的发展与进步归根到底依赖于人的进步，确保职业健康将成为基本要求，然而目前在我国传统职业安全领域侧重点在于生产安全，职业健康安全未受到足够重视。传统医疗卫生领域侧重于疾病本身的防治，往往忽视职业环境及职业习惯对职业人群的危害。因此积极寻找矿工尘肺病的危险因素，针对性进行一级预防和个体化干预，对提高我国广大矿工职业人群的健康水平、企业经济效益和国民经济的可持续发展具有重要意义。

国内对粉尘浓度的检测主要分为两大类，一类是直接法，通过采样称重，获得粉尘的浓度；另一类是间接法，即通过光散射法（吸收法）、β 射线法、微量振荡法、电荷感应法等检测，并通过采样称重进行标定，实现粉尘的间接检测。检测对象分为呼吸性粉尘和总粉尘两个方面。国内同时规定了总粉尘及呼吸性粉尘的限值，因此实际中对呼吸性粉尘和总粉尘都有检测。直接法粉尘浓度检测主要分为两大步骤：粉尘的采样及对采集样品的称量，以获得单位体积的粉尘质量及粉尘的浓度。采样称重是目前应用最广泛、最准确的粉尘测量方法，是间接粉尘测量的标定手段。间接法粉尘浓度监测技术主要分为上述的四大类，通过间接获取粉尘浓度与间接方法所获得信号的对应规律，采用直接测量法标定后获得粉尘的绝对浓度。

近十几年来，粉尘测量仪表的研制与生产有较大发展，开发出粉尘采样器、直读式测尘仪和粉尘浓度传感器，实现了对粉尘作业场所总粉尘浓度的连续监测。我国目前已有部分煤矿企业已经推广使用粉尘浓度在线监测技术，以监测促防治，收到了良好效果。但对于导致尘肺病的关键危害因素呼吸性粉尘，一直以来，国内外都采用呼吸尘采样器（包括个体采样器）进行采样。这种方法无法实时监测煤矿井下呼吸性粉尘的大小，致使粉尘的职业危害研究多采用时间序列分析，基于以发病例的概率估计等方法研究，无法给相关的职业接触限值的调整提供科学的定量依据，从而严重制约着我国对呼吸性粉尘的监管和高效治理。为此，研制出感应式粉尘浓度传感器，在神华、淮北等地完成了工业性试验，测量范围 0～1000mg/m^3，测量精度±15%。传感器采用贯穿式结构，可采用压气和喷水进行快速清洁，基本免维护；检测单元耐腐蚀、耐高温，探头污染、粉尘沉积不影响测量，适应恶劣环境的应用。

除尘技术广泛应用于掘进工作面防尘。国内除尘器由于受煤矿条件的制约，基本都采用除尘风机和除尘器一体化设计的方式，以获得较小的体积和重量。但这种结构也带来了风机动力不足、除尘效率偏低的问题。中煤科工集团重庆研究院研制成功达到德国水平的新型高效除尘器，其特点是：总粉尘除尘效率99%以上，呼吸性粉尘除尘效率可稳定在98%以上（国际先进除尘器在95%以上）。过滤单元采用过滤网与丝网相结合，有利于煤粉分级滤除，减轻丝网或过滤网堵塞的概率；采用了较大的喷雾流量（约150L），能及时将过滤单元上的粉尘冲洗下来；设计了自动反冲洗装置，避免过滤单元上部分顽固粉尘的沉积。采用小流量连续排放污水并补充净水的办法进行污水浓度控制，保证污水浓度不高于6%，避免过滤单元堵塞。

矿井热害治理技术主要分为两类：非人工制冷技术和人工制冷技术。当矿井开采深度不大，热害不太严重的时候，可采用非人工制冷技术治理矿井热害。非人工制冷技术主要有：增加风量、隔绝热源等。当非人工制冷技术不能解决矿井的热害问题时，就要考虑人工制冷技术。实际采用人工制冷技术时，往往结合非人工制冷技术综合治理热害，这样既能达到改善工作环境的效果，又能降低矿井的冷负荷。根据载冷介质的不同，国内外常用的人工制冷降温技术可分为压缩空气降温技术、人工制冷水降温技术和人工制冰降温技术。这些方法都具有一定的适用性，要根据矿井的实际情况进行选择（张习军等，2009）。

二、2025 关键技术需求

从源头控制煤矿职业危害，结合呼吸性粉尘监测治理及高温热害、有毒有害气体控制技术，提高矿井职业危害监测预警及防治水平。提高煤矿职业危害防治技术的有效性、适应性和经济性，实现职业危害监测防治系统的技术装备突破。

1. 矿山呼吸性粉尘在线监测与防治技术及装备

在粉尘监测方面，实现了对总粉尘和呼吸性粉尘浓度的定点检测以及总粉尘浓度的在线连续监测，但矿山作业环境呼吸性粉尘在线连续监测技术在我国还是空白，同时缺少矿山大数据信息监管支撑平台，无法实现对职业危害实时有效的监测和预警。

开发准确度更高的呼吸性粉尘浓度监测仪表及粉尘检测仪器，重点突破呼吸性粉尘浓度连续在线监测技术和实时跟踪监测技术，研发呼吸性粉尘浓度传感器和粉尘浓度无线实时跟踪监测仪器，填补国内在该技术领域的空白。

2. 矿井协同增效降温移热技术及装备

根据热害矿井各项热参数指标，研究矿井热害时空分布特征及影响因素，揭示矿井对流换热机理；研发矿井热环境参数在线监测技术，研究矿井降温最优化通风参数；研发热害矿井降温冷负荷与有效处理风量的优化调控技术，热害矿井气体涡流制冷降温技术，矿井冷凝热的热棒移热综合利用技术。在此基础上，研制集移热、导热、排热于一体的经济高效的矿井智能控温技术及装备，实现矿井多系统协同增效降温。

3. 矿井有毒有害气体检测与防控技术

开展矿井有毒有害气体快速检测技术、矿井有毒有害气体解危防控关键技术等研究。重点研究掌握煤层中硫化氢赋存与涌出规律，研发硫化氢含量测定技术、采掘面硫化氢高效吸收技术及装备。

4. 矿井噪声抑控技术

采用"理论研究—大数据分析—指标模型建立—监测及防控装备研发—示范应用"的技术路线，开展井下关键产噪点智能监控技术、矿井噪声驱散及隔绝技术研究。

三、2035 关键技术需求

1. 矿井一体化高效除尘技术及装备

矿井防降尘是一个系统工程，有必要站在全矿井的角度考虑，开发矿井一体化高效除尘技术及装备，实现矿井全方位、各环节、一体化防降尘。

2. 粉尘危害智能监控与监管预警

开发以智能化为核心的煤矿粉尘危害防控技术及装备，完善露天煤矿、选煤厂粉尘治理技术，构建全矿井粉尘危害监测预警技术体系，建立以大数据和云平台为核心的职业健康智能监管平台，形成井下呼吸性粉尘监测与治理一体化联控技术与智能装备。

3. 新型热害防治系统

深部矿井地热在造成热害的同时，也是可以利用的地热资源。深入研究矿井热交换原理，以智能化控制为核心，研发地热资源利用和矿井高温治理结合的新型系统，实现矿井水、深部地热水、生活区用水、矿井乏风等矿区不同品位热源的综合利用。

第八章

人才是第一资源，煤炭行业的高质量发展源于创新，创新离不开人才，人才是实现行业高质量发展、赢得国际竞争主动权的战略性资源，打造一支创新能力强、结构合理的高水平人才队伍对于行业未来发展具有重要意义。因此，根据煤炭行业高质量发展要求，研究行业关键人才需求和人才队伍结构，为煤炭工业转型升级和高质量发展提供智力支持，是当前和未来一段时期煤炭行业人力资源规划的重点。本章从经营管理人才、专业技术人才、专业技能人才三个方面分析煤炭行业高质量发展的关键人才需求；从年龄结构、学历层次、职称结构、薪酬水平等方面分析人才战略的思路及构想，进而提出战略任务；最后提出煤炭行业人才队伍建设措施。

第一节　煤炭行业高质量发展关键人才需求分析

未来我国煤炭行业将成为集智能化、信息化、现代化、知识化、专业化为一体的高技术产业，以及多学科交叉融合、世界前沿科学探索的新型行业，真正实现煤炭资源的安全绿色智能开发和清洁低碳高效利用与转化。因此，必须要建立与煤炭行业高端转型和高质量发展相适应的新型煤炭人才培养体系，使煤炭行业成为受人尊重、人才向往的高科技含量行业。根据我国煤炭行业高质量发展方向及技术发展趋势，煤炭行业高质量发展的关键人才需求主要分为经营管理人才、专业技术人才和专业技能人才三大类，如图 8-1 所示。

一、经营管理人才

经营管理人才包括战略企业家、决策型人才、职业经理人及管理型人才。

具有国际视野的战略企业家。煤炭行业要重视国际化人才培养，大力培养一支具有国际化思维和战略眼光，懂得国际通行规则、熟悉国际化经营管理理念、具备良好跨文化交流沟通能力，有卓越领导能力，精通管理、金融、财务、法律、贸易等专业技能的国际化复合型人才队伍。

基于大数据和多维度的决策型人才。未来煤炭行业基于大数据与多维度的决策人才是矿山开采中最重要的管理决策层。未来开采将形成井下立体空间、透明矿山、人机交互、机机交互、能量转换与传输等多维度大数据系统，决策人员应掌握大数据运作原理，掌握相应的分析决策体系，真正实现智能化无人开采。

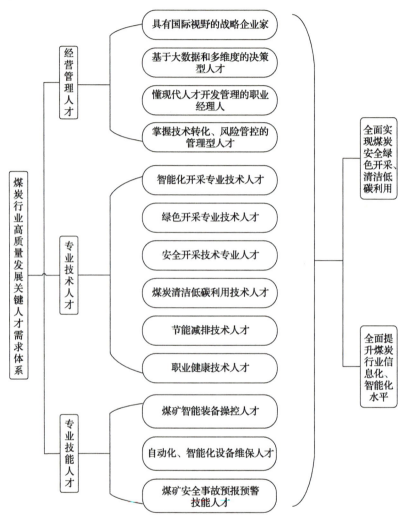

图 8-1　煤炭行业高质量发展的关键人才需求体系

懂现代人才开发管理的职业经理人。为增强煤炭经营管理人员战略规划、资本运营、风险控制等专业能力，应着重培养造就一批具有职业素养、创新精神、市场意识和人才开发管理能力的职业经理人。

掌握技术转化、风险管控的管理型人才。新形势下煤炭生产更加智能化、精细化、专业化、协同化。要求各管理人员不仅具有专业的管理知识体系，同时要具有较强的转化协同运行与风险管控能力，并将生产过程中技能不断知识化、系统化，达到人机一体运行。根据智能化生产需要找出新问题并创造性地加以解决，将先进的科技和机器设备转化为现实生产力。

二、专业技术人才

专业技术人才包括安全、智能、绿色开发与清洁、低碳、高效利用的各个专业技术人才。

智能化开采专业技术人才。随着我国煤矿智能化建设的快速发展,需要大批拥有实时交互的地质立体数据分析能力、智能规划设计、智能化综合管控能力,掌握 5G、GIS 技术、智能钻探、智能快速掘进、智能开采、智能运输、智能洗选等技术的智能化开采专业技术人才。针对不同煤层赋存条件,开发适用于不同煤层条件的智能化开采模式,实现煤炭智能化开采。

绿色开采专业技术人才。绿色开采是保护矿区生态环境、实现煤炭行业可持续发展的关键技术,急需大量绿色开采专业技术人才。该类人才需要在掌握煤矿开采技术的同时,了解生态、环境、地质等相关专业技术。在保水开采、充填开采、采煤沉陷区治理、土地复垦与综合利用、生态保护与恢复、煤与瓦斯共采、煤热共采等技术的基础上,结合矿井周边城市发展规划、经济发展水平、产业结构与区位优势等,因地制宜地发展绿色开采和循环经济,实现煤炭行业绿色协调发展。

安全开采技术专业人才。煤矿安全涉及瓦斯、顶板、水、火、粉尘等多种灾害及其耦合致灾。随着煤矿开采深度、强度的不断增加,煤与瓦斯突出、冲击地压等动力灾害日趋严重,需要大量安全开采技术专业人才。该类人才需要掌握各类煤矿安全事故致灾机理、主控影响因素、安全监测预警技术及灾害防控技术,确保煤矿安全生产。

煤炭清洁低碳利用技术人才。煤炭清洁低碳利用是未来煤炭工业高质量发展的重要支撑,需要大量煤炭洗选、清洁燃煤发电、清洁分散燃煤、煤炭清洁转化、碳减排、碳利用等技术人才,实现煤炭高碳能源的清洁、低碳、高效利用。

节能减排技术人才。节能减排是新时期能源发展的基本要求,是保持和拓展煤炭生命力的基础,需要各类相关专业人才。在煤炭开发利用过程中做到技术先进、工艺流程优化,实现全过程优化节能、全方位技术节能、全物资利用节能,并实现近零污染物排放。

职业健康技术人才。未来社会的发展与进步归根到底依赖于人的进步,确保职业健康将成为基本要求,需要越来越多的职业健康技术人才。从"被动治病"到"主动保健",建设健康环境,全周期保障矿工健康。

三、专业技能人才

专业技能人才包括煤矿智能装备操控人才、设备维保人才及安全技能人才。

煤矿智能装备操控人才。未来煤矿将实现井下智能化无人开采，智能装备操控人才应熟练掌握智能控制技术，具备智能装备系统操控管理能力，包括地面远程操控、井下集控中心操控、工作面生产过程操控等，实现开采装备智能控制。

自动化、智能化设备维保人才。在智能化矿井建设初期，设备的调试安装需要有经验的一线技术工人参与，通过与设备的"互动"、数据分析等确定工艺流程。正常投产后，生产过程中需要的技术工人减少很多，技能人才大部分可转向对设备的管理和维护。智能化设备与传统设备维保方式不一样，智能设备提前预判的能力强，整个生产过程是依据大数据分析的结果指导设备的正常运行。因而，维保人才应具备"体检式维护"的理念和技能，而不是"外科手术"的修理，实现人机交互和谐并处。

煤矿安全事故预报预警技能人才。随着煤矿开采深度不断增加、地质构造的复杂化，瓦斯、顶板、水、火等灾害日益严重，急需煤矿安全预报预警技能人才。随着煤矿信息化水平的不断提高，煤矿安全预警和应急救援应是以信息化为统领，结合先进技术与装备的智慧预警和救援。应培养一批善于运用信息化手段进行事故预判，利用先进智能设备提升救援水平的技能人才，全面防范化解重大安全风险。

第二节　煤炭行业高质量发展人才战略

一、战略思路

牢固树立"人才是第一资源、第一资本、第一推动力"的理念，立足行业发展需要，打造一支高水平人才队伍，扎实推进煤炭从业人员素质提升工程，支撑国家能源安全新战略实施和煤炭工业高质量发展。着力建设经营管理人才、专业技术人才、专业技能人才"三支队伍"，形成煤炭行业高质量人才队伍，为煤炭行业高质量发展提供智力支撑和人才保障。

二、战略构想

到"十四五"末，造就一支具有一定规模、素质优良、结构合理的人才队伍，为煤炭行业高质量发展奠定人才基础。根据全国煤炭行业人才队伍的现状，从人才队伍的年龄结构、学历结构、职称结构和薪酬结构4个方面入手，全面优化和调整人才队伍结构，如图8-2，推动煤炭行业转型升级和高质量发展。

1. 逐步优化年龄结构

到2025年，经营管理人才队伍的"青、中、老"结构比例总体达到"3∶4∶3"，专业技术人才队伍的"青、中、老"结构比例总体达到"5∶3∶2"，优秀技能人才队伍中，45岁以下的占50%，逐步优化人才队伍结构。

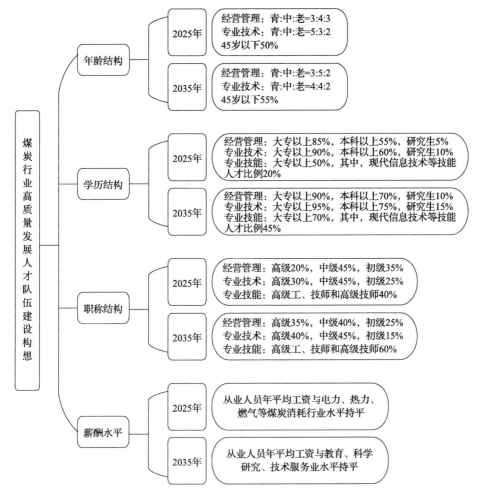

图 8-2　煤炭行业高质量发展人才队伍建设构想

到 2035 年，经营管理人才队伍的"青、中、老"结构比例总体达到"3：5：2"，专业技术人才队伍的"青、中、老"结构比例总体达到"4：4：2"，优秀技能人才队伍中，45 岁以下的占 55%，形成较为合理的人才梯队。

2. 大幅提升学历层次

到 2025 年，煤炭行业人才队伍学历结构力争达到：经营管理人才队伍中，85% 以上达到大专以上学历，55% 以上达到本科以上学历，5% 左右为研究生学历。专业技术人才队伍中，90% 以上达到大专以上学历，60% 以上达到本科以上学历，10% 左右为研究生学历。专业技能人才队伍中，50% 以上达到大专以上学历，掌握现代信息技术的技能人员占比提高到 20% 以上。

到 2035 年，经营管理人才队伍中，90% 以上达到大专以上学历，70% 以上达到本科以上学历，10%左右为研究生学历。专业技术人才队伍中，95%以上达到大专以上学历，75%以上达到本科以上学历，15%左右为研究生学历。专业技能人才队伍中，70%以上达到大专以上学历，掌握现代信息技术的技能人员占比提高到45%以上。

3. 进一步优化职称结构

到2025年，煤炭行业人员职称结构力争达到：经营管理人才队伍中，具有高级职称的人员占职称人员总数的 20%，中级职称人员占 45%，初级职称人员占35%。专业技术人才队伍中，具有高级职称的人员占职称人员总数的 30%，中级职称人员占 45%，初级职称人员占 25%。专业技能人才队伍中，40%以上拥有高级工、技师和高级技师职称。

到 2035 年，经营管理人才队伍中，具有高级职称的人员占职称人员总数的35%，中级职称人员占 40%，初级职称人员占 25%。专业技术人才队伍中，具有高级职称的人员占职称人员总数的 40%，中级职称人员占 45%，初级职称人员占15%。专业技能人才队伍中，60%以上拥有高级工、技师和高级技师职称。

4. 显著提高薪酬水平

到2025年，煤炭行业从业人员年平均工资与电力、热力、燃气等煤炭消耗行业水平持平。

到2035年，煤炭行业从业人员年平均工资与教育、科学研究、技术服务业水平持平。

三、战略任务

1. 推进各类人才队伍建设

强化技能型人才培养，集聚行业发展急需的"高精尖缺"人才。鼓励行业高技能人才参加国家和行业荣誉评比，选拔优秀技能领军人才，着力培养并发挥行业掌握现代信息技术技能人员的引领示范作用，进而带动行业整体技能水平的提升。积极引进符合行业发展的创新性人才和团队，发挥辐射带动和以才引才作用，推动行业高质量发展。

推进创新型人才团队建设。加快创新团队建设，引进符合煤炭工业发展方向和重点领域的创新骨干团队，增强行业创新实力。加强重点领域人才团队培育，推动煤炭安全绿色智能开采、清洁低碳高效利用等领域创新人才队伍建设。推动成立跨行业、跨组织、跨区域、跨学科的开放式合作团队。

培养矿区生态修复及转型发展类人才。强化政府引导和支持，积极发挥财政资金的引导作用，带动社会资金投入矿区生态修复及转型人才培养。鼓励高校建立交叉学科，建设采矿工程专业与矿区环境生态修复特色培养方向，依托工程项目，强化实践教学，行业专家领衔，打造强大教学团队，培养矿区生态修复及转型发展所需的专业人才。

2. 加快市场化人才机制建设

完善行业人才发现和评价机制。完善行业人才评价标准体系，建立客观公正的考核评价体系；推动跨区域跨企业职称互认，倡导职业资格和职称资格贯通，拓宽人才创业平台和发展空间；建立各类人才能力素质标准，注重人才的实际贡献，分层分类建立各类人才考核评价办法。

创新人才流动机制。构建有序流动、充满活力的人才流动机制，完善轮岗交流、区域间对接、属地化管理和员工转型发展机制，促进人才和用人单位的对接；推进煤炭工业人才市场体系建设，构建政府调控、行业协会引导、中介组织服务、人才自主择业的人才流动配置机制。

创新人才激励机制。构建具有全球竞争力的人才激励体系，提高我国在全球煤炭行业配置人才资源的能力。建立差异化的薪酬分配制度和高层次人才市场化薪酬制度，优化人才薪酬激励机制和收入分配机制；引导企业形成行之有效的激励措施，如推行骨干人才持股，设立人才奖励基金等，激发人才动力、释放人才活力。

3. 加大人才工作投入力度

加大教育培训投入。加大资金投入，全面提升煤炭行业的教师国际化水平；构建行业教育培训新体系，鼓励企业加大对职工的教育培训支出；强化企业人才培训主体作用，推动煤炭企业完善培训体系；建设一批高水平煤炭企业实践基地，大力引入煤炭智能化开采、智能装备制造等新技术、新工艺；根据煤炭企业实际需求，优化调整投入结构。

加大引智引才力度。充分发挥市场导向作用和煤炭企业主体作用，协同煤炭企业所在省区人才政策，围绕行业规划的重大工程、重点项目、重点领域，通过多种渠道，加大专业人才（金融、财务、法律等）和管理人才引进力度，增加高端、领军人才和创新团队数量；推动企业采用刚性和柔性相结合的原则引进人才，积极探索"为凤筑巢"的人才引进方式。

优化人才生活环境。在区域政策允许范围内，鼓励煤炭主产区企业利用自有工业用地建设人才公寓，为企业人才提供住房资助；积极在矿区周边引入医院、学校等配套设施，提高人才及其家人生活所需医疗、教育、文化、购物和娱乐环境水平，通过软环境提升，吸引人才落户。

4. 加快推进人才重点工程

实施高端领军人才培养和引进计划。秉持行业安全、绿色、智能、清洁、低碳高效发展理念，制定煤炭工业高端人才引进规划和计划，落实配套支持政策，支持和培养一批具有国际影响力的原始创新领军人才。

实施高技能领军人才工程。推进大国工匠、中华技能大奖、全国技术能手、行业技能大师等选拔，培育一批在行业中处于领先地位、对产业发展有突出贡献的省部级、国家级高技能人才等。继续推进"乌金蓝领工程"，提升企业技能人才整体素质。

实施青年人才培养计划。为增强煤炭工业人才队伍接续性，持续保持和提升人才竞争力，在不同领域选拔优秀青年人才进行重点培养，培养一大批具有成长潜力和宽阔视野的优秀青年人才。

第三节　人才队伍建设举措

一、政府主管部门

1. 加强行业人才顶层规划

完善人才调查统计体系，对煤炭行业现有人才具体情况进行全面摸底，明确人才供需现状；结合行业发展需求，明确人才需求重点领域和培养方向；根据人才现状，做好行业人才顶层战略规划，完善区域、行业、企业与人才的数量及专业匹配和引导政策制定；从行业层面建立人才需求、培养的决策支持系统，依托大数据，引导人才队伍建设工作。

2. 拓展多渠道资金支持模式

探索研究人才发展投入税收减免政策，推进落实国家有关鼓励和吸引高层次人才的税收优惠政策。鼓励企业发挥好人才发展专项资金、创业投资引导基金、产业投资基金等政府投入的引导和撬动作用，建立政府、企业、社会多元投入机制。

3. 优化煤炭行业薪酬体系

随着新技术、新工艺的广泛应用，煤炭行业正呈现出"信息化、数字化、智能化、少人化"的发展趋势，高级技能型人才缺口不断增大。为了吸引和培养高级技能型人才，行业主管部门应把薪酬体系优化作为重点任务，新的薪酬体系应体现"潜能—绩效—薪酬—开发"的人力资源开发思路，吸引优秀人才，逐步形成稳定的高素质技能型人才队伍，为行业高质量发展提供坚实的人力资源保障。

二、人才培养院校

1. 建设"双师型"师资队伍，优化课程体系

煤炭行业人才培养需要既掌握丰富基础理论知识，又有丰富实战经验，且了解煤炭行业发展前沿的教师。通过聘请企业一流的技术人员和工程师兼任高校教师，同时定期选派教师到企业挂职学习，逐步构建起一支既具备较高理论水平，又具有丰富实践经验的师资队伍。为满足煤炭高质量发展的需要，合理调整专业设置和教学内容，增设人工智能、大数据、物联网、云计算、碳减排等专业方向及课程体系。

2. 探索完善本科生双学位制度

多学科融合是未来煤炭行业高质量发展的趋势，高校应大胆探索本科生双学位制度，加强煤炭绿色智能开发、清洁低碳利用相关学科专业建设，推动专业交叉融合。比如：在采矿类专业中，开设机器人工程、机电系统智能控制和环境类等专业的双学位，培养符合煤炭行业高质量发展要求的关键人才；在工商管理类专业中开设数据科学与大数据技术、人工智能等专业的双学位，培养基于大数据和多维度的管理型人才。通过双学位制度的实施，有效拓宽不同专业学生的知识面，更好地满足行业发展对复合型人才的需求。

3. 开展校企合作，创新煤炭绿色智能开发、清洁低碳利用人才培养模式

围绕煤炭行业高质量发展对技能型人才的需要，鼓励高校和企业合作创新煤矿绿色智能开发、清洁低碳利用人才培养模式，深化产教融合，共建示范性实习实践基地，搭建工科教师挂职锻炼平台，面向产业急需共建现代产业学院。实行"订单培养"，突出实践教学，成立由学院和委培单位组成的委托培养教育领导机构，提高学生的岗位适应能力，通过合作，全面调动学校、委托单位和学生三方面的积极性。

三、煤炭企业

1. 定期开展员工的职业技能培训

企业和企业之间的竞争就是人才的竞争。煤炭企业可以通过继续教育、内外部培训提升员工的业务技能与综合素质，以满足公司对高层次人才的需求。通过培训既能提高员工的业务水平，进一步提升工作效率，还能够使员工和企业的管理层进行"双向"沟通，增强企业的凝聚力。首先，要规范煤炭企业员工培训管

理体制，完善办学条件，完善企业培训师资库。其次，通过与高校合作培养定向本、专科毕业生或中专毕业生等多层次人才。

2. 实行"首席制"，建立人才激励机制

为加快亟须的技能人才培养，企业可制定主要专业工种的"首席工程师"、"首席技师"及"专业工种带头人"评聘制度，制订向"首席"系列职工倾斜的薪酬分配政策，设定津贴标准，实行动态管理；建立青年技术能手培养和选拔机制，开展"技术、创新能手"等评选活动；启动管理岗位、工程专业技术和高技能人才"三条线"的职业生涯设计工程，为职工提供全方位的成长通道，有效激发职工岗位成才的积极性。

3. 建立专业人才和管理人才引进制度

推行职业经理人制度，建设学习型企业。实施职业经理人任期制、契约化管理，明确责任、权利、义务，保持合理的稳定性和流动性；加大社会化选聘力度，建立职业经理人市场化聘用机制；按照市场定价原则，建立职业经理人薪酬协商机制；严格任期管理和业绩考核，建立职业经理人评价奖惩机制。加强学习型企业建设，培养学习型员工，培养专业型人才及复合型人才，不断调整和优化煤炭企业的人力资源结构。

政 策 建 议 第九章

推动煤炭行业高质量发展离不开产业政策、行业管理的宏观支持。本章从推进煤炭行业碳减排碳中和、提升煤炭产需平衡能力、加强煤炭与其他能源融合等方面提出相关政策建议。

第一节 大力推进煤炭行业碳减排碳中和，实现高碳能源低碳利用

深入研究、挖掘和发挥煤炭行业自身的碳减排碳中和潜力，是基于我国国情和能情的现实选择。一是健全和完善煤炭开发利用碳排放计量和减排制度体系。建立煤炭开发利用全过程碳排放计量方法和排放数据库，摸清碳排放底数和个体差异，制定煤炭开发利用各环节碳排放标准，引导煤炭开发利用企业主动推进碳减排。二是支持煤炭开发利用全过程的碳减排技术攻关。建立物理、化学、生物"三位一体"碳减排研发体系，将废弃煤矿地下空间碳封存、CO_2矿化发电、CO_2制化工产品，与矿区生态环保深度融合的碳吸收等新型用碳、固碳、吸碳技术列入国家重点研发计划优先支持方向。三是实施低碳排放行动，制订低碳排放激励措施，鼓励煤矿、煤矿区、用煤企业发挥自身优势减少碳排放。

第二节 加快提升煤炭产需平衡能力，实现对突发事件的灵活应对

强化煤炭保供能力，充分发挥煤炭的"兜底"、"压舱石"作用，实现对疫情、国际能源合作等突发事件的灵活应对。一是引导煤炭企业充分发挥大数据、人工智能、物联网、区块链等新一代信息技术的作用，改造企业生产管理体系，推动煤炭订单式生产。二是建立疫情、国际能源合作等突发事件应对机制，构建跨部门、跨区域动态联动组织，针对疫情、国际能源合作等可能面临的破坏性突发事件，建立多元化的煤炭进口渠道和机制，开展煤炭清洁转化战略储备部署与建设。三是建设一批高效、智能、少人的"柔性煤矿"，在短时间内能快速调节煤炭产量，

增强煤炭供应的灵活性和应变能力。

第三节 加强煤炭与其他能源深度融合，
建立煤炭与新能源耦合发展新模式

加强煤炭与石油、天然气及其他能源的深度融合，支持煤炭与太阳能、风能、水能、生物质能等新能源、可再生能源的耦合发展，提升能源利用质量，开创煤炭清洁低碳高效利用新模式。一是将新能源与煤炭、石油、天然气等化石能源的耦合利用纳入国家能源战略。二是研究制定促进煤炭与新能源耦合利用的财政补贴、税费、贷款支持等政策。三是支持煤炭与风、光、生物质等新能源耦合发电、耦合燃烧、耦合化学转化的技术研发与工程示范。

第四节 全面推进煤炭开发利用节能提效，
降低煤炭消耗，助力碳减排

以节能提效促少用，通过少用减少碳排放。一是在煤炭开发环节，限制煤矿超设计产能配置装备和能力，减少"大马拉小车"现象；倡导煤矿利用变频等节能降耗技术装备，降低生产过程能耗；充分利用矿井水、回风等余热资源，减少煤矿燃煤消耗；加快推进煤矿瓦斯抽采与利用，减少甲烷直接排空。二是在煤炭加工、流通环节，建立精准适配的产品质量分级标准，推进煤炭供应与用户需求的精准对接，提升煤炭质量与用煤设备的适配度。三是在煤炭利用环节，加快优化煤炭消费结构，减少低效分散燃煤使用；研发超高参数的高效燃煤发电机组以及适应大规模可再生能源接入的宽负荷燃煤发电系统，满足复杂情况下高效稳定运行的要求。

第五节 进一步加大煤炭生产集中度，深化
落后产能退出及煤矿关闭机制

一是通过兼并、重组优化煤炭生产布局，淘汰难以实现安全、高效、绿色的落后产能，进一步提高煤炭生产集中度。二是制定煤矿关闭退出常态化的政策。出台资源枯竭煤矿关闭条例，推进煤矿由政策性关闭转向正常关闭，明确煤矿从业人员再就业的保障措施，实现从业人员的顺利退出。三是加强煤矿关闭的监督考核工作。要求煤矿在建设之初就制定关闭退出计划，同时建立煤矿关闭考核评

估标准与办法。四是建立煤矿关闭专项基金，来源于煤炭企业的上缴，用于煤炭关闭后的设施拆除、生态恢复等。煤炭企业按照标准完成闭坑相关工作后，返还上缴资金。

第六节　超前布局高素质人才培养，为煤炭行业高质量发展提供人力保障

　　超前布局煤炭行业高质量发展所需的人力资源，加强传统矿业学科与现代信息技术、新材料、新能源、生态环保等学科的交叉融合。一是调整煤炭院校学科与专业设置，加快新兴交叉学科建设，通过传统专业改造、新增等方式强化"采矿+信息技术"、"采矿+新材料"、"采矿+生态环保"、"采矿+碳减排"等复合型专业。二是推动研究生培养模式改革，扩大在重大基础研究、重大科研攻关方向、重大工程领域的博士研究生培养，紧密结合重大科研任务，提高人才与行业需求的契合度。三是建设国家级示范性高技能人才培训基地，将煤炭行业高技能人才培养与产业转型升级计划、国家中长期煤炭科技发展规划以及其他重大工程项目的组织实施密切结合，使煤炭行业高技能人才培养与高质量发展同步。四是以制度固化提升煤炭行业一线人员待遇水平，吸引、留住人才，带动矿区人民同步迈进全面建设社会主义现代化国家的新征程。

参 考 文 献

安雯. 2008. 澳大利亚: 安全意识渗透煤矿管理. 现代职业安全, (5): 56.

白玫. 2020. "十四五"时期电力工业高质量发展的方向与路径. 价格理论与实践, (8): 4-10, 44.

曹献珍. 2011. 国外绿色矿业建设对我国的借鉴意义. 矿产保护与利用, (Z1): 19-23.

陈茜, 任世华. 2020. 消费平台期煤炭行业发展的国际经验借鉴. 煤炭经济研究, 40(6): 72-77.

程靖峰. 2019. 陕煤集团生产经营创历史最好水平. 现代企业, (1): 62.

崔柳. 2018. 露天煤矿土地复垦系统分析及考核评价方法. 北京: 北京科技大学.

代海军. 2017. 国外职业安全与健康监管制度研究. 行政与法, (11): 65-73.

代海军, 马超. 2019. 澳大利亚矿山职业安全与健康监察体制及其启示. 中国煤炭, 45(11): 122-127.

葛世荣, 刘洪涛, 刘金龙, 等. 2018. 我国煤矿生产能耗现状分析及节能思路. 中国矿业大学学报, 47(1): 9-14.

古智荣. 2020. 混改背景下兖州煤业跨国并购动因及经济效果研究. 广州: 广东工业大学.

国家安全监管总局赴美国培训学习团. 2013. 美国矿山安全健康监管经验. 劳动保护, (12): 104-106.

国家发展改革委, 国家能源局, 应急部, 等. 2020. 关于加快煤矿智能化发展的指导意见. 中国煤炭报, 3-5.

韩亮. 2019. 浅谈智能化洗煤厂建设对企业安全生产的作用. 内蒙古煤炭经济, (18): 130-131.

黄华. 2019. 规制约束—政策激励下中国煤电行业清洁化研究. 北京: 北京交通大学.

黄丽秋. 2010. 辽宁省装备制造业科技投入与产出效率的DEA分析评价. 经济师, (12): 205-206.

蒋鑫. 2020. 制造业平台化转型研究. 北京: 中国社会科学院研究生院.

康红普. 2020. "十四五"迎变局, 煤炭路在何方. 中国煤炭报, 1-14.

康红普. 2021. 新时代煤炭工业高质量发展的战略思考. 中国煤炭报, 7-27.

康红普, 姜鹏飞, 蔡嘉芳. 2014. 锚杆支护应力场测试与分析. 煤炭学报, 39(8): 1521-1529.

康红普, 王国法, 姜鹏飞, 等. 2018. 煤矿千米深井围岩控制及智能开采技术构想. 煤炭学报, 43(7): 1789-1800.

康红普, 姜鹏飞, 黄炳香, 等. 2020. 煤矿千米深井巷道围岩支护-改性-卸压协同控制技术. 煤炭学报, 45(3): 845-864.

康红普, 姜鹏飞, 高富强, 等. 2021. 掘进工作面围岩稳定性分析及快速成巷技术途径. 煤炭学报, 46(7): 2023-2045.

雷永刚. 2019. 浅谈降低企业资产负债率的有效途径. 纳税, 13(28): 212.

李岗. 2019. 深井超高水充填工作面充填体与煤柱协同承载机理研究. 徐州: 中国矿业大学.

李欢. 2010. 基于模糊层次分析法的湖南低碳经济发展综合评价研究. 长沙: 中南大学.

李明霞, 刘超捷. 2016. 澳大利亚《工作健康安全示范法》介绍及启示. 环境与职业医学, 33(8): 808-815.

李伟. 2018. 以高质量能源引领高质量发展. 中国经济时报, 8-27.

李新娟. 2011. 中美煤矿安全管理体制机制的比较研究. 北京: 中国矿业大学(北京).

梁春会, 叶文登, 赵志华, 等. 2015. 高瓦斯突出煤层沿空留巷围岩控制技术. 能源技术与管理, 40(4): 76-78.

林家彬, 周宏春, 苏杨. 2010. 澳大利亚的矿业管理及其启示. 中国金属通报, (4): 36-39.

刘传庚. 2008. 煤炭产业进入退出机制改革研究. 山东工商学院学报, 22(6): 19-25, 49.

刘抚英. 2012. 德国埃森"关税同盟"煤矿XII号矿井及炼焦厂工业遗产保护与再利用. 华中建筑, 30(3): 179-182.

刘富, 黄晓玲. 2017. 中美煤矿职业病现状对比及对我的启示. 陕西煤炭, 36(1): 49-52.

刘文革, 韩甲业, 于雷, 等. 2018. 欧洲废弃矿井资源开发利用现状及对我国的启示. 中国煤炭, 44(6): 138-141, 144.

刘现伟, 刘丽华. 2019. 钢铁行业去产能成效与高质量发展研究. 经济纵横, (2): 41-48, 2.

刘禹力, 张永位. 2007. DEA 的第三方物流企业目标市场选择. 中国储运, (3): 117-118.

刘玉马. 2008. 澳大利亚职业健康安全印记. 现代职业安全, (2): 70-71.

鲁朝云, 刘国炳. 2019. 现代服务业高质量发展评价指标体系构建及应用. 大连海事大学学报(社会科学版), 18(5): 64-70.

马瑶. 2020. "一带一路"沿线国家煤炭产业投资风险研究. 西安: 西安科技大学.

苗圩. 2019. 大力推动制造业高质量发展. 机械工业标准化与质量, (5): 9-13.

牛克洪. 2021. 试论"十四五"时期煤炭企业发展的战略方向. 中国煤炭, 47(1): 41-45.

潘树仁, 潘海洋, 谢志清, 等. 2018. 新时代背景下煤炭绿色勘查技术体系研究. 中国煤炭地质, 30(6): 10-13.

钱鸣高, 许家林, 王家臣. 2018. 再论煤的科学开采. 煤炭学报, 43(1): 1-13.

秦容军. 2019. 我国煤炭的区域特点及关键问题研究. 煤炭经济研究, 39(12): 53-59.

邱林, 田景环, 段春青, 等. 2005. 数据包络分析在城市供水效率评价中的应用. 人民黄河, (7): 33-34, 39.

任冰洁. 2018. 煤炭企业绿色发展对策研究. 武汉: 武汉工程大学.

任怀伟, 王国法, 赵国瑞, 等. 2019. 智慧煤矿信息逻辑模型及开采系统决策控制方法. 煤炭学报, 44(9): 2923-2935.

任世华. 2016. 我国煤炭业态未来发展趋势分析. 煤炭经济研究, 36(4): 57-60.

任世华, 曲洋. 2020. 煤炭与新能源深度耦合利用发展路径研究. 中国能源, 42(5): 20-23, 47.

任志青. 2020. 5G 赋能, 拥抱智慧矿山时代. 中国煤炭工业, (8): 12-15.

舒欢, 刘文娜. 2013. 基于组合赋权—TOPSIS 模型的水利工程建设方案优选决策方法. 工程管理学报, 27(4): 83-86.

司纪朋, 张斌. 2014. 美国《全面能源战略》解析. 中国能源报, 9-29.

宋梅, 塔拉, 彭苏萍. 2016. 澳大利亚煤炭行业工程科技人才培养及其对我国的启示. 人力资源管理, (5): 12-13.

孙继平, 钱晓红. 2017. 煤矿重特大事故应急救援技术及装备. 煤炭科学与技术, 45(1): 112-116, 153.

孙升林, 潘树仁, 吴国强, 等. 2017. 煤炭绿色矿山标准体系建设现状与展望. 中国煤炭地质, 29(12): 1-4, 43.

汤道路. 2014. 煤矿安全监管体制与监管模式研究. 徐州: 中国矿业大学.

汤向前. 2009. 用先进科学的理念指导贵州矿产资源开发—赴澳大利亚考察启示. 当代贵州, (10): 62-63.

王斌. 2014. 我国绿色矿山评价研究. 北京: 中国地质大学(北京).

王波. 2015. 煤矿安全生产事故析因分析研究. 徐州: 中国矿业大学.

王国法, 杜毅博. 2019. 智慧煤矿与智能化开采技术的发展方向. 煤炭科学技术, 47(1): 1-10.

王国法, 刘峰, 孟祥军, 等. 2019a. 煤矿智能化(初级阶段)研究与实践. 煤炭科学技术, 47(8): 1-36.

王国法, 刘峰, 庞义辉, 等. 2019b. 煤矿智能化—煤炭工业高质量发展的核心技术支撑. 煤炭学报, 44(2): 5-13.

王国法, 庞义辉, 任怀伟. 2020. 煤矿智能化开采模式与技术路径. 采矿与岩层控制工程学报, 2(1): 013501.

王国法, 杜毅博, 任怀伟, 等. 2020. 智能化煤矿顶层设计研究与实践. 煤炭学报, 45(6): 1909-1924.

王丽娟. 2019. 辽宁省制造业高质量发展水平实证研究. 沈阳: 辽宁大学.

王书吉, 霍自民, 姚兰. 2015. 基于时序加权平均算子的灌区动态评价. 水利水电技术, 46(3): 130-135.

王晓慧. 2019. 中国经济高质量发展研究. 长春: 吉林大学.

王振平, 孟磊, 王瑞东. 2019. 兖矿"蓝天工程"是治理锅炉、窑炉和民用燃煤问题的有效途径. 煤炭加工与综合利用, (6): 1-5, 8.

吴德建, 武爽, 邹文杰, 等. 2009. 澳大利亚煤矿安全生产管理与文化的借鉴. 煤矿安全, 40(2): 94-97.

薛建锋. 2006. 生态设计在后工业景观中的应用. 西安: 西安建筑科技大学.

荀志远, 乔淑芳. 2010. 考虑环境因素的项目投资 DEA 效率测度. 青岛理工大学学报, 31(4): 19-23, 68.

闫俊凤. 2014. 我国行业特色高校发展战略研究. 徐州: 中国矿业大学.

杨馥源. 2018. 国际电力工程市场新格局下中国企业机会与策略研究. 北京: 华北电力大学（北京）.

杨展华, 许成, 胡继鹏, 等. 2021. 基于熵值—TOPSIS 法的国有企业内部经济责任审计评价体系研究. 中国内部审计, (2): 18-26.

杨照乾. 2016. 创新驱动　差异化发展—陕煤集团转型发展战略. 煤炭加工与综合利用, (11): 1-6.

袁亮, 薛俊华, 张农, 等. 2013. 煤层气抽采和煤与瓦斯共采关键技术现状与展望. 煤炭科学技术, 41(9): 6-11, 17.

张军扩, 侯永志, 刘培林, 等. 2019. 高质量发展的目标要求和战略路径. 管理世界, 35(7): 1-7.

张世新. 2019. 新时期我国绿色矿山建设探讨: 以金徽矿业郭家沟铅锌矿为例. 中国矿业, 28(4): 84-86, 92.

张薇薇. 2007. 基于集对分析和模糊层次分析法的城市系统评价方法. 合肥: 合肥工业大学.

张习军, 王长元, 姬建虎. 2009. 矿井热害治理技术及其发展现状. 煤矿安全, 40(3): 33-37.

张晓刚. 2008. 以 EVA 为核心的 BSC 商业银行绩效评价体系研究. 哈尔滨: 哈尔滨工程大学.

赵剑波, 史丹, 邓洲. 2019. 高质量发展的内涵研究. 经济与管理研究, 40(11): 15-31.

赵青青. 2013. 美国矿山安全监察制度及其对我国的启示. 合肥: 安徽大学.

赵耀, 金涛. 2018. 基于灰色关联分析的国内上市钢铁企业竞争力分析. 冶金经济与管理, (3): 28-33.

郑德志, 任世华. 2019. 我国煤矿安全生产发展历程及演进趋势. 能源与环保, 41(11): 1-6.

郑欢. 2014. 中国煤炭产量峰值与煤炭资源可持续利用问题研究. 成都: 西南财经大学.

郑建锋, 王应明. 2021. 基于 DEA-BP 神经网络的效率置信区间预测模型研究. 计算机工程与应用, 57(3): 273-278.

中国煤炭工业协会. 2010. 中国煤炭工业发展研究报告. 徐州: 中国矿业大学出版社, 14-39.

钟史明. 2017. 能源与环境. 南京: 东南大学出版社.

周宏春. 2008. 澳大利亚的矿业管理及其启示. 中国发展观察, (10): 47-49.

周磊. 2015. 新元煤矿综采面瓦斯超限治理技术研究. 太原: 太原理工大学.